근현대 인천의 산업과 산업유산

인천학술총서 2

근현대 인천의 산업과 산업유산

초판 1쇄 발행   2024년 12월 31일

기획·엮음 | 한국역사연구회·인천문화재단
펴 낸 이 | 윤관백
펴 낸 곳 | 한국역사연구회·인천문화재단·선인

등   록 | 제5-77호(1998.11.4)
주   소 | 서울시 양천구 남부순환로 48길 1, 1층
전   화 | 02) 718-6252 / 6257
팩   스 | 02) 718-6253
E - mail | suninbook@naver.com

정 가   21,000원
ISBN   979-11-6068-931-0   93910

·잘못된 책은 바꿔 드립니다.

인천학술총서 2

근현대 인천의 산업과 산업유산

한국역사연구회·인천문화재단

발간사

    2018년부터 매년 한국역사연구회와 인천문화재단은 경기·인천 지역의 역사를 바탕으로 한국사 전체를 조망하기 위한 공동 심포지엄을 개최하였습니다. 공동 심포지엄의 성과를 바탕으로 2018년 『고려왕조와 경기를 보는 시선』, 2019년 『3.1운동과 경기·인천지역』, 2020년 『우리 역사 속의 디아스포라와 경계인』, 2021년 『한국의 교통물류 중심지, 경기·인천』, 2023년 『인천의 산업과 노동』 제하의 책을 발간하는 성과를 내었습니다. 올해 2024년에는 6월에도 「근현대 인천의 산업과 산업유산」이라는 제7회 공동 심포지엄을 개최하였고, 그 성과를 이제 『근현대 인천의 산업과 산업유산』으로 출간하게 되었습니다.

    인천은 한국 근대사와 함께 한 지역이었습니다. 근대에 들어서며 외국에 조선의 문호를 연 지역으로 외국의 다양한 문화가 우리에게 들어온 창구일 뿐만 아니라 한국 근대 산업의 주 발상지이기도 하였습니다. 분단과 한국전쟁으로 인해 산업도시로서의 면모는 다른 지역에 비해 다소 주춤거리고 서울의 배후도시로서의 양상도 나타나기도 하였지만 꾸준히 발전하여 왔습니다. 1980년대 초 인구 100만을 돌파한 것을 계기로 1981년 직할시로 승격된 이래 꾸준히 인구가 증가하여 최근에는 300만을 돌파하는 대도시로 발전하였습니다. 한국의 다른 대도시들의 인구 증가와 산업 발전이 주춤하는 모습과는 달리 40여 년 만에 인천의 인구는 3배 가까이 급증하였을 뿐 아니라 각종 첨단

산업을 아우르는 산업도시로도 발전하고 있습니다. 이는 근대 이후 인천지역이 가진 근대 산업도시로서의 역사와 잠재력이 다시 재조명된 것이라고 할 수 있습니다.

이 책은 한국의 근현대 경제 발전의 주된 공간이었던 인천과 주변 지역의 근대 산업과 이와 관련된 산업유산에 대해 다룬 5개의 주제와 한 편의 보론을 담았습니다. 1930년대 설립된 소래염전의 구조적 특징과 소금창고 등 시설물의 기능 및 변천 과정을 다룬 연구, 1920년대 경인지역의 부평수리조합 창설과 전기 양수기 도입 과정을 다룬 연구, 1930년대 후반 일제의 철도 차량 증산과 ㈜일본 차량제조 인천공장 건설과 해방 이후의 변천을 검토한 연구, 해방 이전 인천 인근의 공업도시인 영등포 지역의 공업 시설을 다룬 연구와 함께 영국의 산업유산 활용 방안을 다룬 흥미로운 연구가 이 책에 담겨 수록되어 있습니다. 이를 통해 1920년대 이후 해방 전후까지 인천 일대 산업 발전의 양상과 이와 관련된 현존 산업유산 및 향후 활용 방안에 대한 내용을 통해 산업도시로서 발전해 온 인천의 면모를 살필 수 있을 것으로 생각합니다. 특히 산업도시로서 최근 급격히 발전하는 과정에서 인천 일대에 흩어져 있던 많은 근현대 산업유산이 우리 곁에서 사라져가고 있는 현 상황에서 이를 적절히 보존하고 활용하는 것은 인천의 산업문화적 역사성을 확보하고 인천 시민들에게 지역에 대한 정체성을 찾게 하는 데에도 도움을 줄 수 있을 것입니다.

올해도 공동 심포지엄과 이 책의 간행에는 많은 분들이 도움을 주셨습니다. 먼저 해마다 많은 관심을 갖고 지원해주신 인천문화재단의 김영덕 대표이사님께 감사의 말씀을 드립니다. 저희 한국역사연구회와 함께 구체적인 기획과 진행을 담당해 주신 인천문화재단 인천문화유산센터 정학수 과장님과 관계자께도 감사를 드립니다. 또한 학술대회의 기획과 실무를 총괄하신 한국역사연구회의 한성민 연구위원장님과 김성훈 연구간사님, 심포지엄의 토론을 맡아주신 추교찬, 김태현, 노성룡, 정용숙, 이희환, 이연경 선생님, 그리고 종합토론의 좌장을 맡아주신 이상의 선생님의 수고에 감사의 말씀을 드립니다. 아울러 발표와 집필을 맡아주신 류창호 선생님을 비롯한 여러 선생님들께 책 출간에 대해 축하의 말씀을 드립니다. 끝으로 정성스럽게 책을 만들어 주신 편집자 여러분께도 고마운 마음을 전합니다.

  한국역사연구회와 인천문화재단은 앞으로도 인천 일대의 역사를 규명하고 이를 통해 지역적 정체성을 확보하고 관련 문화유산의 보존과 활용에 관련된 다양한 학술활동과 발간사업을 지속해 나갈 것을 약속합니다. 감사합니다.

2024년 12월
한국역사연구회 회장 노영구
인천문화재단 대표이사 김영덕

차례

발간사 / 5

소래염전 소금창고와 부속시설물을 통해 본 근대산업유산의 가치 | 류창호

머리말   15
1. 소래염전의 설립과 운영의 변화   18
   1) 소래염전의 축조와 구조적 특징   18
   2) 조선제염공업주식회사의 설립과 기계제염 시도   27
   3) 대한염업주식회사의 설립과 민영화 과정   35
2. 근대산업유산으로서의 소래염전 '소금창고'의 가치   37
   1) 천일제염에서 '소금창고'의 기능과 특징   37
   2) 소래염전 '소금창고'의 건립 시원   45
   3) 기타 부속시설의 현황과 보존 가치   54
맺음말   57

1923~1925년 경인 지역 유력자의 부평수리조합 창설과 전기 양수기 도입 | 이대열

머리말   65

1. 경인 지역 유력자 결속과 전기 양수기 공사의 추진　　68
　　1) 거류민단 구성과 부협의회 조직　　68
　　2) 경성전기의 전력 공급과 부평수조의 전력 수요　　75
  2. 경성전기·부평수조 공조와 전기 양수기 공사의 시행　　85
　　1) 송배전망 구상과 모터·펌프 계획　　85
　　2) 전기 양수기 설치와 경인 지역으로의 확산　　94
맺음말　　100

■ 총동원체제기 일제의 철도차량 증산계획과
　㈜일본차량제조 인천공장 | 박우현

머리말　　115
  1. 철도차량회사의 식민지 투자 배경　　118
　　1) 2.26 사건 이후 철도차량 수요 급증　　118
　　2) 군수공업의 확충 도모와 ㈜일본차량제조의 조선 진출　　126
  2. ㈜일본차량제조 인천공장의 확장과 생산 실적　　131
　　1) 인천공장의 설립과 당국의 지원　　131
　　2) 공장 확대와 기관차 생산 시도　　138
맺음말　　148

■ 영국의 산업유산 활용과 성과
　- 런던 배터시발전소를 중심으로 | 남슬기

머리말　　157
  1. 영국의 산업유산 관련 정책과 법 제도　　161
　　1) 국제법에 따른 유산 보호 제도　　162
　　2) 영국 국내법상 유산 보호 제도　　165

2. 배터시발진소의 변천: 전력공급이 중심에서 산업유산으로　172
      1) 배터시발전소의 역사와 산업유산으로의 전환　172
      2) 문화계에 영감을 준 배터시발전소　178
      3) 정권의 변화와 배터시발전소 재개발사업의 다양한 계획들　180
   3. 배터시발전소 재개발 사업이 극복해야 했던
      다양한 문제와 성과　200
      1) 막대한 사업비 조달의 어려움　201
      2) 배터시발전소의 역사·문화적 가치 보존　203
      3) 주택난과 환경문제를 둘러싼 다양한 견해　209
   맺음말　217

▎ 공업도시 영등포의 형성과 그 흔적
  - 광복 이전 공업시설을 중심으로 ｜ 김하나
  머리말　225
  1. 1930년대 중반 이전 영등포 지역의 공업 시설 입지　228
     1) 1900년대~1910년대 : 철도 부설과 원료기반형 요업　228
     2) 1910년대~1920년대 :
        산업선 설치와 국책기업 및 노동력기반 경공업　230
     3) 1930년대 : 대형 내지 대자본계 소비재 경공업　233
  2. 1930년대 말~1945년 영등포 지역 도시계획과
     공업 시설의 입지　236
     1) 영등포 지역의 토지구획정리사업　236
     2) 토지구획정리사업 이후 입지한 공업 시설과 성격　238
  3. 광복 이전 공업 시설의 현황과 흔적　248
     1) 공장 부지의 현황과 흔적　248

2) 주거지역 소형 필지의 현황과 흔적　　　　　　　　252
　　3) 철도인입선(산업선)의 흔적　　　　　　　　　　　254
맺음말　　　　　　　　　　　　　　　　　　　　　　　257

■ 【보론】 일제하 조선인 상인의 거리 싸리재의 사회상 | 이상의
머리말　　　　　　　　　　　　　　　　　　　　　　　265
1. 싸리재의 지리와 공간구성　　　　　　　　　　　　　268
2. 인천객주의 흥망과 싸리재의 성쇠　　　　　　　　　　274
3. 싸리재의 사회상과 지역 정체성　　　　　　　　　　　286
맺음말　　　　　　　　　　　　　　　　　　　　　　　297
〈부록〉 싸리재 일대의 사진　　　　　　　　　　　　　301

소래염전 소금창고와 부속시설물을 통해 본 근대산업유산의 가치

류 창 호

인하대학교

류창호

소래염전 소금창고와 부속시설물을 통해 본 근대산업유산의 가치

머리말

한국 최초의 천일염전인 주안염전이 조성되고서 정확히 100년이 되는 해인 지난 2007년, 국가유산청은 전라남도 신안군에 소재하는 비금도의 대동염전과 증도의 태평염전 및 석조소금창고를 각각 국가등록문화유산으로 등록하였다. 이는 천일제염을 한국의 전통적 소금 생산 수단의 하나로서 인정했을 뿐만 아니라 근대산업유산으로서 천일염전의 보존 기반을 마련했다는 점에서 문화유산 정책상 획기적인 조치로 평가받을 수 있다.[1] 다만 우리는 같은 시기 위의 3건과 동시에 문화유산 등록을 추진했던 경기도 시흥의 소래염전이 왜 탈락되고 말았는지도 함께 살펴봐야만 할 것이다.

1937년에 완공된 소래염전은 해방 이후 조성된 대동·태평염전에 비해 상대적으로 역사성이 유구할 뿐만 아니라 1996년 폐전 이후에도

---

1   문화재청, 2007년 6월『문화재위원회 근대문화재분과회의 제3차 회의록』, 748~750쪽

갯골 제방과 소금창고 등 부속시설들이 그대로 남아있어 옛 염전 경관을 보존·활용할 가치가 매우 높았다. 이에 경기도 시흥시는 2006년 6월, 옛 소래염전 부지 29,568㎡와 소금창고 40동을 문화재 등록 검토 대상에 올렸고, 동시에 진행된 관계전문가들의 현지조사에서도 긍정적인 평가를 받았다. 그러나 등록문화재 심의를 불과 3일 앞둔 2007년 6월 4일 새벽 4시 30분경, 시흥시 관내 옛 소래염전에 소재하고 있던 40동의 소금창고 중 38동이 토지소유주 측에서 동원한 포클레인에 의해 순식간에 철거되고 말았다. 시흥시와 시흥시민들이 염원한 소래염전 소금창고의 문화유산 등록의 꿈이 산산조각이 나고 만 것이다.[2]

2007년 '시흥 소래염전 소금창고 무단철거' 사건은 사유재산권 침해와 문화유산의 공익적 가치가 충돌하는 현 문화유산 보호정책의 한계성을 여실히 보여주는 사건이었다. 동시에 한편으로는 문화유산에 대한 시민적 공감의식의 확산과 실천적 보호 운동이 촉발되는 계기가 만들어지기도 하였다. 시흥 지역 각 시민단체와 문화연대 등은 '구염전 소금창고 무단철거 항의 시민행동'을 조직하여 촛불집회 등 항의집회를 잇따라 가졌고, 시흥시와 시흥시의회를 통한 진상조사 및 소금창고의 조속한 복원을 요청하기에 이르렀다.[3] 결국 2007년 8월 17일 시흥 갯골축제 현장에서 시흥시장은 소금창고의 복원을 추진하겠다고 선언하였고, 이후 수차례의 조사 및 복원 작업을 통해 기적적으로 살아남은 2동의 소금창고가 2022년 경기도 근대문화유산 제13호로 등록되는 성과를 얻어낸다.

한편 소래염전의 소금창고는 인천광역시 남동구 관내에도 소재하고 있다. 인천 관내의 소금창고는 비교적 일찍부터 소래습지생태공원 내

2 「문화재 지정 코앞 산산조각난 '소금창고'」『한겨레신문』 2007년 6월 6일.
3 시흥시의회, 2007년 7월 『옛 염전 소금창고 무단철거 조사 특별위원회 결과보고서』

에 수용되어 시흥시와 같은 폭력적인 파괴는 이루어지지 않았다. 다만 공원 밖의 소금창고는 도로 개설 및 택지조성사업 등으로 대부분 흔적도 없이 사라졌고, 그나마 공원 안에 남아있는 소금창고도 관계당국의 무관심으로 인해 자연 붕괴되면서 현재 3동만이 온전한 모습을 유지하고 있다. 현존하는 이들 소금창고 역시 시흥시 관내의 소금창고 못지않은 역사성과 문화성을 지니고 있기 때문에 이에 대한 연구가 필요하게 되었다.

본고는 현 소래습지생태공원 내에 보전되어 있는 3동의 소금창고 중의 하나가 현존하는 남한 내 최고(最古)의 염전 건축물임을 증명하는 과정 속에서 작성하였다. 지금까지 근대 이후의 염업 연구는 주로 제염법의 변화나 유통질서의 재편 과정, 또는 염전매제 등 정책상의 변화 등에 주목하며 주요한 성과를 이루어내었다.[4] 다만 천일염전 내부 구조의 변화나 소금창고와 같은 주요 시설물에 관한 구체적인 연구는 아직까지 미흡한 것으로 보인다. 일부 이에 관한 연구가 축적되었다고 하더라도 대부분이 현존 시설에 대한 기능을 설명하는 데에 그치고 있어서 그 유래와 변화 과정을 심도 있게 파악했다고는 보기 힘들다.[5] 따라서 본고에서는 소래염전만이 가지고 있는 구조적 특징과

---

4 한인수, 1977 「韓末 以後 日帝下의 우리나라 製鹽業의 實態」 『응용지리』 3, 성신여자대학교 한국지리연구소 ; 이영학, 1991 「개항기 제염업에 대한 연구」 『한국문화』 12, 서울대 규장각 한국학연구원 ; 田中正敬, 1996 「統監府の塩業政策について」 『一橋論叢』 115-2, 一橋大學 一橋學會 : 2000 「植民地期朝鮮の專売制度と塩業」 『日本塩業の研究』 27, 日本塩業研究会 : 2003 「1930年代以後の朝鮮における塩需給と塩業政策」 『姜德相先生古稀·退職記念日朝關係史論集』, 新幹社 ; 유승훈, 2004 「20세기 초 인천지역의 소금생산—천일염을 중심으로—」 『인천학연구』 3, 인천대학교 인천학연구원 ; 류창호, 2017 『식민지기 인천의 근내 제염업』, 보고사

5 양항룡, 1991 「서해안 천일염전의 공간구조에 관한 연구」, 전북대학교 교육대학원 석사학위논문 ; 박정석, 2009 「천일염의 생산과정과 유통체계, 그리고 정부정책」 『도서문화』 34, 목포대학교 도서문화연구원 ; 문홍일, 2015 「천일염 생산시설의 변화」 『도서문화』 46, 목포대학교 도서문화연구원

소금창고 등 내부시설물의 기능 및 변천 과정을 구체적으로 살펴보고 그에 따른 근대산업유산으로서의 가치를 규명해보도록 하겠다.

이를 위해 먼저 1장에서는 소래염전의 설립 배경과 운영의 변화를 살펴보겠다. 조선총독부 전매국, 조선제염공업주식회사, 대한민국 전매청, 대한염업주식회사로 이어지는 운영주체의 변화 속에서 소래염전만이 가지고 있는 특수성을 고찰하도록 하겠다. 아울러 2장에서는 소금창고의 구조적 변화를 국내외 사례와 정밀히 비교하며 현존하는 소금창고의 건립 시원과 근대산업유산으로서의 가치를 규명해 보도록 하겠다. 아울러 소금창고 외에 보존이 시급한 기타 부속시설물은 어떠한 것이 있는지도 함께 살펴보겠다.

1. 소래염전의 설립과 운영의 변화

1) 소래염전의 축조와 구조적 특징

1930년 3월 1일, 조선총독부는 「염의 수입 또는 이입에 관한 건」(제령 제1호)을 발포하면서 조선에서 유통되는 소금의 90%에 달하는 모든 천일제염의 생산·수이입 및 판매를 독점하게 된다. 또 이듬해인 1931년에는 향후 5개년에 걸쳐 천일염전 2,200정보를 축조함으로써 식염의 완전한 자급자족을 달성하겠다는 계획안을 발표하였다.[6] 이는 전매국이 조선에서의 실질적인 '염전매제(鹽專賣制)'를 보장받은 상태에서 소위 '제4기 천일염전 확장 계획'으로 불리는 신설 염전의 축조

---

6 朝鮮總督府 專賣局, 1936 『朝鮮專賣史』 제3권, 305~306쪽

계획을 발표한 것이다.

이처럼 조선총독부가 대규모의 천일염전 신설 계획을 발표한 것은 1925년 이후 사실상 실패로 돌아간 제3기 천일염전 공사를 7년 만에 재개하겠다는 선언과도 같았다. 또한 제4기 계획은 일본 내지(內地)와 조선, 대만, 관동주 등 식민지·조차지·점령지를 포괄하는 일제의 영역권 내[소위 '일본 블록']에서의 조선염업의 지위를 변경시키려는 것이어서 더욱 주목할 필요가 있다. 즉, 제4기 공사를 시작으로 조선총독부는 1920년대까지 대만, 관동주, 청도 등 소위 외지염업(外地鹽業)의 주요 소비지로서 존재한 조선을 생산지로 탈바꿈시켜 일본의 소금 부족 상황을 해결하는 데에 중추적 역할을 담당하도록 새로운 임무를 부여한 것이었다.[7]

1932년부터 개시하여 1934년에 준공을 목표로 한 천일염전 2,200정보 축조계획은 평안남도 귀성(貴城)염전 1,000정보와 경기도의 소래(蘇萊)·송산(松山)염전을 각각 600정보씩 증설하는 것으로 결정되었다.[8] 이와 같은 염전 축조와 기설염전의 정리 및 개량 공사에는 총 4,575,412엔이 소요될 것으로 예측하였다.[9] 그러나 1932년에 착공을 목표로 한 제4기 계획은 곧바로 시행되지 못하였다. 소위 '쇼와공황'이라는 재정 긴축의 충격을 받아 일본으로부터 예산의 인가가 나오지

---

[7] 1933년 당시 일본은 연간 염 소비량에서 차지하는 자급율이 45%에 지나지 않아 매년 12억 5천만 근의 염을 수이입에 의존해야 했다. 조선 역시 자급율은 48%에 불과하여 매년 2억 8천만 근을 수이입해야 했다. 반면에 대만과 관동주는 자체 소비를 하고도 매년 각각 1억 8천만 근, 3억 9천만 근의 잉여염이 발생하여 이를 일본과 조선으로 이출시키고 있었다(「朝鮮鹽增産計畫ノ諸要點」『鹽田築造ノ件』, 1933 참조).

[8] 田中正敬, 2003 「1930年以後の朝鮮における塩需給と塩業政策」『姜德相先生古希·退職記念 日朝関係史論集』, 新幹社, 306~307쪽

[9] 石川武吉, 1971,『朝鮮鹽業史料 總說篇: 朝鮮の天日製塩に関する資料』(CTA0002790), 75~77쪽

않았기 때문이다.[10] 염전 신설이 본격적으로 개시되는 시기는 그 이듬해인 1933년으로 미루어졌고, 일부 계획도 수정되었다. 송산염전의 축조계획이 폐기된 대신에 남시 제2구 염전이 새로 포함된 것이다.[11]

다음의 <표 1>은 1934년에 6월 10일에 착공되어 1937년 5월 31일에 준공된 소래염전의 축조 과정을 보여주는 전매국의 제반 서류들이다. 「공유수면매립신청서」부터 「준공공사조서」까지의 각종 서류들이 5권의 문서철로 보관이 되어있는데, 이를 통해 소래염전의 축조 과정과 구조적 특징들을 살펴보겠다.

<표 1> 국가기록원 소장 소래염전 관련 문서철

순번	문서철명	원문서철명	국가기록원 관리번호	작성일	작성자
①	염전축조의 건	鹽田築造ノ件	CJA0014149	1933년 4월 27일	專賣局長 菊山嘉男
②	염전축조를 하기 위한 공유수면 매립의 건	塩田築造ノ爲ニスル公有水面埋立ノ件	CJA0014770	1935년 9월 11일	전매국장
③	염전축조를 하기 위한 공유수면 매립공사 준공의 건	塩田築造ノ爲ニスル公有水面埋立工事竣工ノ件	CJA0015302	1937년 8월 9일	專賣局長 棟居俊一
④	염전축조를 하기 위한 공유수면 매립공사 준공면적 정정의 건	塩田築造ノ爲ニスル公有水面埋立工事竣工面積訂正ノ件	CJA0015302	1937년 12월 6일	전매국장
⑤	염전축조를 하기 위한 공유수면 매립공사 준공의 건	塩田築造ノ爲ニスル公有水面埋立工事竣工ノ件	CJA0015472	1938년 8월 9일	전매국장

소래염전은 부천군 남동면 논현리(제1구 염전), 시흥군 군자면 월곶리·장곡리(제2구 염전), 부천군 소래면 미산리·방산리, 시흥군 수암면

---
10 朝鮮總督府 專賣局, 1936 앞의 책, 306쪽
11 朝鮮總督府 專賣局, 『鹽務關係事務打合會關係書類』, 1940년 2월 참조.

하중리(제3구 염전) 등 2개 군, 4개 년이 합쳐진 간석지에 세워졌다. 귀성염전, 덕동염전, 남시염전 등 타 지역의 염전 공사가 모두 제3기 공사에서 중단된 기존 염전의 확장 공사였던 만큼, 경기도의 염전도 똑같이 확장공사의 일환으로 여겨서 처음에는 '남동염전'으로 명명하고 있었다. 하지만 1934년 6월 26일에 거행된 기공식에서는 '소래염전'으로 부르고 있으므로 착공 전 어느 시기에 그 이름을 바꾸었음을 알 수 있다.[12]

공유수면 매립공사는 제일 먼저 외곽제방을 축설하여 바깥 해수(海水)의 침입을 막고, 또 제방 내의 물빼기를 시행함과 동시에 제방 부속건조물인 해수취입수갑(海水取入水閘)과 배수복통(排水伏樋) 등을 축설하는 것이다. 그런 후 내부의 저수지 제방을 쌓고, 순차적으로 저수지, 증발지, 결정지 및 그에 부속하는 함수류(鹹水溜), 수로(水路), 휴반(畦畔), 염고(鹽庫) 등을 축설한다. 이러한 모든 공사는 전매국의 감독하에 청부인(請負人)으로 지정된 건설업체가 수행하는 데, 소래염전의 경우는 주식회사 하자마구미[間組]가 청부인이 되었다.[13]

한편 제4기 염전공사 계획에서 가장 특징적인 점은 본 계획에 관계된 신설염전들 모두를 고지식(高地式)으로 설계하였다는 것이다. 이는 기설염전들이 저수지 해수면보다 지반(地盤)이 낮은 저지식(低地式)으로 설계된 것에서 벗어나 천일염전에서 획기적인 기술적 진보를 이룬 것이었다. 즉, 저지식 염전은 수문(水門)의 개폐를 통해 자연스럽게 해수를 저수지로부터 증발지·결정지로 도입할 수 있지만, 외곽제방 구축에 많은 경비가 들고 또 건설 후에도 태풍 등에 의해 자주 무너지

---

12 「蘇萊鹽田 築造의 起工」『동아일보』 1934년 7월 4일, 4면
13 1889년 하자마 타케미[間猛馬]에 의해 후쿠오카에서 창립된 하자마구미[間組]는 1920년에 도쿄로 본사를 이전하고 1930년에 법인(法人)으로 개조하였다. 현재까지도 일본 10대 건설회사 중의 하나로 손꼽히는 대기업이다.

고 마는 결점이 있었다.[14] 반면에 고지식 염전은 해수면보다 지반이 높기 때문에 제방 구축비용을 절감할 수 있고, 또 태풍 등의 자연재해에서도 상대적으로 안전하다는 장점이 있다. 물론 염전 지반이 해수면보다 높다는 사실은 물리적인 동력을 사용하여 해수를 끌어 올려야 한다는 번거로움을 동반한다. 이 때문에 귀성염전 등 일부 염전에서는 풍차를 잠시 이용하기도 했지만 1930년대 이후 조선 내 전기 사용이 보편화되기 시작하면서 전기펌프를 이용하는 염전들이 점차 늘어나기 시작하였다.

이처럼 귀성염전과 소래염전은 조선염업에서 처음으로 전력을 사용한 염전으로 기록되며, 향후 고지식 염전이 조선 천일염전의 전범으로 자리 잡는 계기를 마련하였다. 실제로 1920년대 조선총독부가 선정한 총 8,715정보의 천일염전 예정지 및 보류지 중에서 그 축조를 완료한 염전은 대부분 고지식 염전이었고, 전라남도 무안, 전라북도 옥구, 경기도 수원·부천 등의 저지식 염전은 그 실현을 뒤로 미루게 되었다.[15] 이를 통해 볼 때, 제4기 공사부터 전매국은 신설염전을 되도록이면 고지식으로 축조하려고 했음을 알 수 있다.

〈그림 1〉에서 보이는 것처럼 소래염전은 소래포구 앞에서 갈라지는 세 개의 주요 갯골을 사이에 두고 만들어졌다. 먼저 제1구 염전(140정보)은 서쪽의 장수천과 동쪽의 신천으로 갈라지는 갯골의 삼각지 안에 축조하였다. 동쪽 중앙에 저수지를 만들고 그 주위를 19~22정보 규모로 세분한 1호부터 7호까지의 염전으로 에워쌌다. 다음으로 제2구 염전(216정보)은 소래염전 중에서 가장 규모가 큰 염전으로 1호부터 6호까지의 염전을 서부염전, 7호부터 10호까지의 염전을 동부염전

14 石橋雅威 編, 1983, 『朝鮮の鹽業』, 財團法人友邦協會, 21쪽
15 「朝鮮鹽增産計畫槪要」『鹽田築造ノ件』(CJA0014149), 1933年

으로 구분하였다. 각호의 염전 크기는 21~22정보 규모이며, 저수지는 서부염전 아래에 위치하였다. 마지막으로 제3구 염전(193정보)은 장현천과 만나는 긴 갯골을 사이에 두고 제2구 염전과 남북으로 마주하고 있다. 제3구 염전도 중앙에 위치한 저수지를 사이에 두고 서부와 동부로 나누었는데, 서부염전이 20정보 씩 1~4호로 구획된 것과 달리 동부염전은 복잡한 지형을 갖고 있어서 5남(7정보), 5북(25정보), 6호(20정보), 7호(19정보), 8호(19정보), 9호(20정보) 염전이 불규칙하게 위치하고 있다.

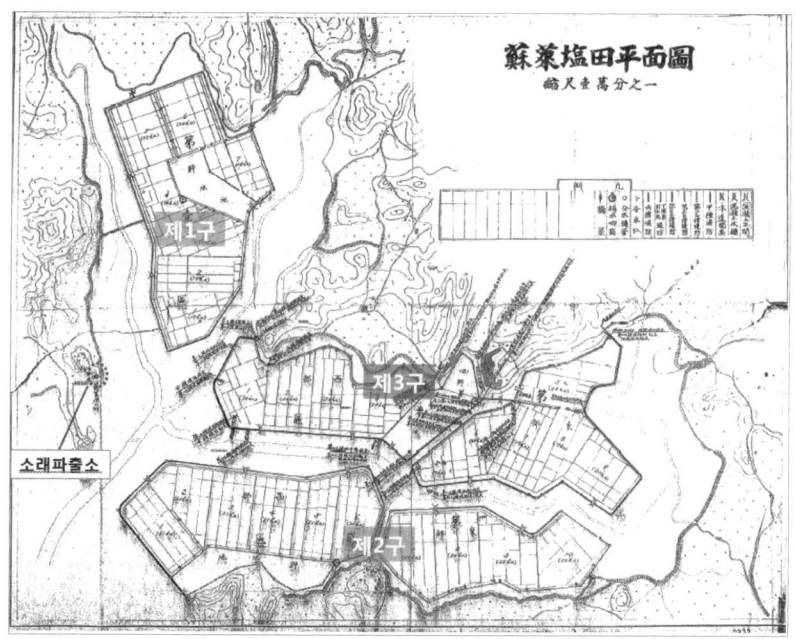

〈그림 1〉 소래염전 평면도

선서: 朝鮮總督府 專賣局, 「蘇萊鹽田第三區築造工事附圖(一)」 『塩田築造ノ爲ニスル公有水面埋立ノ件』, 1935年

한편, 『염전축조를 위한 공유수면 매립의 건』 안의 「소래염전 제3구 축조공사 부도(附圖) 1」에는 <그림 2>와 같은 「염전내부지할표준도(鹽田內部地割標準圖)」가 제시되어 있다. '염전 내부'란 염전 안에서 외곽제방과 저수지 등을 제외한 증발지, 결정지, 함수류, 기타 부속지를 포함하는 공간이다. 이곳에는 담수가 스며들지 않도록 지면을 단단히 경화(硬化)시켜야 하며, 각 단의 면적과 비율을 이상적으로 분할해야만 증발력을 높일 수 있고, 또 고도로 농축된 함수(鹹水)를 얻을 수 있다. 하지만 천일제염 도입 초기 증발지 지면의 경화 상태는 매우 불량하여 1932년 조사 당시 증발지와 결정지에서의 함수 손실률이 64.4%에 이르고 있었다(증발지 손실률 45.1%, 결정지 손실률 19.3%).[16] 특히 증발지 각 단의 면적이 축소되는 비율을 나타내는 '시보리[絞り]'는 당시에 중국인 기술자의 관례대로 각 단의 면적 공비(公比)가 약 0.1이 되는 등비급수(等比級數)로 이루어져 있었다. 이는 청천일수(晴天日數)나 기후가 조선과 다른 관동주의 염전을 그대로 모방한 결과여서 시급히 개선되어야 할 문제로 여겨졌다.[17] 따라서 제4기 공사로 만들어지는 신설염전부터는 위와 같은 '표준지할도(標準地割圖)'가 만들어지면서 규격화되었다. 소래 제1, 2구 염전은 제1증발지 60%, 제2증발지 26%, 결정지 14%로 하고, 시보리는 결정지를 제하고 각 1할 5푼의 축소로 하였다. 이를 해방 후에 만들어진 <그림 3>의 「염전내부지할표준도」와 비교하면 다음과 같다.

---

16 田邊隆平, 「朝鮮に於ける天日煎熬製鹽を論じて天日鹽田の結晶池改良に及ぶ」 『專賣通報』 108, 朝鮮專賣協會, 1933. 11, 63~64쪽
17 金令木(南市), 「鹽業漫談」 ① 『專賣の朝鮮』 132, 朝鮮專賣協會, 1935. 11, 59~60쪽

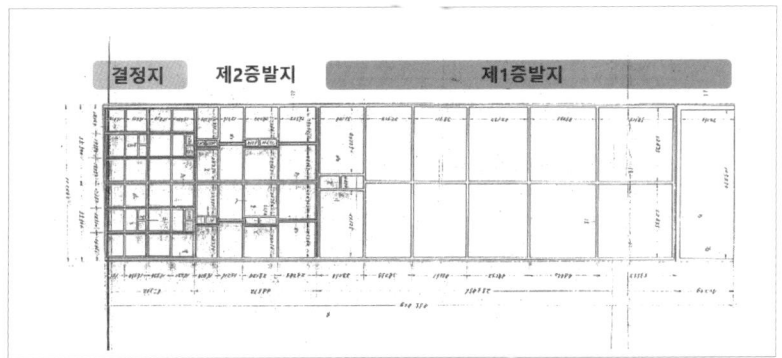

〈그림 2〉 蘇萊鹽田 제3구 內部地割標準圖
전거: 朝鮮總督府 專賣局, 「蘇萊鹽田第三區築造工事附圖(一)」 『塩田築造ノ爲ニスル公有水面埋立ノ件』, 1935年

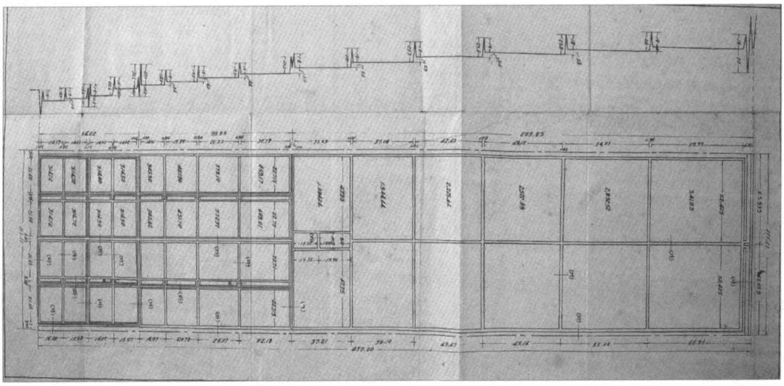

〈그림 3〉 염전내부지할표준도
전거: 인천시립박물관 소장 자료(유물번호 4044)

　〈그림 2〉와 〈그림 3〉에 나타난 염전 내부의 종횡(縱橫)은 각각 455.409m×111.000m=50,550㎡, 450.00m×111.11m=50,000㎡를 나타내어 거의 차이가 없고, 제1증발지, 제2증발지, 결정지의 면적 비율도 6.5 : 2 : 1.5의 비율을 크게 벗어나지 않는다.[18] 염전의 증발지에서 1단을

가장 큰 면적으로 구성하고 차츰 면적이 작아지도록 배치한 것도 같다. 하지만 해방 후의 염전내부지할표준도가 제1증발지를 6단 2열로 배치하고 있는 것에 반해, 1935년 소래염전의 염전내부지할표준도는 7단으로 구성되어 있고, 이 중 제1단은 2열로 나누지도 않은 단독 구획이다. 아울러 4단 4열로 구획된 제2증발지의 구조는 양자가 같지만, 결정지에서는 해방 후에 4단 4열로 구획한 것과 달리 1935년에는 4단 6열로 구획되었다. 함수류의 위치 또한 서로 간에 차이점이 있다. 아무튼 위의 두 표준도는 일제강점기와 해방 후 염전 구조의 변화를 알려주는 귀중한 자료로 생각되며 좀 더 세밀한 연구가 이루어져야 할 것으로 보인다.

마지막으로 제4기 염전시기부터는 증발지의 개량과 더불어 결정지(結晶池)의 개량에도 힘을 썼다. 천일염전 초기의 결정지는 대개 토상결정지(土床結晶池)를 사용하고 있었다. 그러나 토상결정지는 지반의 흙으로 인해 함수가 누수되거나 또 채염 작업 중에 진흙이 혼입되어 불량염을 만드는 등의 결점을 가지고 있었다. 이러한 문제를 해결하기 위해 결정지를 옹파편(甕破片) 또는 와편(瓦片)을 부설하기 시작하였다. 결정지를 개량한 염전은 위의 결점이 제거되는 동시에 생산량도 15% 이상 증가하는 효과도 보았다.[19]

---

18 문홍일, 2015 「천일염 생산시설의 변화」 『도서문화』 46, 목포대학교 도서문화연구원, 186쪽 참조. 위의 염전내부면적 비율은 함수류와 수로 등의 면적까지도 포함시킨 비율이다. 해방 후 전매청이나 대한염업(주) 등에서 표준으로 삼은 면적 비율은 제1증발지 28,702.32㎡(57.4%), 제2증발지 8,277.34㎡(16.5%), 결정지 5,033.76㎡ (10%), 함수류 1,110.07㎡(2.2%), 水路 및 畦畔 6,876.00㎡(13%)이다.

19 石川武吉, 1971, 『朝鮮鹽業史料 總說篇: 朝鮮の天日製塩に関する資料』, 89~90쪽

2) 조선제염공업주식회사의 설립과 기계제염 시도

1933년 제4기 염전공사 이후에 조선의 관영천일제염은 실로 괄목할 만한 성장을 보였다. 1925년 제3기 공사가 끝나는 시기까지 건설된 천일염전 면적의 두 배에 가까운 염전이 1933년 이후 12년 만에 만들어졌으며, 그 생산량은 6배까지 오르게 되었다. 그럼에도 불구하고 조선의 소금 수급에 있어서는 여전히 자작자급의 목표를 달성하지 못하여 상당량을 수이입염에 의존하는 실정이었다. 조선총독부는 서둘러 제3차 증산계획을 세웠는데, 이는 1938년부터 1940년까지 2,500정보의 염전을 신설하고, 1945년까지 53만여 톤을 생산하겠다는 것이었다.

한편 1930년대 이후로는 일본 화학공업의 비약적인 발전이 조선에서의 소금 증산을 압박하는 요소가 되기도 하였다. 1930년대 세계공황의 영향으로 엔화 가치가 하락하고 수입 소다제품의 가격이 상승하게 되자, 소다회·가성소다·표백분 등을 생산하는 일본의 화학공업이 크게 성장하였는데, 이러한 화학제품의 원료로서 대량 소비되는 것이 바로 천일염이었던 것이다. 조선에서 화학공업의 원료염(이하 '공업용염'으로 약칭)의 수요가 발생한 것은 1930년대 후반 조선질소비료(주)에서 소다공장을 설립한 이후이다.[20] 조선질소비료 외에도 1943년에 협동유지(協同油脂), 1944년에 조일경금속(朝日輕金屬)이 각각 연산

---

20 조선질소비료(주)에서 처음으로 가성소다와 표백분을 생산하기 시작한 시기는 1933년부터이다. 이후 1936년에 電解法 소다공장이, 1938년에는 암모니아법 소다공장이 설립됨으로써 본격적인 가동이 이루어졌다. 조선질소비료(주)에 대해서는 渡辺德二 編, 1968 『現代日本産業發達史 13 化學工業(上)』, 現代日本産業發達史研究會 ; 糟谷憲一, 1975 「戰時經濟と朝鮮における日窒財閥の展開」 『朝鮮史研究會論文集』 12, 朝鮮史研究會 ; 姜在彦編, 1985 『朝鮮における日窒コンツェルン』, 不二出版 ; 大塩武, 1989 『日窒コンツェルンの研究』, 日本經濟評論社 ; 손정목, 1990 「일제하 화학공업도시 흥남에 관한 연구」(상)(하), 『한국학보』 제16권 2~3호, 일지사 등이 참조된다.

(年産) 9천 톤 및 2만 톤에 달하는 전해법(電解法) 소다공장을 준공하여 공업용염의 수요는 더욱 늘어났다.[21] 인천 지역 역시 1937년 소래염전이 완공되자마자 조선질소비료의 모기업인 노구치[野口]계를 비롯한 미쓰이[三井]계, 미쓰비시[三菱]계 등의 일본 대재벌들이 대야리, 계수리 등 소래염전 인근 토지를 매입하여 소다·염산·유안 등의 화학제품 생산 공장 설립을 계획했다고도 전해진다.[22]

사실 1930년대까지 조선에서의 공업용염 수요는 전체 소금 소비고의 8%에 지나지 않았고, 또 이마저도 대부분 유럽이나 중동·아프리카에서 수입하는 원해염에 의존하고 있어서 공업용염 생산이 절실히 필요치는 않았다. 그러나 아시아·태평양전쟁이 발발하고 연합국이 일본의 해상 무역로를 봉쇄함에 따라 1942년부터는 유럽과 아프리카, 중동 등지로부터 가져오는 원해염의 수입 자체가 중단되기에 이르자 일본의 화학공업계는 극심한 혼란을 겪게 되었다. 이제 유일하게 공업용염을 제공받을 수 있는 곳은 관동주, 대만, 조선 등 외지의 근해염뿐이었다. 하지만 공업용염은 90% 이상의 NaCl 함유량이 요구되고, 또 산화마그네슘[苦土]의 혼입량도 극도로 낮추어야 하는데 현실적으로 동아시아에서 이러한 기준을 맞출 수 있는 제염지는 전무하다시피 하였다.

이러한 상황 속에서 1937년 식민지 조선 최초로 천일제염업에 진출한 다이니폰[大日本]염업주식회사가 주목된다. 조선은 일제의 영역권 안에서 유일하게 관영천일염전을 기반으로 하는 '제조전매제(製造專賣制)'를 시행하고 있던 곳이었다. 그런데 조선총독부가 본국으로부터 원해염 못지않은 고품질의 공업용염을 제조하라는 새로운 사명을 부

21　田中正敬, 2003 앞의 논문, 312쪽
22　「부천군 소래방면에 화학공장 진출설」『조선일보』1938년 2월 17일, 7면

여받은 후, 민간자본의 천일제염업 진출을 금지한 원칙을 스스로 어겨 가며 일본의 독점자본과 손을 잡은 것이다. 다이니폰염업주식회사는 평안남도 평원군 용호면에 소재한 청천염전(淸川鹽田)을 1938년 착공 하여 1940년 1,200정보의 제1기 염전을 완성시켰고,[23] 계속하여 1,800정 보를 제2기 염전으로 착공하였다. 다이니폰염업주식회사 외에도 가네 후치[鐘淵]해수이용공업, 동양척식(東洋拓殖)주식회사, 조선제염공업 (朝鮮製鹽工業)주식회사, 남선화학공업(南鮮化學工業)주식회사 등이 전매국으로부터 천일염전 축조를 승인받았는데 그 허가 면적은 다음 의 <표 2>와 같다.

<표 2> 1940년대 천일염전 축조를 승인받은 민간자본

염전별	주소	허가 면적(町步)	용도
다이니폰(大日本)염업주식회사	평안남도 평원군	3,000	공업용염
가네후치(鐘淵)해수이용공업	평안남도 용강군	600	〃
동양척식(東洋拓殖)주식회사	황해도 옹진군	300	〃
조선제염공업(朝鮮製鹽工業)주식회사	경기도 부천군	549 (관영소래염전 양도)	〃
남선화학공업(南鮮化學工業)주식회사	전라북도 줄포	300	식량염

전거: 石川武吉, 1971 『朝鮮鹽業史料 總說篇: 朝鮮の天日製鹽に関する資料』(CTA0002790), 140쪽

<표 2>에서 알 수 있듯이 조선총독부로보터 천일염전 축조를 승인 받은 민간자본의 염전 면적은 무려 4,200정보에 달한다. 이는 조선전 매국이 1907년부터 1940년에 걸쳐 완공한 관영염전 4,325정보에 맞먹 는 면적이다. 이와 함께 주목되는 점은 조선제염공업주식회사라는 민 간기업이 관영염전인 소래염진 549정보를 인수하였다는 사실이다. 이

[23] 「大日本鹽業의 平南鹽田一期工事終了」『매일신보』1940년 2월 8일자, 4면

는 당시로서도 이해하기 힘든 특혜 중의 특혜였다. 그럼에도 불구하고 전매국이 소래염전을 양도한 이유는 1943년 4월에 열린 제염기술 자타합회에서 조선제염공업주식회사가 신청한 「소래염전에 기계제염(機械製鹽)을 병용하는 계획안」을 받아들였기 때문으로 보인다.[24]

조선제염공업주식회사가 제시한 계획안은 소래염전을 천일제염과 전오제염[기계제염]을 병용하는 체제로 변환시켜 주로 일본 내지(內地)로 수출할 수 있는 고순도의 식염과 공업용염을 생산하겠다는 것이었다.[25] 여기에 제염생산의 부산물인 고즙(苦汁)까지 효율적으로 채취함으로써 제염과 고즙공업을 일관작업(一貫作業)으로 경영하겠다는 목표를 더하였다. 아울러 동 회사는 위의 계획안을 통해서 진공전오염의 생산비 및 생산량을 추정해 보았는데, 그 결과는 아래의 <표 3>

<표 3> 천일염·재래전오염·재제염과의 비교에 의한 진공전오염의 예상 생산비 및 생산량

구분	단위	진공전오염	천일염	재래전오염	재제염
생산비	100kg	1.170~1.673엔	0.757~1.030엔	2.378엔	3.720엔
생산량	549정보	60,115톤	32,940톤		
정보당생산량	1정보당	109.5톤	60톤		
苦汁收量	549정보	28.8톤	9.1톤		
NaCl 함유량	%	93%	85%	83%	88%
판매가격	100kg	3.333엔	2.033엔(1등염) 1.783엔(2등염)	3.526엔	3.678엔

전거: 石川武吉, 1971 「昭和十八年, 蘇萊鹽田に機械製鹽を併用する計劃案」『朝鮮の天日製鹽に關する資料』(CTA0002790)

24 石川武吉, 1971 「昭和十八年, 蘇萊鹽田に機械製鹽を併用する計劃案」『朝鮮の天日製鹽に關する資料』(CTA0002790)
25 조선제염공업주식회사가 계획한 기계제염은 천일염전에서 얻어진 함수를 다중효용(多重效用) 진공식 증발장치로 보내 그곳에서 발생하는 보일러의 증기를 열원(熱源)으로 소금을 생산한다는 것이다. 정확한 명칭은 '진공식 기계제염'이며, '진공식 전오염'이라고도 한다. 일본에서는 1909년 스즈키 도우자부로[鈴木藤三郎]에 의해 처음으로 개발되었다(村上正祥, 1982 「明治期における製鹽技術」『日本鹽業大系』

과 같았다. 천일염에 비해 진공전오염의 생산비는 1.6배가량 높지만, 그 생산량은 1.8배, 그리고 고즙 수량은 3.2배나 될 것으로 예측한 것이다. 지름 14피트 4중효용 방식의 진공식 증발장치를 설치하려는 진공염 공장의 건설비는 5,328,000엔으로 계상되었다.

소금의 빠른 증산과 경영의 합리화를 이룰 수 있다는 기계제염의 당위성은 「소래염전에 기계제염을 병용하는 계획안」에서 제시한 11가지 이유 모두를 거론하지 않아도 누구나 수긍할 수 있는 지극히 원론적인 사항들이다. 문제는 이러한 소금 생산의 진보를 이룰 수 있는 경제적 토대가 이루어졌느냐는 것인데, 주지하는 바와 같이 1943년은 일본이 아시아·태평양전쟁의 수렁 속에 빠지어 극도의 경제적 파탄 상태에까지 이른 상태였다. 결국 조선제염공업주식회사도 이듬해에는 진공식 제염장치의 설치를 포기하고 일부 준공된 고즙처리 설비를 이용하여 염전으로부터의 함수를 전오(煎熬)하여 소금을 얻는 것으로 방향을 바꾸었다.[26]

사실 1942년에 자본금 5백만 엔이 출자되어 설립한 조선제염공업주식회사는 그 주주명부를 살펴볼 때, 전체 10만 주 가운데 56.9%의 보유주식을 지닌 제1대 주주가 다이니폰염업주식회사였다. 경성부윤과 전매국장 등을 역임한 타카하시 사토시[高橋敏]가 대표취체역이고, 다나카 신고[田中新吾]나 야마기시 무츠조[山岸睦造]와 같은 전매국 제염 기술자들이 주주와 주요 임원을 차지하고 있었다. 이를 보아 전매국과도 긴밀한 관계를 가지며 설립된 회사임을 한눈에 알 수 있다. 아울러 이들이 시행하고자 한 진공식 기계제염법은 이미 1934년 주안 제4구 염전의 진공식 공장에서 시험된 바가 있고, 또 1929년에 준공된 조

近代編, 日本專賣公社 참조).
26 「朝鮮製鹽工業株式會社槪要」『在朝鮮企業現狀槪要調書4(製鹽)』(CTA0001384), 1946년

선염업주식회사 인천제염소에서는 천일함수전오법(天日鹹水煎熬法)에 의한 전오염이 꾸준히 생산되고 있었다.[27] 따라서 조선제염공업주식회사의 설립은 다이니폰염업주식회사가 이러한 물적 토대를 갖추고 있는 조선염업의 진출 수단으로 손쉽게 이용하였을 가능성이 있다.

특히 조선제염공업의 계획안 중에서 주목해야 할 부분은 고즙 증수의 중요성, 그리고 이에 따른 이익이 강조되고 있다는 점이다. 아울러 제염업과 고즙공업을 일관작업의 경영 아래에서 생산비를 합리화시킬 수 있다고도 하였다. 고즙의 생산을 제염업에서의 새로운 소득원으로 파악하고 있는 것이다. 제염작업의 부산물로 얻어지는 고즙은 화학공업에서 소다공업과 함께 쌍벽을 이루는 마그네슘공업의 원료이며, 이 밖에 제약업은 물론 독가스 생산의 원료로도 사용될 수 있었다. 따라서 다이니폰염업은 1937년 공업용 염전인 청천강염전 1,200정보의 축조를 허가를 받고 처음으로 조선에 진출하였을 뿐 아니라, 1939년에는 평안북도 신의주에 금속마그네슘 제조공장인 도요[東洋]금속공업주식회사(이후 朝鮮神鋼金屬으로 개칭)를 설립하였고, 또 1942년에는 인천에 조선제염공업주식회사라는 별도의 계열 회사를 설립하기도 한 것이다.

실제로 1945년 3월 말 기준의 조선제염공업주식회사의 대차대조표에 따르면, 천일염 55,449톤, 염화마그네슘 10,000톤, 기타 브롬·칼륨·석고(石膏) 등 3,770톤을 판매하여 총 3,626,288엔의 수입금을 얻었고, 생산에 필요한 경상경비 총 2,054,400엔을 지출하여 총 1,571,888엔의 수익금을 내었다. 고정자산 상각비, 조세 및 공과금, 지불이자, 퇴직급여 충당금 등을 제한 순이익금은 425,000엔이었다. 총수입금 3,626,288엔

---

27 류창호, 2016 「일제강점기 조선염업주식회사 설립과 '인천염전'의 운영 실태」 『도시마을 생활사: 용현동·학익동』, 인천광역시 남구 참조.

중 천일염 판매액은 절반이 소금 님는 1,959,351엔에 불과하였다. 나머지 46%가 고즙 및 기타 부산물 처리 대금에서 나오고 있던 것이다.[28]

한편 고즙은 화학공업뿐 만 아니라 천일제염에 있어서도 중요한 원료이다. 조선과 같이 기상조건이 불리한 곳에서는 고즙을 이용하여 염전의 지반다지기[地盤固め]를 하고, 천연함수를 증산하며, 또 소금 결정(結晶)을 촉진시키고 있었다. 따라서 이러한 고즙을 전량으로 공업용 원료에 사용하는 것은 제염 생산에 상당한 위험이 수반되며, 제염량의 감소에도 영향을 미칠 수가 있었다.[29] 그러나 고즙공업을 통해 생산되는 마그네슘 제품들은 자동차, 비행기 제작의 재료가 됨은 물론, 독가스와 같은 화학무기도 생산할 수 있는 말 그대로 전시체제 하에서의 중요 군수산업이었다. 이에 조선총독부는 제2차 세계대전으로 수입염 수급의 곤란을 받고, 인력과 자재난에 의해 제염 생산량은 점차 떨어졌음에도 불구하고 식민지기 마지막까지도 고즙 생산의 독려를 멈추지 않았다. 고즙의 반출이 계속되는 한 제염의 증산은 결코 쉬운 일이 아님에도 불구하고, 제염과 고즙의 병진주의라는 상호 모순된 정책이 이루어진 것이다. 이러한 모순된 정책의 결과는 통계적으로도 증명된다.

〈표 4〉는 소래염전이 완공된 1937년부터 1944년까지의 주안출장소 관할 염전의 염 생산고를 나타낸 것이다. 보통 천일염전은 완공 후 7~8년 동안 숙전(熟田)의 기간이 필요하지만 이를 감안하더라도 소래염전은 타 염전에 비해 그 생산 실적이 매우 저조했다. 실상 8년간의 평균 1정보당 생산량이 52톤에 불과하여 비슷한 염전 면적을 지닌 군자염전의 60~70%에 지나지 않는다. 생산 실적의 감소는 주안출장소가

---

28 「朝鮮製鹽工業株式會社槪要」『在朝鮮企業現狀槪要調書4(製鹽)』(CTA0001384), 1946年
29 田邊隆平, 「鹽の苦汁に就て」『專賣の朝鮮』176, 朝鮮專賣協會, 1939. 7, 82쪽

관할하는 다른 염전의 경우도 마찬가지여서 1939년을 정점으로 이후의 제염 실적이 정체를 보이고 있다.

〈표 4〉 소래염전 축조 후 주안출장소 관내 염전의 생산고(단위: 톤)

연도	주안염전 (212정보)		남동염전 (300정보)		군자염전 (575정보)		소래염전 (549정보)		계 (1,636정보)	
	생산고	1정보당	생산고	1정보당	생산고	1정보당	생산고	1정보당	생산고	1정보당
1937	12,958	61.12	22,241	74.14	41,250	71.74	4,857	8.85	81,306	49.70
1938	14,387	67.86	23,899	79.66	43,877	76.31	18,739	34.13	100,902	61.68
1939	26,039	122.83	40,712	135.71	74,240	129.11	47,900	87.25	188,981	115.51
1940	14,490	68.35	19,610	65.37	40,825	71.00	25,860	47.10	100,785	61.60
1941	14,183	66.90	21,558	71.86	41,740	72.59	26,675	48.59	104,156	63.67
1942	15,710	74.10	24,987	83.29	46,392	80.68	29,718	54.13	116,807	71.40
1943	21,254	100.25	31,423	104.74	60,220	104.73	42,147	76.77	155,044	94.77
1944	15,337	72.34	22,970	76.57	43,336	75.37	32,875	59.88	114,518	70.00
평균	16,795	79.22	25,925	86.42	48,985	85.19	28,596	52.09	120,312	73.54

전거: 전매청 염삼국, 1955 『鹽業要覽』.(조한보, 1984 「인천연안염업에 관한 연구」『논문집』 18-2, 인천교대에서 재인용)

전국적인 통계에서도 1940년대 이후 공업염과 식량염 증산을 위한 천일염전 확장은 크게 늘어났지만 그 생산량은 오히려 떨어지고 마는 이해할 수 없는 상황이 도래하였다. 즉, 1939년 4,328정보인 천일염전의 면적은 1945년 5,925정보로 약 1.4배 늘어났지만, 천일염의 생산량은 1939년 431,355톤을 정점으로 1940년 281,055톤, 1941년 284,391톤, 1942년 264,380톤으로 계속 하락하였다. 통계 자료가 남아있지 않은 1943년, 1944년의 상황도 마찬가지였을 것이다. 1943년 제염 생산의 목표량은 392,338톤이었지만 1944년에는 363,418톤으로 낮추어 잡고 있다. 이는 실제 생산량이 목표량에 크게 미치지 못했을 가능성이 크다는 사실을 암시한다. 이와 같은 전시체제기의 제염 생산 하락을 단순히 자재 및 인력 부족에서 기인한 것으로만 볼 수는 없을 것이다. 식민지기 일본으로 향하는 조선산 소금의 이출은 없었다고 하지만, 일본은 천일염 증산의 중요 자원인 고즙을 반출함으로써 소금 생산력을 급속히 저하시키는 결과를 초래한 것이다.[30]

3) 대한염업주식회사의 설립과 민영화 과정

해방 이후 남북분단이 고착화됨에 따라 남한 지역의 염전 면적은 전체 7,124정보의 41%에 불과한 2,969정보만이 남았다. 그것도 한국전쟁 이후로는 최대 규모의 연백염전 1,267정보가 북한 측에 흡수되어 최종적으로는 1,701정보만 남게 되었다. 이에 정부는 소금의 전매제도를 계속 유지하는 상태에서 민간에 의한 염전 개발을 허가하며 소금의 증산에 노력하였고, 1952년에는 '염 증산 5개년 계획'을 통해 1956년까지 국유염전 3,500정보, 민간염전 6,500정보, 도합 1만 정보의 염전을 확보하겠다는 방대한 계획을 수립하기도 하였다.[31]

1952년부터 1954년까지의 '염 증산 5개년 계획'은 염전축조자금 6억 환과 생산시설개량 및 운영자금 4억 6천8백만 환, 도합 10억 7천만 환의 자금을 정부가 융자 알선하여 염전 면적과 시설을 획기적으로 증가시키려는 계획이었다. 이 계획에 따라 1954년까지 국영염전 면적이 1,934정보(주안 212정보, 소래 549정보, 남동 300정보, 군자 603정보, 서산 233정보, 인천시험장 37.5정보)가 되었고, 민영염전은 무려 7,463정보로 늘어났다. 생산량에 있어서도 국영·민영을 합쳐 전체 31만 4천

---

30 류창호, 2021 「전시체제기 조선 염업의 공업화 과정과 일본 독점자본의 침투」 『한국학연구』 63, 인하대학교 한국학연구소, 370~371쪽
31 조한보, 1984 「인천연안염업에 관한 연구」 『논문집』 18-2, 인천교대, 7~8쪽

톤이 되었는데, 이는 당시의 수요량 28만 톤을 초과하는 것이어서 우리나라 역사상 처음으로 소금의 자급자족을 이루어낸 성과로 기록된다.

하지만 이처럼 과열된 소금 증산 열풍은 곧바로 소금의 과잉생산 문제를 야기하고 말았다. 1957년부터는 매년 잉여염이 10여 만 톤에 이르렀고, 이는 곧바로 염가 하락으로 이어져 염업계는 일대 불황에 빠지고 만 것이었다. 이에 대한 대책으로 정부는 민간염전에 대한 보상과 허가 및 개발 중지 등의 조치를 통해 전체 염전 보유면적의 축소·정비를 시작했다. 또한 1961~62년에는 2억 2천만 원의 수출보조금을 지급하면서까지 일본 등으로 재고염 18만 톤의 수출을 단행하기도 했다. 그러나 매년 재고염이 54만 톤에까지 이르고 이에 따른 수억 원의 재정적자가 급증하면서 결국 1961년 12월 31일 「염관리임시조치법」을 공포하여 민간에 의한 염전 개발을 허가제로 전환시키고 정부에 의한 '염전매제'까지 폐지하는 조치를 취하고 말았다.

1963년 10월, 「염관리법」이 제정되면서 염업 행정권은 기존의 전매청으로부터 상공부로 이관되었다. 동시에 함께 공포된 「대한염업주식회사법」에 따라 국영기업체인 대한염업주식회사가 설립되었고, 1967년 「염업조합법」이 공포된 이후로는 전국의 염업 관리를 대한염업주식회사와 대한염업조합이 양분하여 관장하게 되었다. 이후 1971년에 이르러서는 「대한염업주식회사법」이 폐지되고 동 회사가 민간에게 불하됨에 따라 전국의 염업은 완전히 민영화되었다.

1971년 6월 30일, 산업은행에 의해 공매에 붙여진 대한염업주식회사는 총 5개 응찰사 중 하나인 ㈜화성사(대표 정동근)가 제출한 17억 1,851만 원의 낙찰가격으로 불하되었다. 당시 대한염업의 자산총평가액이 23억 5천만 원에 달했고, 보유현금만 해도 4억 1천만 원이나 되었기 때문에 17억 원의 낙찰가는 특혜불하가 아니냐는 언론의 의구심이 증폭되고 있었고,[32] 국회에서도 이에 대한 야당의 맹렬한 질타가 이어졌다.[33] 대한염업주식회사의 새로운 대표가 된 정동근은 여러 신문 자료들을 종합해 볼 때, 목포 출신이라는 점, 그리고 1953년에 ㈜화성사를 설립하여 곡물무역 및 합판제조 등의 사업을 펼친 것 정도만 나오는데, 그가 어떻게 국내 최대의 국영염전을 소유하게 되었는지 자세히 알려주는 자료는 아직까지 발견되지 않는다.

㈜화성사가 대한염업주식회사를 불하받으면서 소유하게 된 염전은 군자염전(603정보), 소래염전(549정보), 남동염전(300정보), 서산염전(233정보), 안면도염전(110정부) 등 총 1,795정보에 달하였다. 대한염업주식회사는 1992년 2월, ㈜성담으로 상호를 변경하였고, 1997년 7월 소금 수입 자유화 조치가 시행되기 1년 전인 1996년 7월에 소래염전을 폐전하면서 완전히 염업사업과는 손을 끊었다. 현재는 부동산 개발 및 투자, 골프레저, 유통업을 전문으로 하는 회사로 운영 중이다.

2. 근대산업유산으로서의 소래염전 '소금창고'의 가치

1) 천일제염에서 '소금창고'의 기능과 특징

천일염전은 천일염을 제조하기 위해 간석지에 논처럼 무수히 구획된 공간을 설정하여 해수(海水)를 농축시키는 자연 증발지를 가진 지면이다. 앞서 살펴본 바와 같이 근대식 천일염전의 구조는 크게 저수지, 제1증발지(난치), 제2증발지(누테), 결정지 등 4단계로 나뉘어 있

---

32 「대한염업 불하에 개운찮은 여운, 특정업자에 특혜」『매일경제』1971년 7월 9일, 3면
33 『제78회 국회회의록』제4호, 1971년 9월 8일

다. 해수 농축에 의해 염분의 농도가 상승되는 과정은 흔히 '보메 비중(Baume' specific gravity)'으로 측정되는데, 보통 제1증발지 1단까지 오면 약 Bé 8℃의 해수가 만들어지고, 제2증발지의 제1단까지 오면 약 Bé 15~17℃에까지 이른다.[34] 이것을 '해주'라고도 부르는 함수류(鹹水溜)에 저장된 농축함수와 섞어 Bé 25℃의 물로 결정지에 투입하여 증발시키면, Bé 28℃ 정도에서부터 소금이 생성되는 것이다.[35]

한편 해수에 함유되어 있는 3%의 염류 모두가 소금이 되는 것은 아니다. <표 5>에서 보이는 것처럼 염류 중의 77.7%가 염화나트륨이고, 그 나머지에는 마그네슘, 칼슘, 칼륨 및 브롬류 등의 화합물들이 함께 섞여 있다. 해수를 농축시킬 때 가장 먼저 석출되는 것이 이산화철(Fe_2O_2)과 탄산칼슘($CaCO_3$)이고, 그 다음이 흔히 석고(石膏)라고 부르는 황산칼슘($CaSO_4$)이며, 그 다음이 염화나트륨(NaCl)이다. 가장 마

〈표 5〉 해수(海水) 염분의 평균 성분표

성분	海水 1000g 중 중량(g)	총 염류에 대한 비율(%)
염화나트륨(NaCl)	27.213	77.758
염화마그네슘(MgCl2)	3.807	10.878
황산마그네슘(MgSO4)	1.658	4.737
황산칼슘(CaSO4)	1.260	3.660
황산칼륨(K2SO4)	0.863	2.465
탄산칼슘(CaCO3)	0.123	0.345
브롬화마그네슘(MgBr2)	0.076	0.217
합계	35.000	100.000

전거: 福永範一, 1950 『製塩及苦汁工業』

---

34 염부들이 매일 염전을 돌아다니며 해수의 염도를 측정하는 염도계를 '뽀메'라고 부른다. 이는 이탈리아어 Baumé에서 유래된 말이다.
35 박정석, 2009 「천일염의 생산과정과 유통체계, 그리고 정부정책」 『도서문화』 34, 목포대학교 도서문화연구원, 33~34쪽

지막으로 황산마그네슘(MgSO₄)가 석출되는데, 이 황산마그네슘이 바로 우리가 흔히 '간수(bittern)'라고 부르는 고즙(苦汁)이다.[36]

현재의 이온교환막 전기투석법과 같은 현대식 기계제염장치가 아니고서는 천일제염법에 의해 위와 같은 염류의 부산물들을 모두 제거하기란 거의 불가능하다. 따라서 이온교환막법이 99%의 염화나트륨 함유량을 지닌 것에 비해 지금까지도 한국의 천일염은 염화나트륨 함유량이 80~85%에 지나지 않는다.[37] 문제는 가장 마지막에 석출되는 황산마그네슘이 소금에 혼입되면 그 특유의 쓴맛 때문에 품질이 나빠진다는 데에 있다. 이를 해결하기 위해 결정지에서 채염된 소금은 곧바로 저장소로 가서 판매되는 것이 아니라 소금창고[鹽庫]나 염퇴장(鹽堆場)에서 2~3일 동안 고즙을 배출시킨 후에 판매되었다. 따라서 '소금창고'란 단순히 생산염을 저장하는 기능뿐만 아니라 천일염 생산의 마지막 공정을 수행하는 기능까지 갖추고 있는 곳이라고 하겠다.

또한 중국의 보하이만 연안이나 산둥반도와 달리 강우량이 많은 한반도의 기후 조건과 소금 판매 시기의 특수성이 소금창고의 발달을 가져왔다. 즉, 봄철의 장유용(醬油用) 소금 소비와 가을철의 김장용 소금 소비가 크게 증가하고 나머지 계절은 오랫동안 비수기를 맞이해야 하는 이유로 해서 우리나라의 천일염전에서는 보다 많은 소금창고가 필요했던 것이다. 보통 염전 한 판 당 1~2동까지의 소금창고가 설치되었다.[38]

---

[36] 정동효 편, 2013 『소금의 과학』, 유한문화사, 111쪽
[37] 2000년대 이후로는 천일염에 함유된 마그네슘, 칼륨, 칼슘 등이 소위 미네랄로 불리며 자연친화적인 건강식품으로 각광을 받았다. 구미지역의 소비자도 암염보다 해염을 선호하는 이유 역시 마찬가지다.
[38] 양항룡, 1991 「서해안 천일염전의 공간구조에 관한 연구」, 전북대학교 교육대학원 석사학위논문, 48쪽

소금창고는 운반과 보관이 편리하도록 결정지 인근에 만들어 놓았다. 시설 자재에 따라 목재 창고, 석조 창고, 초가 창고로 구분되는데, 대부분은 소금의 보관과 위생에 적합한 천연목재를 사용하는 목재형이다. 기둥 역할을 하는 버팀목은 주로 낙엽송을 사용하고, 벽체는 거칠게 켠 소나무 판재를 덧대는 방식으로 하였는데, 일부 창고는 바깥 벽체에 콜타르칠을 해서 부식 방지 및 방수 기능을 높였다. 특이한 점은 창고의 하단이 상단보다 약 1m 정도 넓다는 것인데, 이는 적재된 소금의 무게로 인해 벽이 밖으로 밀리는 것을 방지하기 위함이다. 아울러 바닥은 벽체 쪽보다 중앙을 낮게 만들고(보통 15~20°의 경사도), 그 가운데에 홈통을 만들었다. 이는 앞에서 설명한 고즙이 잘 배출되도록 하기 위한 장치이다. 지붕은 나무판자 위에 함석을 덧대는 식으

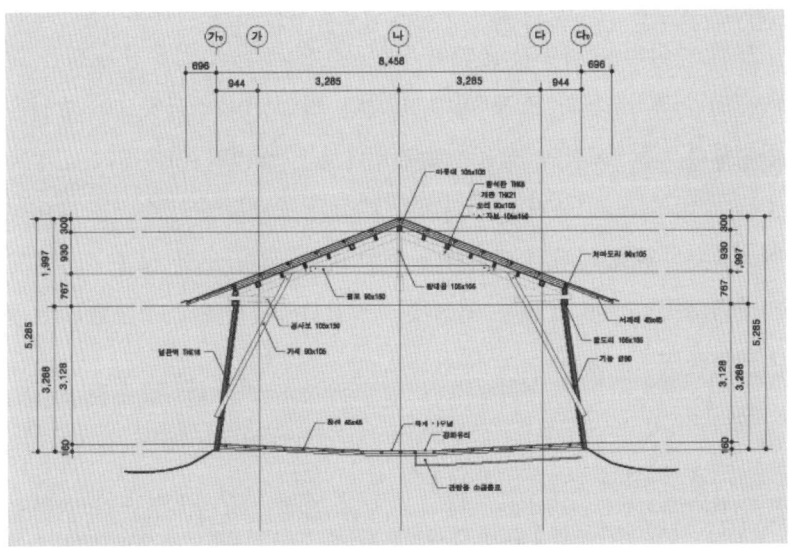

〈그림 4〉 소금창고 단면도

전거: 시흥시, 2017 『갯골 소금창고 기록화용역 보고서』

로 만들어졌다.[39]

그렇다면 한국의 천일염전에서 이러한 소금창고가 만들어진 것은 언제부터이고, 또 어떻게 만들어진 것일까? 천일제염법이 본래 우리 고유의 제염법이 아니라 일본에 의해 중국의 제염법이 이식된 것이므로, 최초의 모델이 된 대만(臺灣)의 사례를 먼저 살펴보았다. 그런데 필자가 과문한 탓도 있겠지만 대만염업이나 중국염업에 대한 자료나 인터넷 정보를 검색하여도 일반 창고 건물만이 보일 뿐, 염전 안에 부속시설로 만들어진 현재 한국과 같은 양식의 소금창고는 보이지 않는다. 다만 『중국염업사사전(中國鹽業史辭典)』에서는 비슷한 기능을 하는 '염퇴(鹽堆)'라고 하는 시설을 설명하고 있는데, 그 내용은 다음과 같다.

> 염퇴(鹽堆)는 복건(福建) 해염(海鹽)의 저염방식(儲鹽方式)이다. 염전 가까운 곳의 제방 위에 평대(平臺)를 쌓았는데, 벽돌을 깔고 흙으로 축성하였다. 앞쪽이 낮고 뒤쪽이 높으며 둘레가 짧다. 낮은 곳에는 와관(瓦管)을 장치하여 염(鹽) 속의 로수(鹵水)를 쉽게 유입시킬 수 있다. 둘레 안에 염을 쌓은 후, 상면에 볏짚을 쌓거나 점토로 메운다.[40]

위의 『중국염업사사전』의 설명과 같이 '염퇴(鹽堆)' 혹은 '염퇴장(鹽堆場)'은 건물만 없을 뿐 한국의 소금창고와 똑같은 기능을 하고 있다. 저장소로 옮겨지기 전까지 생산염을 임시로 저장하는 것이나, 기와관[瓦管]을 설치하여 고즙을 배출하는 기능 등이 모두 닮았다.

물론 대만에서 이러한 염퇴장 외에 소금창고가 전혀 없었다는 말을

---

[39] 인하대학교박물관, 2019 『옛 소래염전 소금창고 고증조사 용역 최종보고서』, 79~81쪽
[40] 宋良曦 外, 2010 『中国盐业史辞典』, 上海辞书出版社, 408~409쪽

하는 것은 아니다. 앞에서 설명한 것과 같이 '염전내부'의 부속시설로, 고즙을 배출하는 천일제염의 마지막 공정을 수행하는 소금창고가 흔치 않았다는 것이다. 이것은 1899년부터 염전매제를 시행한 대만의 특수한 사정 때문이다. 대만의 염전매제는 조선이 관영천일염전으로 '제조전매제'를 시행한 것과 달리 '판매전매제'를 시행하고 있었다. 즉, 일본의 민간기업이나 중국인 기업 혹은 개인 제염업자들이 생산하는 소금은 대만총독부가 감정평가를 거친 후 배상금을 지불하고 이를 모두 수매하는 형태였던 것이다. 기업 형태의 염전도 직영보다는 소작경영을 주로 하였다.[41] 따라서 대부분의 영세 제염업자들은 자신들의 소금창고를 별도로 만들 수 있는 형편이 되지 않았다. 이는 1932년에 대만염전을 시찰한 군자염전 하시마(군자파출소장 羽島久雄으로 추정)의 기행문에서도 확인할 수 있다.

> 오후 3시경부터 채염(採鹽)을 개시하여 염(鹽)을 모으는 기구로 긁어 모으면, 그것을 염농(鹽籠)에 넣어 짊어지거나 또는 레일[軌條]에 의해 전매국(專賣局) 구내 관설염고(官設鹽庫) 부근에 둔다. 각자 소정의 염퇴장(鹽堆場)으로 운반하여 이튿날 아침 전매국 수납관리(收納官吏)의 검수를 받는 순서이다. 그러나 검수를 받기 위해 적어도 5시간 이상의 물빼기[水切り]를 해야 하는 규정도 있었는데, 북문(北門) 관내 같은 곳은 12시간부터 24시간 이상도 물빼기를 행한 후에 검수하고 있는 것도 목격되었다. …(중략)… 염의 수납은 종래 여러 가지의 방법이 있었고 금일까지 여러 번 개정되었던 것이지만, 현재 행해지고 있는 수납법(收納法)은 채염 후 5시간 이상 경과한 것에 대해서는 1할 5푼을 감하고, 기후나 기타의 관계에서 소정의 물빼기 시간을 경과하지 않은 것에 대해서

41　前田廉孝, 2012「戦前期台湾·関東州製塩業における日系資本の進出過程: 野崎家と大日本塩業株式会社を中心に」『社會經濟史學』78-3, 社會經濟史學會 참조.

는 2할을 감하여 계산하는 것으로 되었다. 현재 각지에서 실시되고 있는 상황을 보자면, 그날(대개 오후 3시경부터 채염 개시) 채염된 것은 그날 안에 전매국 구내의 염고 부근에 각 제염자 별로 염퇴장이 정해져 있기 때문에 그곳에 운반하여 두고, 이틀날 수납하는 것으로 되어 있다.[42]

이와 같이 대만의 제염업자들은 자신의 생산염을 관설(官設) 소금 창고 부근의 지정된 염퇴장에 두고, 이틀날 대만전매국에서 시행하는 검수를 받은 후에야 전매국 소금창고로 옮겨졌던 것이다. 아울러 고즙 배출은 반드시 5시간 이상 시행하게 하였는데, 이를 지킨 제염업자는 15%의 감액을 하지만, 이를 지키지 않은 제염업자는 20%의 감액 조치를 하였다. 생산염을 실내가 아닌 실외에 보관했기 때문에 기후나 기타 사정에 의한 감모분을 고려한 조치였다고 본다.

이러한 사정은 관동주에서도 마찬가지였을 것으로 본다. 다만 관동주에는 다이니폰염업의 푸란덴염전과 같은 일본 대기업의 직영 염전도 다수 존재하여 소금창고의 존재를 완전히 부정하기에는 힘들 것 같다. 그러나 관동주에서 일본 내지(內地)로 이출되는 염은 대부분 분쇄세척공장에서 가공된 후에 보내졌기 때문에 굳이 소금창고를 건설할 필요가 없었을 것으로도 생각된다. 역시 1934년에 만주와 관동주 일대의 염전을 시찰한 주안출장소의 야마기시 무츠조[山岸睦造]의 기행문에서 이를 확인해 보겠다.

> 관동주(關東州)에서는 내지공업(內地工業)의 발달에 비추어 그 수요에 순응하기 위해 근래 품질주의(品質主義)로 기울어 왔다. 염전에 염고(鹽庫)가 없는 것도 품질주의로 한다면 오히려 건조가 좋아 유리한 것으

---

[42] 羽島浩洋生,「臺灣鹽田視察旅行記(一)」『專賣通報』101, 朝鮮專賣協會, 1933. 4, 31~33쪽

로 된다. 대일본염업(大日本鹽業)에서는 쌍도만(雙島灣)·비자와(貔子窩) 두 곳에 분쇄세척공장을 설치하였다. 양자 모두 연액 7~8천만 근의 제조 능력을 가져 합하여 1억 5천만 근을 제조하고 있다. 즉, 공업용염은 천일원염(天日原鹽)을 디스인테그레이터(Disintegrator)식 분쇄기로 분쇄하고, 그것을 벨트 컨베이어(belt conveyer)로 세척조(洗滌槽)로 보내어 포화함수 중에서 스크루 컨베이어(screw conveyer)의 회전에 의해 세척한다. 세척된 염은 바스켓 컨베이어(basket conveyor), 에이프런 컨베이어(apron conveyor), 그래스호퍼 컨베이어(grasshopper conveyor)로 물빼기[水切]를 하고, 최후에 벨트 컨베이어로 창고에 저장시키는 것이다. 동력은 모두 전기를 이용하며 염전에서 염의 반입으로부터 제조공정은 물론, 저장·반출까지 모두 합리적 기계화하고 있어서 크게 참고가 되었다.[43]

위의 인용문에서 확인되듯이, 관동주 염전은 탁월한 기후 조건으로 소금창고가 없는 것이 오히려 소금의 건조 작업에 유리했다고 한다. 또한 연간 1억 5천만 근(9만 톤)의 생산염을 다이니폰염업의 분쇄세척공장에서 컨베이어 작업에 의해 가공하기 때문에 굳이 소금창고를 만들어 고즙을 별도로 배출하는 시설을 둘 필요가 없었을 것으로 보인다. 조선에서도 1910년 이후 주안이나 광량만염전 등에 분쇄공장이 설치되기는 하였으나, 주안염전의 경우 1일 분쇄력이 3만 근에 불과하여 관동주 염전에는 크게 미치지 못했다.[44] 하지만 야마기시 기사는 관동주 염전의 정보당 생산량이 조선의 절반 밖에 되지 않고, 또 함수류 등이 없는 점을 들며 조선식 제염법을 더 우수한 방식으로 인식하고 있었다.

43　山岸睦造, 「滿洲關東州鹽田視察記」 『專賣通報』 118, 朝鮮專賣協會, 1934. 9, 11~12쪽
44　京城專賣支局 朱安出張所, 1921 『朱安鹽田槪要』(인천광역시립박물관 소장유물, 유물번호 5684), 8~9쪽

〈그림 5〉 1930년대 대만 염전의 鹽堆場 〈그림 6〉 1930년대 관동주 염전의 鹽堆場
(『專賣通報』 101, 朝鮮專賣協會, 1933. 4)　(『專賣通報』 118, 朝鮮專賣協會, 1934. 9)

2) 소래염전 '소금창고'의 건립 시원

　우리나라의 천일염전에서 소금창고가 만들어진 것은 천일염전 축조 초기시대부터인 것으로 보인다. 이는 1909년부터 시작된 제1기 공사부터 '창고 축조비'가 계상되어 있는 것에서도 확인된다. 하지만 이 창고가 염전내부의 부속시설로서의 소금창고인지는 현재로서 알 수가 없다. 다만 현재 국가기록원에 소장되어있는 다수의 「염고(鹽庫) 설계도」를 볼 때, 1915년경부터 현재의 모습과 같은 소금창고가 만들어졌음을 확인할 수 있었다.
　〈그림 7〉은 1910년경 주안출장소의 「재래염고도(在來鹽庫圖)」이다. 크기로 보아 염전내부에 설치된 것이 아니라 염의 철도 운송을 위해 주안역 앞에 세워진 대형 저장소였을 것으로 보인다. 아울러 '재래'라는 이름이 붙어 있으므로 이후에 소금창고의 건축 양식이 바뀌었음을 알 수 있다. 〈그림 8〉 역시 주안출장소의 「염고신축공사설계도」인데, 그 형태가 「새래염고도」와는 크게 차이나지 않는다. 다만 대·중·소형의 크기로 소금창고의 형태를 구분하고 있는 점, 또 네 모서리 부분에

목재로 비스듬히 지지대를 설치하고 있는 점 등이 특이하다.

지금과 같은 형태의 소금창고는 1915년 이후부터 나타난다. 창고 안에 쌓아 놓은 소금이 그 무게로 인해 벽이 밖으로 밀리지 않도록 하부의 벽체를 상부보다 1m 정도 넓게 만든 소위 '안쏠림 구조'로 만들어진 것이다. 〈그림 9〉의 광량만염전의 염고는 양쪽 측면에 하나씩 문을 내었고, 〈그림 10〉의 주안염전 염고는 한쪽 측면에만 문을 두 개 내었다. 모두 30평 정도의 소형 건물이어서 염전 내부에 설치하였을 것으로 보인다. 하지만 당시의 소금창고는 지금과 같이 여러 곳에 설치하지는 못했고, 내부 시설 또한 좋지 못했던 것으로 보인다.

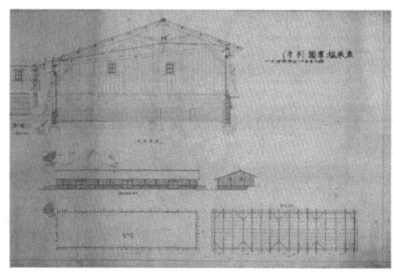

〈그림 7〉 재래염고도(주안, 1910년 추정)

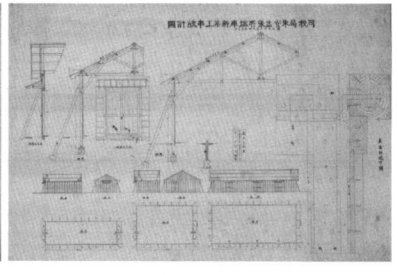

〈그림 8〉 사세국주안출장소 염고신축공사 설계도(주안, 1915년)

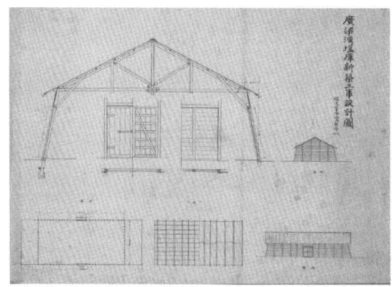

〈그림 9〉 광량만염고 신축공사 설계도 (광량만, 1915년 추정)

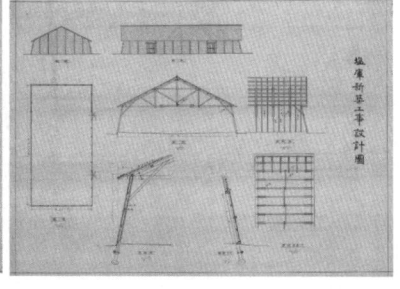

〈그림 10〉 염고신축공사 설계도 (주안, 1918년 추정)

1926년에 주안염전에서 염전감독을 한 이시카와 다케요시[石川武吉]의 기록에 의하면 당시의 염고(鹽庫) 안은 "소금의 침윤모액(浸潤母液)이 진흙과 섞이고, 염부(鹽夫)들의 발은 빠르게 백염(白鹽)을 오염시켜 염의 색깔을 저하시킨다. 그리고 반입되어진 수염(水鹽)은 재고염 위에 쏟아지기 때문에 고즙(苦汁)이 재고염에 침윤하여서 소위 주안염(朱安鹽)이 고즙이 많다고 일컬어지는 원인을 제공했다"[45]고 하고 있다. 1920년대만 하여도 창고 내부에 지금과 같은 고즙처리 시설이 만들어지지 않은 것이다. 따라서 이시카와는 채염 직후 곧바로 소금창고에 반입하지 말고, 10정보당 한 개씩 1입방평의 규격화된 상자를 준비하여 채염할 때마다 편리한 장소에 두고 그곳에 하루 정도 보관한 후 입고시킬 것을 제안하고 있다. 대만의 염퇴장(鹽堆場)과 같은 기능을 하는 장치를 만들자는 것이어서 눈길을 끈다. 앞서 설명한 것처럼 소금창고의 바닥을 벽체에서 중앙으로 15~20°의 경사도를 주어 고즙이 배출되도록 만든 것은 고즙 생산을 본격화하는 1930년대 후반 이후로 추정된다.

여러 자료를 종합하여 검토해 볼 때, 소래염전의 소금창고는 1996년 폐전 때까지 총 80개가 있었다. 소래역 앞에 있는 2동의 대형 저장소를 비롯하여 제1구 염전에 19동, 제2구 염전에 31동, 제3구 염전에 28동이 있었던 것이다. 하지만 현재까지 남아있는 옛 소금창고는 제1구 염전(현 소래습지생태공원)에 4동(이 중 1동은 반파), 제2구 염전(현 시흥갯골생태공원)에 2동만이 남아있을 뿐이다. 10여 년 전까지만 하여도 현 시흥시 관내에 소재한 2구 및 3구 염전 부지 안에 40여 동의 소금창고가 남아 있었지만, 2006년 6월에 동 부지 소유주인 ㈜성담

45　石川武吉, 「朱安鹽田採鹽法ノ改良ニ就テ」『專賣局朱安出張所關係資料』(CTA0002798)

이 무려 38동을 하룻밤 만에 기습 철거함에 따라 2동의 창고만이 남게 되었다.[46] 인천시 관내에 소재한 1구 염전 부지 안의 소금창고 역시 대규모 택지개발사업과 행정당국의 무관심 등으로 인해 대부분이 소멸 또는 붕괴되었고, 그나마 남아있는 소금창고 역시 시급히 보수공사가 요청되는 상황이다.

1960년대 대한염업(주)에서 제작한 「소래염전 평면도」(인천광역시립박물관 유물번호 5621)와 국가기록원에서 소장하고 있는 인천경성지방전매국의 『국유재산대장』(CJA0020289)은 현재까지 소래염전에 남아있는 소금창고의 건립연대를 고증하는데 주요한 자료가 된다. 「소래염전 평면도」에서 특이한 점은 일제강점기와 달리 염구(鹽區)를 5개로 늘리었다는 것이다. 제1구를 3100염전으로, 제2구를 3200(서부)과 3300(동부)염전으로, 제3구를 3400(서부)과 3500(동부)염전으로 명칭을 바꾸었다. 아울러 염전 한 판도 종래 20여 정보 내외로 구획하였던 것을 10여 정보 내외로 더 세분시키었다. 따라서 염전 한 판 당 1~2개의 소금창고를 부속하게 되어 제1구 염전에 19동, 제2구 염전에 31동, 제3구 염전에 28동 등 총 78동의 소금창고의 위치를 파악할 수 있었다.

다음으로 국가기록원에서 소장하고 있는 『국유재산대장』은 소래염전이 착공된 1933년부터 염전매제가 폐지되어 전매청의 관영염전이 대한염업(주)으로 이관되기 직전인 1962년까지 모든 소래염전 산하의 동산 및 부동산의 내역과 감정가격 등이 기록되어 있었다. 각 건물에는 특정의 건물번호가 매겨져 있고, 건물 구조와 형식이 표시되어 있으며, 연혁과 적요 사항을 통해 건물의 신축 연월, 소속기관의 변화, 개축 연월, 건평 및 연평, 그리고 단위별 단가와 평가 가격을 알 수 있

---

46 시흥시, 2017 『갯골 소금창고 기록화 보고서』, 51~54쪽

다. 나만 아쉬운 점은 위의 자료로는 건물이 소재한 위치를 파악하기 힘들다는 사실이다. 건물번호 역시 창고뿐만 아니라 관사, 숙사, 변소, 물치, 펌프실 등이 혼재되어 건립된 순서대로 매겨져 있어서 이것만으로 그 위치를 추정해 보는 것은 불가능하다. 하지만 소금창고의 건립연대에 따라 각 건물의 규격에 커다란 차이가 있는 것을 발견하였다. <표 6>은 『국유재산대장』을 통해 파악된 소래 각 염전의 소금창고 현황을 정리해 놓은 것이다. 이를 통해 1960년대까지 총 78동의 소금창고가 있는 것을 확인하였고, 이는 앞에서 살펴본 인천광역시립박물관 소장의 「소래염전 평면도」에 나타난 도면과도 정확히 일치한다.

『국유재산대장』에 기록된 소래염전의 소금창고는 총 78동(1구 염전 19동, 2구 염전 31동, 3구 염전 28동)이다. 이 중 일제강점기에 25동(1구 염전 6동, 2구염전 10동, 3구염전 9동)이었던 소금창고가 해방 후 53동이나 증설되었음을 알 수 있다. 가장 크게 차이나는 점은 일제강점기에 만들어진 소금창고가 50평형이고, 해방 후에 만들어진 소금창고는 28평형이라는 것이다. 물론 2구 염전의 건물번호 54호와 57호와 같이 100평, 80평(후에 160평으로 증축)짜리 대형 창고도 있었지만 이는 예외적인 것으로 보인다. 따라서 시흥갯골생태공원 내에 현존하는 소금창고의 건립연대는 비교적 쉽게 파악되었다. 현존하는 두 창고의 규모가 116.28㎡(약 35평), 109.15㎡(약 33평)로 측량되었으므로, 1949~1955년 사이에 만들어진 28평형 소금창고가 분명했다.

반면에 소래습지생태공원이 위치한 1구 염전 구역 안의 소금창고들은 좀 더 까다로운 검증이 필요하였다. 현장조사 결과 이곳에는 3동의 소금창고가 그나마 온전한 모습을 갖추고 있었고, 1동은 반파, 5동은 완파, 나머지 10동은 완전히 소멸되어 그 흔적조차 찾기 어려웠다. 더구나 창고를 면적으로 구분하는 일도 힘들었다. 『국유재산대장』에

〈표 6〉『국유재산대장』에 보이는 소래염전 내의 염고(鹽庫) 현황(1936~1962년)

제1구 염전			제2구 염전			제3구 염전		
건물번호	신축년월(개축년월)	건평수	건물번호	신축년월(개축년월)	건평수	건물번호	신축년월(개축년월)	건평수
3	1936년 5월	50	4	1936년 5월 (1952년 3월)	50	26	1938년 3월	50
4	1936년 5월	50	5	1936년 5월	50	27	1938년 3월	50
5	1936년 5월	50	6	1936년 5월 (1952년 3월)	50	28	1938년 3월	50
6	1936년 5월	50	27	1938년 3월	50	29	1938년 3월	50
7	1936년 5월	50	28	미상	50	30	1938년 3월	50
8	1936년 5월	50	29	1938년 3월	50	31	1938년 3월	50
26	1949년 9월 (1955년 3월)	45.3 (70)	30	1938년 3월	50	32	1938년 3월	50
27	1949년 9월 (1955년 3월)	45.3 (50)	31	1938년 3월	50	33	1938년 3월	50
28	1952년 7월	28	32	1938년 3월	50	34	1938년 3월	50
29	1952년 7월	28	33	1938년 3월 (1952년 3월)	50	37	1952년 6월	28
31	1952년 7월	28	35	1949년 9월	28	38	1952년 6월	28
32	1952년 7월	28	36	1952년 6월	28	39	1952년 6월	28
33	1952년 7월	28	37	1952년 6월	28	40	1952년 6월	28
34	1952년 7월	28	38	1952년 6월	28	41	1952년 6월	28
37	1953년 7월	28	39	1952년 6월	28	42	1952년 6월	28
38	1953년 7월	28	40	1952년 6월	28	43	1952년 6월	28
39	1952년 2월	28	41	1952년 6월	28	44	1952년 8월	28
40	1952년 7월	28	42	1952년 6월	28	45	1952년 8월	28
41	1955년 3월	28	43	1952년 6월	28	46	1952년 8월	28
			44	1952년 6월	28	48	1952년 8월	28
			45	1952년 6월	28	49	1952년 8월	28
			46	1953년 7월	28	50	1952년 8월	28
			47	1953년 7월	28	51	1952년 8월	28
			50	1954년 8월	28	53	1953년 7월	28
			51	1954년 8월	28	54	1953년 7월	28
			52	1954년 8월	28	55	1953년 7월	28
			53	1954년 8월	28	56	1953년 7월	28
			54	1954년 7월	100	57	1953년 7월	28
			55	1955년 12월	28			
			56	1955년 12월	28			
			57	1956년 6월 (1957년12월)	80 (160)			
총 19개소			총 31개소			총 28개소		

따르면 1949년에 건립된 2동의 소금창고가 45.3평이고, 이후 각각 70평과 50평으로 증축되었는데, 이 중 1동이 1936년에 건립된 소금창고와 면적이 똑같아서 구분하기 힘들었다. 즉, 현존하는 3동의 소금창고 중 1동이 1936년에 건립된 것인지, 혹은 1949~1955년에 건립된 것인지 구별하기 어렵게 된 것이다. 따라서 국토지리정보원에서 제공하는 1967년부터 1985년 사이에 촬영된 소래지역의 항공사진을 세밀히 검토해 보았다. 그 결과 반파된 상태로 5구역에 위치한 소금창고가 소래 1구 염전에서 가장 큰 규모였던 70평형(1949년 신축, 1955년 개축) 창고였음이 확인되었고, 완파된 6구역 소금창고에서는 건물 측면에 작게 증축된 공간이 확인되어 이 역시 1949년에 45.3평으로 신축되었다가 1955년에 4.7평을 증축한 것임을 확인할 수 있었다. 따라서 현존하는 3동의 소금창고 중 3-1구역에 있는 50평형 소금창고가 1936년 5월에 처음 신축된 것임을 확인할 수 있었는데, 이는 현재 남한 지역에서 건립연대가 가장 오래된 소금창고라고 하겠다. 나머지 1구역과 3-2구역에 있는 28평형 소금창고는 1952~1955년 사이에 신축된 것으로 결론내릴 수 있다.

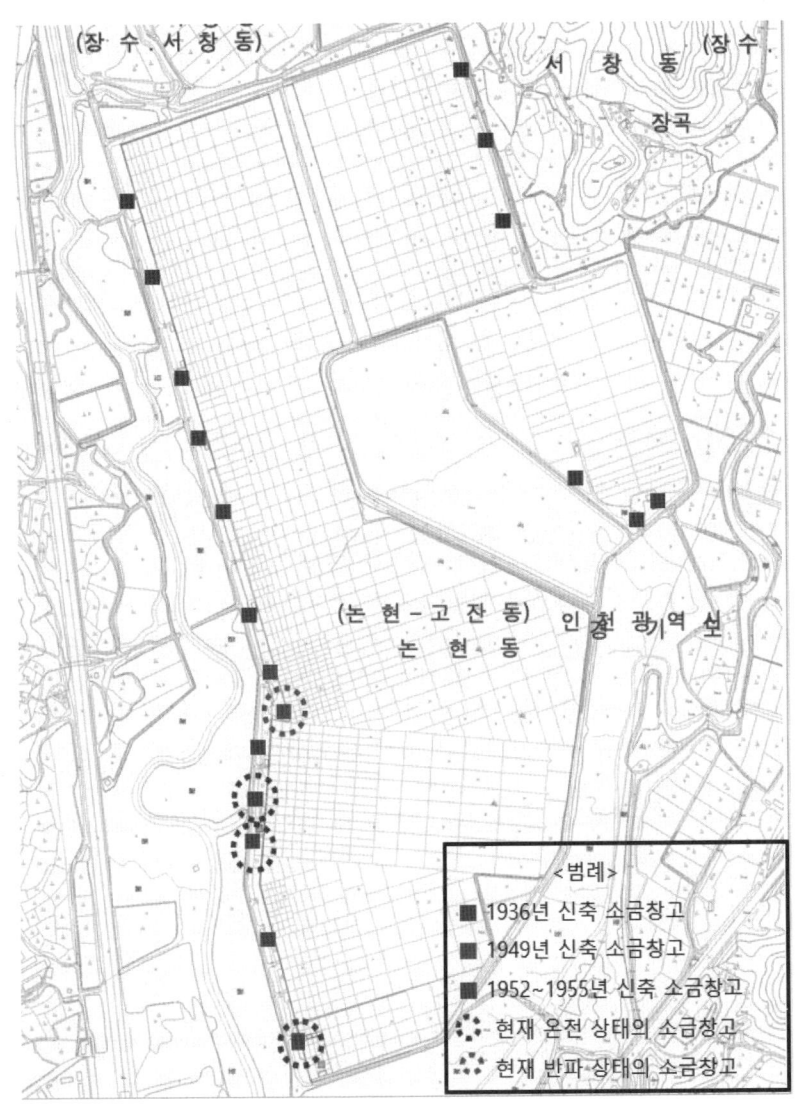

〈그림 11〉 소래 1구 염전 소금창고의 건립연대 및 현황도

소래염전 소금창고와 부속시설물을 통해 본 근대산업유산의 가치 53

〈그림 12〉 소래 1구 염전 3-1구역 소금창고(1936년 신축, 2024년 4월 필자 촬영)

〈그림 13〉 1981년 항공사진에 보이는 3-1구역

3) 기타 부속시설의 현황과 보존 가치

과거 소래염전이었던 소래습지생태공원과 시흥갯골생태공원 내에는 소금창고뿐만 아니라 해수취입수갑(海水取入水閘), 함수류(鹹水溜), 고즙류(苦汁溜), 배수복통(排水伏樋), 펌프장, 궤조(軌條) 등의 염전부속시설물들이 존재하고 있었다. 골프장 건설과 도로 및 택지개발 사업 등으로 대부분이 파괴되거나 매립되었지만 소래습지생태공원 내에는 일부 시설이 아직까지 그 원형을 유지하고 있는 것들이 있어서 주목된다.

(1) 간수저장소[苦汁溜]

최근 소래습지생태공원 내의 염전 시설물을 조사한 결과, 과거 조선제염공업주식회사 때부터 사용한 것으로 추정되는 간수저장소[苦汁溜]를 발견하였다. 1981년 항공사진에서 1구 염전에만 10여 군데의 간수저장소가 확인되는데, 현재까지 같은 위치에 존재하는 것이 4기가 남아있었다. 지름 1m 정도의 원형 콘크리트 구조물과 내부가 3단으로 격벽된 사각형의 콘크리트 구조물이 한 조가 되어있는 구조였다. 이들 모두는 파이프관으로 통해 간수가 유입 또는 유출되도록 원형의 구멍이 뚫어져 있었다. 대부분이 소금창고 근방에 설치되어있는 것으로 보아 소금창고 안에서 모아진 간수를 따로 저장하였다가 소래역 앞에 위치한 고즙공장으로 보내진 것 같다. 여기에 대해서는 아직까지 자세한 연구 성과가 없어 추가적인 조사가 필요하다.

〈그림 15〉 사각형 간수저장소

〈그림 14〉 원통형 간수저장소
(2024년 4월 필자 촬영, 이하 같음)

② 해수취입시설

소래 1구 염전에만 3기의 해수취입수문이 있었는데 현재 남아있는 것은 2기뿐이다. 3구역에 위치한 제1수문은 일부 시설 보강이 있었지만 「소래염전 평면도」와 동일한 장소에 위치하여 옛 염전 경관을 잘 유지하고 있는 모습이다. 반면에 8구역에 있었던 제2수문은 완전히 사라졌고, 13구역에 위치했던 제3수문은 갯골 수로가 변경되면서 다른 위치로 신설·이전되었다. 해수취입수문이 과거 염전의 형태를 알려주는 갯골을 보존하고 유지시키는 데 큰 역할을 하는 만큼 현재 남아있는 수문을 잘 관리하고 보존시킬 필요가 있다.

〈그림 16〉 제1수문(3구역)   〈그림 17〉 제3수문(13구역)

③ 발전실 및 펌프장

앞에서 서술한 바와 같이 소래염전은 남한 지역에서 최초로 전기를 이용한 염전이다. 1, 2, 3구 각 염전 저수지 앞에는 해수를 염전 안으로 끌어올릴 펌프시설을 갖추었고 그 펌프기의 전원을 공급하는 발전실을 따로 갖추고 있었다. 『국유재산대장』에 따르면 1구 염전에는 1948년에 각각 만들어진 펌프실(목조단층, 23.5평)과 발전실(벽돌단층, 8평)이 있었다. 염전 내부에 있는 유일한 벽돌조 건물은 발전실밖에 없어서 〈그림 18〉과 같이 두 개의 벽면만 남은 폐건축물이 과거 제1

〈그림 18〉 소래 1구 염전 7구역의   〈그림 19〉 소래 3구 염전(시흥시) 내의
발전실 추정지   발전실과 펌프장

구 염전의 발전실임을 확인할 수 있었다. 또한 그 형태는 현재 ㈜성담이 창고로 쓰고 있는 3구 염전의 발전실·펌프장 건물과도 정확히 일치한다.

맺음말

이상으로 1934년에 착공하여 1937년에 준공된 소래염전의 구조적 특징과 소금창고 등 내부시설물의 기능 및 변천 과정을 구체적으로 살펴보았다. 이를 정리하면 다음과 같다.

1934년에 6월 10일에 착공되어 1937년 5월 31일에 준공된 소래염전은 조선총독부의 '제4기 천일염전 확장 계획'에 의해 건설된 염전이다. 1931년부터 향후 5개년에 걸쳐 천일염전 2,200정보를 축조하는 것으로 계획된 '제4기 천일염전 확장 계획'은 조선 내 식염의 자급자족은 물론, 화학공업의 원료염으로 사용되는 '공업용염'의 증산 계획도 함께 포함되어 있었다. 따라서 소래염전은 그 이전 시대에 축조된 천일염전과는 차별되는 기술적 혁신이 이루어졌으며, 이는 곧 제염기술의 내재화를 포괄하는 구조로 만들어졌다.

가장 특징적인 것은 제4기 계획 이후 신설염전 대부분을 고지식(高地式)으로 설계하였다는 것이다. 그동안 기설염전 대부분은 저수지 해수면보다 지반(地盤)이 낮은 저지식(低地式)이어서 제방 축조에 많은 비용이 들었고, 또 만약에 해일 등으로 인해 제방이 결궤될 경우에는 염선 내부에도 심각한 손상을 초래하였다. 반면에 고지식 염전은 해수면보다 지반이 높기 때문에 제방의 구축비용을 절감할 수 있고, 또 해일 등의 피해에서도 상대적으로 안전하다는 장점이 있었다. 다만 고지식 염전을 축조하기 위해서는 낮은 곳에 위치한 해수를 고지의 염전으로 끌어올려야 하는 동력원이 반드시 필요했다. 과거 관동주(關東州) 등에 위치한 고지식 염전에서는 풍차를 이용하여 해수를 끌어올리는 방식을 사용하고 있었지만 1930년대 조선의 염전에서는 처음으로 전기를 도입하여 전기펌프를 이용해서 해수를 끌어올리는 작업이 시행되었다. 이 밖에도 염전 내부의 함수 손실을 줄이기 위해 증발지와 결정지의 비율을 표준화하기 시작했다. 또 결정지 지반을 옹파편(甕破片) 또는 와편(瓦片) 등으로 개량하여 결정염의 품질을 높이는 데에도 힘을 썼다.

대한염업주식회사의 「소래염전 평면도」(인천광역시립박물관 소장), 인천경성지방전매국의 『국유재산대장』(국가기록원 소장) 등의 자료를 종합하여 검토해 볼 때, 소래염전의 소금창고는 1996년 폐전 때까지 총 80개가 있었다. 소래역 앞에 있는 2동의 대형 저장소를 비롯하여 제1구 염전에 19동, 제2구 염전에 31동, 제3구 염전에 28동이 있었던 것이다. 하지만 현재까지 남아있는 옛 소금창고는 제1구 염전(현 소래습지생태공원)에 4동(이 중 1동은 반파), 제2구 염전(현 시흥갯골생태공원)에 2동만이 남아있을 뿐이다. 현재 비교적 양호한 상태로 소래습지생태공원 내에 남아있는 3동의 소금창고의 건립 시원과 근대산업유산으로서의 가치를 살펴볼 때 다음과 같은 결론을 내릴 수 있다.

첫째, 소래습지생태공원(옛 소래염전 1구 염전) 내의 3-1구역에 있는 소금창고는 1936년 5월에 건립된 것으로 현재 남한 내에 소재한 천일염전 소금창고 중 가장 오래된 건축물이란 사실이 고증되었다.

둘째, 소래습지생태공원 내에 소재한 1구역 및 3-2구역의 소금창고와 시흥시 갯골생태공원 내에 소재하는 소금창고 2동(경기도 근대문화유산 제13호) 역시 한국식 천일제염에 가장 적합한 형태로 변화된 건축 양식을 그대로 계승하고 있는 건축물이다. 한국의 천일염전은 일제 통감부시기 창설 당시부터 '관영천일염전'이라는 독특한 체제를 유지해 왔고, 해방 이후에도 오랫동안 염전매제와 국영염전체제가 지속됐기 때문에 염전의 규격과 건축물들이 통일적인 양식으로 유지될 수 있었다. 현재 염전매제도가 폐지된 상황 속에서 전국에 다양한 양식의 염전과 부속 건축물이 만들어졌지만 그 시원적인 형태의 모습은 여전히 현존하는 최고(最古)의 천일염전인 소래염전 속에서만 찾아질 수 있을 것이다.

셋째, 천일염전이라는 인류 보편적인 문화유산 속에서 소금창고는 그 상징물로 활용될 수 있다. 지금도 일부에서는 천일염전을 일제 식민지유산으로 평가절하하는 의견도 있지만, 사실 천일염전은 한·중·일 3국의 제염법이 융합된 형태이고, 또 천일염전 자체가 17세기 유럽에서 전파된 것임을 상기할 때, '식민성' 논의는 더 이상 가치가 없는 일로 생각된다. 특히 소금창고와 같이 한국만이 독특하게 갖고 있는 문화자원의 가치를 재평가하고 홍보하는 일이 우선해야 할 것이다. 한국의 천일제염업은 일제가 경영한 시기보다 더 오랫동안 이를 변화·발전시켰고, 피난민들의 자활의 터전이었으며, 또 산업화시대의 주요 수출상품이기도 하였다.

넷째, 소금창고뿐만 아니라 해수취입수갑(海水取入水閘), 함수류(鹹水溜), 고즙류(苦汁溜), 배수복통(排水伏樋), 펌프장 등 염전 내부의 부속시설에 대한 연구와 보존 방안이 함께 고민되어야 한다. 특히 현 소래습지생태공원 내에 잔존하고 있는 간수저장소는 제염업과 화학공업 간의 관련성을 보여주는 중요한 산업유산인 동시에 일제강점기 수탈의 역사를 알려주는 주요한 증거품이기도 하다.

참고문헌

탁지부 임시재원조사국, 1908 『한국염업조사보고 제1편』
탁지부 임시재원조사국, 1910 『韓國鹽務槪況』
京城專賣支局 朱安出張所, 1921 『朱安鹽田槪要』
朝鮮總督府 專賣局, 1933 『鹽田築造ノ件』,(국가기록원 CJA0014149)
羽島浩洋生,「臺灣鹽田視察旅行記(一)」『專賣通報』101, 朝鮮專賣協會, 1933. 4.
田邊隆平,「朝鮮に於ける天日煎熬製鹽を論じて天日鹽田の結晶池改良に及ぶ」
　　『專賣通報』108, 朝鮮專賣協會, 1933.
山岸睦造,「滿洲關東州鹽田視察記」『專賣通報』118, 朝鮮專賣協會, 1934. 9.
朝鮮總督府 專賣局, 1935 『塩田築造ノ爲ニスル公有水面埋立ノ件』(국가기록원
　　CJA0014770)
金令木(南市),「鹽業漫談」①,『專賣の朝鮮』132, 朝鮮專賣協會, 1935. 11.
朝鮮總督府 專賣局, 1936 『朝鮮專賣史』 제3권
朝鮮總督府 專賣局, 1937 『塩田築造ノ爲ニスル公有水面埋立工事竣工ノ件』(국가
　　기록원 CJA0015302)
朝鮮總督府 專賣局, 1937 『塩田築造ノ爲ニスル公有水面埋立工事竣工面積訂正ノ
　　件』(국가기록원 CJA0015302)
朝鮮總督府 專賣局, 1938 『塩田築造ノ爲ニスル公有水面埋立工事竣工ノ件』(국가
　　기록원 CJA0015472)
田邊隆平,「鹽の苦汁に就て」『專賣の朝鮮』176, 朝鮮專賣協會, 1939. 7.
朝鮮總督府 專賣局, 1940 『鹽務關係事務打合會關係書類』
인천경성지방전매국, 1943 『국유재산대장』(국가기록원 CJA0020289)
朝鮮總督府, 1946 『在朝鮮企業現狀槪要調書4(製鹽)』(국가기록원 CTA0001384)
石川武吉, 1971,『朝鮮鹽業史料 總說篇: 朝鮮の天日製塩に関する資料』(국가기록
　　원 CTA0002790)

류창호, 2017 『식민지 인천의 근대 제염업』, 보고사
마크 쿨란스키, 이창식 역, 2003 『소금』, 세종서적
시흥시, 2017 『갯골 소금창고 기록화 보고서』

인하대학교박물관, 2019 『옛 소래염전 소금창고 고증조사 용역 최종보고서』
인하대학교박물관, 2024 『소래습지생태공원 소금창고 고증조사 용역 최종보고서』
정동효 편, 2013 『소금의 과학』, 유한문화사

福永範一, 1950 『製鹽及苦汁工業』(改訂版), 恒星社厚生閣
石橋雅威 編, 1983 『朝鮮の鹽業』, 財團法人友邦協會
宋良曦 外, 2010 『中国盐业史辞典』, 上海辞书出版社

김 준, 2002 「소금과 국가 그리고 어민」 『도서문화』 20, 목포대학교 도서문화연구원
류창호, 2016 「일제강점기 조선염업주식회사 설립과 '인천염전'의 운영 실태」 『도시마을 생활사: 용현동·학익동』, 인천광역시 남구
류창호, 2021 「전시체제기 조선 염업의 공업화 과정과 일본 독점자본의 침투」 『한국학연구』 63, 인하대학교 한국학연구소
문홍일, 2015 「천일염 생산시설의 변화」 『도서문화』 46, 목포대학교 도서문화연구원
박민웅, 2005 「군자 소래염전의 축조와 운용」 『시흥시사』 3권, 시흥시사편찬위원회
박정석, 2009 「천일염의 생산과정과 유통체계, 그리고 정부정책」 『도서문화』 34, 목포대학교 도서문화연구원
양항룡, 1991 「서해안 천일염전의 공간구조에 관한 연구」, 전북대학교 교육대학원 석사학위논문
여은영, 1982 「鹽田」 『녹우연구논집』 24, 이화여대 사범대학 사회생활과
유승훈, 2004 「20세기 초 인천 지역의 소금 생산」 『인천학연구』 3, 인천대학교 인천학연구원
이영학, 1991 「開港期 製鹽業에 대한 연구」 『한국문화』 12, 서울대학교 한국문화연구소
조한보, 1984 「인천연안염업에 관한 연구」 『논문집』 18-2, 인천교대

兒玉州平, 2014 「滿州塩業株式會社の設立意義: 過当競争下日本ソーダ製造業と

の関連に注目して」『國民經濟雜誌』210(6), 神戸大学経済経営学会
前田廉孝, 2012 「戦前期台湾・関東州製塩業における日系資本の進出過程: 野崎家
 と大日本塩業株式会社を中心に」『社會經濟史學』78-3, 社會經濟史學會
田中正敬, 2003 「1930年代以後の朝鮮における塩需給と塩業政策」『姜徳相先生古
 稀・退職記念日朝關係史論集』, 新幹社
村上正祥, 1982 「明治期における製鹽技術」『日本鹽業大系』近代編, 日本專賣公社
村上正祥, 1982 「わが国における製塩法の発達: 明治以降の製塩法の発展」『日本
 海水学会誌』36-2, 日本海水学会

1923~1925년 경인 지역 유력자의 부평수리조합 창설과 전기 양수기 도입

●●●

이 대 열

고려대학교

이대열

1923~1925년 경인 지역 유력자의 부평수리조합 창설과 전기 양수기 도입

머리말

식민지 조선의 농업은 비료, 농약, 수리 등의 공급을 위하여 공공단체를 활용하였다. 조선농회가 비료, 농약 등을 배급하는 방식으로 농사개량에 사용됐다면, 수리조합은 전기 양수기 등을 설치하는 방식으로 토지개량에 이용되었다. 식민지 조선의 농업은 조선질소비료, 산쿄농약(三共農藥), 닛산화학공업(日産化學工業) 등 농화학 기업과 경성전기, 조선전기흥업 등 발송배전 기업의 시장으로 되었다. 따라서 본고는 일제시기의 수리조합을 발송배전 기업과 관련하여 검토해 보려 한다.[1]

일제시기의 수리조합을 다루었던 연구로는 수탈의 부정적 측면을 강조한 입장과 개발의 긍정적 측면을 부각한 입장이 있었다. 수탈의 부정적 측면을 강조한 입장은 수리조합이 일본인 지주의 이익만 대변

---

1 조선농회의 비료·농약 배급이나 조선질소비료, 산쿄농약, 닛산화학공업 등 농화학 기업에 내해서는 이대열, 2022a 「1930년대 중반 조선농회의 배합비료 배급사업과 도열병 예방의 실패」『역사와 현실』123 ; 2022b 「전시체제기 조선총독부 농약정책과 도열병 구제의 파행」『한국독립운동사연구』80 참조.

하고 있었으며, 조선인 지주와 농민은 수리조합에 적극적으로 동조하지 않았다고 파악하였다.[2] 개발의 긍정적 측면을 부각한 입장은 수리조합이 조선인 지주의 이익도 대표하고 있었으며, 조선인 지주와 농민도 수리조합에 적극적으로 동참했다고 이해하였다.[3]

하지만 이들은 수탈과 개발의 이면에 자본을 둘러싼 문제가 내재되어 있었음을 인식하지 못하였다. 일제시기의 수리조합은 동력원 종류에 따라서 1차적으로는 자연력형과 양수기형으로 구분되었다. 2차적으로는 자연력형이 저수지형과 보(洑)형 등으로, 양수기형이 전기형, 중유형, 가스형, 디젤형 등으로 세분되었다. 일제시기의 수리조합 중 양수기형 수리조합은 관개와 배수가 전기, 중유, 가스, 디젤 등을 생산 또는 유통하던 기업의 제약을 받았다.[4]

부평수리조합은 전기 양수기를 부천, 김포 등 경인 지역으로 확산

---

[2] 堀和生, 1976「日本帝國主義の朝鮮における農業政策」『日本史研究』171 ; 林炳潤, 1971『植民地における商業的農業の展開』, 東京大學出版會 ; 1985「산미증식계획 : 그 추진 추제와 성격 규정을 중심으로」『일제의 한국 식민통치』, 정음사 ; 河合和男, 1986『朝鮮における産米增殖計劃』, 未來社 ; 이경란, 1991「일제하 수리조합과 식민지지주제 : 옥구·익산지역의 사례」『학림』12·13 ; 손경희, 2015「한국 근대 수리조합 연구 : 경상북도 경주군 서면수리조합을 중심으로」, 선인 ; 西條晃, 1971 「1920年代朝鮮における水利組合反對運動」『朝鮮史研究會論文集』8 ; 전강수, 1984 「일제하 수리조합사업이 지주제 전개에 미친 영향 : 산미증식계획기(1920-34)를 중심으로」『경제사학』8 ; 이애숙, 1985「일제하 수리조합의 설립과 운영」『한국사연구』50·51 ; 박수현, 2001『일제하 수리조합 항쟁 연구』, 중앙대학교 박사학위논문 등.

[3] 이영훈·장시원·宮嶋博史·松本武祝, 1992『근대조선수리조합연구』, 일조각 ; 松本武祝, 1991『植民地期朝鮮の水利組合事業』, 未來社 ; 2005『朝鮮農村の<植民地近代> 經驗』, 社會評論社 ; 宮嶋博史, 1992「朝鮮水利組合事業の新たな展開」『アジアの文化と社會』, 東京大學東洋文化研究所 ; 주익종, 2000「일제하 수리조합 재고 : 거래비용적 접근」『경제사학』28 등.

[4] 이영훈·장시원·宮嶋博史·松本武祝, 1992 앞의 책 ; 손경희, 2017「일제시기 영일수리조합의 설립과 운영」,『역사와 경계』102 ; 김진수, 2021「일제하 양배수장형 수리조합에서의 양수기술과 단위용·배수량의 변천」,『한국농공학회논문집』63(3) 등이 양수기형 수리조합을 검토했지만 자본과 관련해 구체적으로 고찰하지는 않았다.

하였다. 부평수리조합의 전기 양수기 도입은 양동수리조합, 양천수리조합 등의 전기 양수기 도입을 촉진하였다. 부평수리조합을 다루었던 연구들은 창설 과정·주체, 공사 과정·주체, 재정 구조, 직원 구성, 합의 형성을 분석하면서, 사업비의 고액성, 조합비의 과중성 등 부정적 면모도 존재했지만 농업 생산성 향상, 농업 경영의 안정, 조선인 지주의 포섭, 조선인 직원의 협력 등 긍정적 면모도 실재했다고 해석하였다.[5]

그러나 이들은 부평수리조합 주도 세력 중 토목 청부 회사(황해사)와 관계되는 나가오카척식(長岡拓殖) 계열만 다루고, 발송배전 회사(경성전기)와 관련되는 경인 지역 유력자 계열은 다루지 않았다. 따라서 이들은 부평수리조합이 전기 양수기를 운영하기 위해서는 발송배전이 전제되어야 하였음을 고려하지 못하였다. 경성전기는 1910~1920년대 발전·수전(受電) 설비를 증설하고 부천, 김포 등 경인 지역에 송배전망을 건설하였다.

한편 거류민단 의원과 부협의회 회원의 지역 개발 활동을 다루었던 연구[6]는 도시('근대성')와 농촌('전근대성')의 관계를 공백으로 남겨뒀

---

[5] 장시원·宮嶋博史·松本武祝, 1992 「유형별로 본 수리조합의 창설과정」 『근대조선수리조합연구』, 일조각 ; 장시원, 1992 「부평수리조합의 재정구조」 『근대조선수리조합연구』, 일조각 ; 宮嶋博史, 1992 「부평수리조합의 직원구성」 『근대조선수리조합연구』, 일조각 ; 松本武祝, 2005 「水利事業をめぐる合意形成過程の特質」 『朝鮮農村の〈植民地近代〉經驗』, 社會評論社

[6] 거류민단 의원의 지역 개발 활동은 김승, 2009 「한말 부산거류 일본인의 상수도시설 확장공사와 그 의미」 『한국민족문화』 34 ; 천지명, 2013 『재한일본인 거류민단(1906-1914) 연구』, 숙명여자대학교 박사학위논문 ; 박진한, 2017 「통감부 시기 인천의 시구개정사업과 시가지 행정」 『동방학지』 180 ; 추교찬, 2020 『인천 일본인 거류민단의 구성과 운영(1906~1914)』, 인하대학교 박사학위논문 등. 부협의회 회원의 지역 개발 활동은 염복규, 2013 「식민지시기 도시문제를 둘러싼 갈등과 '민족적 대립'의 징지' : 경성부(협의)회의 '청계천 문제' 논의를 중심으로」 『역사와 현실』 88 ; 전성현, 2016 「일제시기 부산의 전차 운영을 둘러싼 지역 운동과 힘의 역학관계」 『석당논총』 65 ; 김윤정, 2019 「1920~1930년대 개성 '지방의회'의 특징과 인삼탕 논의」 『역사연구』 37 ; 조명근, 2019a 「일제시기 대구부 도시 개발과 부(협의)회의 활동」 『민족문화논총』 71 ; 2019b 「1920~30년대 대구·함흥 지역의 전기 공영화 운동」

다. 다만 거류민단 의원과 부협의회 회원은 상공인이나 전문직으로 전기 등 도시 개발 문제에도 개입했지만, 부재지주로 관개, 배수 등 농촌 개발 문제에도 관여하였다. 예를 들어, 경인 지역 유력자들은 거류민단을 구성하거나 부협의회를 조직하면서 결속하였다. 이에 더해 경성전기, 부평수리조합에서 공조하여 전기 양수기 공사를 시행하였다.

이상을 토대로 본고는 1923~1925년 경인 지역 유력자의 부평수리조합 창설과 전기 양수기 도입을 검토한다. 또한 이를 통해 수탈과 개발의 이면에 자본을 둘러싼 문제가 내재되어 있었음을 분석한다.

1. 경인 지역 유력자 결속과 전기 양수기 공사의 추진

1) 거류민단 구성과 부협의회 조직

1876년 조일수호조규가 조인되면서 부산 외에 원산(1880), 인천(1883)이 개항되었다. 또한 1885년 일본인이 한성 내에 거주하도록 허용되었다.[7] 한편 경성에서는 1885년,[8] 인천에서는 1884년부터 거류지총대가 선출되었다(이후 거류민장으로 변경).[9] 한성 거류 일본인은 1885년 89인에서 1893년 779인, 1903년 3,673인으로, 인천 거류 일본인은 562인

『사총』 97 ; 박진한, 2020「1910년대 인천부의 주요 정책과 시가지행정에 관한 연구」『도시연구』 23 ; 주동빈, 2023『일제하 평양부 '개발'과 조선인 엘리트의 '지역정치'』, 고려대학교 박사학위논문 등. 한편 주동빈은 평양부협의회 조선인 의원의 상당수가 서북 3도(평남, 평북, 황해) 부재지주 출신임을 구체적으로 검토하였다. 다만 자산 즉 부동산 투기와 연관해 분석을 하였기 때문에, 산업 즉 관개, 배수 등과 연결해 해석을 하지는 않았다(주동빈, 2023 앞의 글).

7 京城府, 1936『京城府史 2』, 577쪽
8 京城居留民團役所, 1912『京城發達史』, 30~31쪽
9 추교찬, 2020 앞의 글, 15~17쪽

에서 2,504인, 6,433인으로 증가되었다.[10]

1905년 거류민단법(일본 법률 제41호), 1906년 거류민단법시행세칙(통감부령 제21호)이 제정되었다. 따라서 경성거류민단, 인천거류민단 등 12개의 거류민단이 구성되었다.[11] 나아가 경성 거류 일본인은 1903년 3,673인에서 1906년 1만 1,724명, 1910년 3만 8,217명으로, 인천 거류 일본인은 6,433인에서 1만 2,937명, 1만 1,010명으로 확대되었다.[12]

경인 지역 유력자들은 거류민단 의원직을 2회 이상 역임하였다. <부표 1>에 따르면 경인 지역의 재선 의원은 경성 26인, 인천 21인이었다. 나카무라 사이조(中村再造, 경1), 야마구치 다헤(山口太兵衛, 경2), 와다 쓰네이치(和田常市, 경3)는 1880년대 도한(渡韓)했던 경성 상공업계 3대 원로였다. 나카무라, 야마구치, 와다는 1888년부터 1905년까지 10여 회 거류민회 의원으로 선출되었다. 나카무라는 1901년 1월·1902년 2월, 야마구치는 1902년 7월 거류민장에 선임되었다. 와다는 1905년 12월 거류민장 대리로 선정되었다.[13] 아키요시 도미타로(秋吉富太郎, 경6)는 나카무라의 "실제(實弟)"였고, 소가 쓰토무(曾我勉, 경4)는 아키요시의 "의제(義弟)"였다.[14]

나카무라, 야마구치, 와다, 아키요시, 소가 5인은 1900~1910년대 경성 상업계를 주도하였다. ① 주식회사경성수산물시장은 1905년 1월 창립되었다. 야마구치(회장), 나카무라(취체역), 소가(취체역), 와다(감사역), 아키요시(감사역)가 관계되었다. ② 경성히노마루수산주식회사

---

10 박찬승, 2002「서울의 일본인 거류지 형성 과정 : 1880년대~1903년을 중심으로」『사회와 역사』62, 81쪽, 96쪽
11 統監府地方部, 1909『居留民團事情要覽』, 4~88쪽
12 박찬승, 2002 앞의 글, 96쪽 ; 朝鮮總督府, 1910년판『朝鮮總督府統計年報』, 114~115쪽
13 京城府, 1936 앞의 책, 969~975쪽
14 高橋刀川, 1908『在韓成功之九州人』, 虎与号書店, 143~146쪽

(京城日丸水産株式會社)는 1913년 2월 창설되었다. 야마구치(사장), 나카무라(취채역), 와다(취체역), 아키요시(취체역)가 관련되었다. ③ 경성기업주식회사(京城起業株式會社, 대금, 부동산 매매, 각종 대리업)는 1907년 4월 출범하였다. 나카무라(전무), 야마구치(취체역), 와다(취체역), 아키요시(감사역) 등이 경영하였다.[15] 온양이나 만주에서 ④ 온양온천주식회사(1909.3, 나카무라·야마구치·와다)와 ⑤ 만주식산주식회사(1913.7, 나카무라·아키요시)도 운영하였다.[16]

경성수산물시장, 경성히노마루수산, 경성기업, 온양온천, 만주식산 5개사에 연관되었던 재선 의원은 나카무라, 야마구치, 와다, 아키요시, 소가 외에도 8명이 있었다. 예를 들어, 세키 시게타로(關繁太郎, 경7)는 경성수산물시장·경성히노마루수산·경성기업·온양온천 관계인이었다. 마에타 구마이치(前田熊市, 경18)는 경성수산물시장, 가지와라 스에타로(梶原末太郎, 경8)·고죠 간도(古城管堂, 경10)는 경성기업 관련인이었다. 구기모토 도지로(釘本藤次郎, 경9)는 온양온천, 모리 가쓰지(森勝次, 경11)·하야시다 긴지로(林田金次郎, 경15)·고죠 바이케이(古城梅溪, 경19)는 만주식산에 관여하였다. 이외에도 죠우 로쿠타(城六太, 경17)는 모리가 1889년에 설립한 전당포의 점원이었다.[17]

경성에 나카무라, 야마구치, 와다가 있었듯 인천에는 오쿠다 데이지로(奧田貞次郎, 인2)가 있었다.[18] 오쿠다는 1888년 인천으로 건너와서 오쿠다상점(奧田商店)을 개시하였다.[19] 오쿠다 이외에도 가라이 에타로(加來榮太郎, 인3)가 있었다. 가라이는 오쿠다상점 건너편에 가라이

15 『日本全國諸會社役員錄』, 1908~1919
16 『日本全國諸會社役員錄』, 1910~1919
17 한국사데이터베이스 근현대인물자료
18 高橋刀川, 1908 앞의 책, 24쪽
19 高橋刀川, 1908 앞의 책, 26~28쪽

상점(加來商店)을 개업하였다.[20] 오쿠다와 가라이는 인천에서 주식회사인천미두취인소(株式會社仁川米豆取引所)를 주도하였다. 오쿠다는 1909~1911년 감사역, 1912년 사장, 1913~1918년 취체역이었다. 가라이는 1909~1911년 이사장이었다. 한편 오쿠다는 조선인촌주식회사(朝鮮燐寸株式會社, 1917.10 설립)의 사장이었다. 또한 가라이는 인천수산주식회사(1907.4 설립)의 취체역·사장·감사역이었다.

인천미두취인소, 조선인촌, 인천수산 3개사에 연결되었던 재선 의원은 오쿠다, 가라이 외에도 10인이 있었다. 구와노 료타로(桑野良太郞, 인4)는 인천미두취인소·인천수산과 관계되었다. 히구치 헤이고(樋口平吾, 인7)·다나카 사시치로(田中佐七郞, 인11)·가와노 다케노스케(河野竹之助, 인13)·미노타니 에이지로(美濃谷榮次郞, 인17)는 인천미두취인소, 다케다 스산페(竹田津三平, 인8)·핫타 리사부로(八田利三郞, 인9)·히라야마 마쓰타로(平山松太郞, 인10)·오키쓰 도쥬로(沖津戶十郞, 인15)·무라타니 요시죠(村谷吉藏, 인21)는 인천수산과 관련되었다. 다시 말해, 경성거류민단 재선 의원 26인 중 14인, 인천거류민단 재선 의원 21인 중 12인이 결속되었다.

경성거류민단 재선 의원들과 인천거류민단 재선 의원들은 이해관계를 공유하였다. 예컨대, 온양온천에는 경성거류민단의 나카무라(취체역)·야마구치(감사역)·와다(취체역)·세키(취체역), 인천거류민단의 다나카(감사역) 등이 참가하였다. 경성에서 창립됐던 조선우선주식회사(朝鮮郵船株式會社, 1912.4 설립)에는 경성거류민단의 야마구치(감사역)·인천거류민단의 호리 리키타로(堀力太郞, 인16, 취체역), 인천에서 창실됐던 민석동매축주식회사(萬石洞埋築株式會社, 1907.10 설립)에

---

[20] 高橋刀川, 1908 앞의 책, 46~47쪽

는 경성거류민단의 모리(취체역)·인천거류민단의 다나카(취체역)·이나다 가쓰히코(稻田勝彦, 인1, 취체역)가 참여하였다. 경성거류민단의 나카무라·야마구치·와다·세키·모리, 인천거류민단의 호리·다나카·이나다 등이 결합되었다.[21]

한편 1914년 4월 부제(府制)가 실시되었다. 또한 부윤을 위한 자문기관으로 부협의회가 조직되었다. 다만 부협의회 회원들은 민선이 아니라 관선에 의하여 선출되었다. <부표 2>에 의하면 1914~1918년 경성부협의회는 매 회 일본인 8인·조선인 8인, 합계 일본인 10인·조선인 12인, 인천부협의회는 매 회 일본인 7인·조선인 3인, 합계 일본인 12인·조선인 5인이 선임되었다.

일본인 회원은 거류민단 의원 출신들이 다수 선정되었다. 나카무라(경①)는 1~4회, 야마구치(경②)·와다(경③)는 제1~3회, 고죠 간도(경④)는 제1~2회, 가네코 레이죠(兼古禮藏, 경⑦)·도쿠히사 요네죠(德久米藏, 경⑧)는 제3회 경성거류민단 의원이었다. 오쿠다(인①)·이나다(인④)·가라이(인⑥)는 제1~3회, 가와노(인②)는 제1회·제4회, 미노타니(인③)·무라타니(인⑤)는 제3~4회 인천거류민단 의원이었다.

조선인 회원은 경성과 인천이 달랐다. 예를 들어, 경성부협의회의 조선인 회원은 박제빈(경⑪), 예종석(경⑮), 김용제(경⑰), 유길준(경⑲), 엄달환(경⑳) 등 정치력이 강했던 인물과 한상룡(경⑫), 조진태(경⑬), 백완혁(경⑯), 김한규(경㉑), 백인기(경㉒) 등 경제력이 강했던 인물이 임명되었다.[22] 이에 반해 인천부협의회의 조선인 회원은 손성칠(인⑬),

---

21 이상의 내용은 『日本全國諸會社役員錄』, 1909~1918 ; 株式會社仁川米豆取引所, 1899, 「明治三十貳年度下半期決算報告書」 참조.
22 경성부협의회 조선인 회원들의 이력에 대해서는 김제정, 2017 「1910년대 경성부협의회의 구성과 활동」 『일제강점기 경성부윤과 경성부회 연구』, 서울역사편찬원, 161~168쪽 참조.

정영화(인⑭), 장석우(인⑮) 등 사업인들만 발탁되었다.[23]

한편 백완혁, 백인기 조진태, 김한규는 주식회사한호농공은행(株式會社漢湖農工銀行, 1907.6 설립)을 경영하였다. 백완혁은 두취, 백인기·조진태는 취체역, 김한규는 감사역이었다. 또한 백완혁, 백인기는 조선농업주식회사(1905.9 설립)를 운영하였다. 백완혁은 취체역, 백인기는 감사역이었다. 이외에도 송병준은 조선농업 취체역이었고, 김시현은 한호농공은행 감사역·조선농업 감사역이었다.

나아가 경성부협의회 소속 하라 가쓰이치(原勝一, 경⑤)는 조선권농주식회사(大韓勸農株式會社, 1907.7 설립) 전무, 백인기는 취체역, 조진태는 상담역이었다. 더구나 인천부협의회 소속 가라이·가와노는 조선신탁주식회사(1921.11 설립) 취체역, 장석우는 감사역이었다.[24] 요컨대, 경인 지역 일본인 유력자와 조선인 유력자는 거류민단이 부협의회로 전환되는 과정에서 연계되었다.

〈표 1〉 경인 지역 유력자의 경성전기 참여·부평평야 매입

번호	성명	거류민단·부협의회	경성전기	부평평야
[1]	山口太兵衛	○(경1/경②)	○	○
[2]	秋吉富太郎	○(경6)	○	○
[3]	關繁太郎	○(경7)	○	○
[4]	增田三穗	○(경23)	○	○
[5]	加來榮太郎	○(인3/인⑥)	○(인천전기)	○
[6]	樋口平吾	○(인7)	○(인천전기)	○
[7]	天日常次郎	○(경24)	○(수원전기)	○
[8]	백인기	○(경㉒)	○	○

---

23 인천부협의회 조선인 회원들의 이력에 대해서는 박진한, 2020 앞의 글, 133~134쪽 참조.
24 이상의 내용은 『日本全國諸會社役員錄』, 1909~1922 ; 「상업능기공고, 경성구재판소」 『매일신보』 1911년 7월 9일 참조.

[9]	中村再造	○(경1/경①)	○	
[10]	和田常市	○(경3/경③)	○	
[11]	曾我勉	○(경4)	○	
[12]	釘本藤次郎	○(경9)	○	
[13]	古城管堂	○(경10/경④)	○	
[14]	三好和三郎	○(경12)	○	
[15]	田中常次郎	○(경13)	○	
[16]	小林藤右衛門	○(경26)	○	
[17]	秉古禮藏	○(경⑦)	○	
[18]	執行猪太郎	○(경⑩)	○	
[19]	進辰馬	○(경성거류민단 제1회)	○	
[20]	大村百藏	○(경성거류민단 제3회)	○	
[21]	松浦源治	○(경성거류민단 제3회)	○	
[22]	久保田虎介	경성 거류민단	○	
[23]	桑野良太郎	○(인4)	○(인천전기)	
[24]	田中佐七郎	○(인11)	○(인천전기)	
[25]	백완혁	○(경⑯)	○	
[26]	平山松太郎	○(인10)		○
[27]	堀力太郎	○(인16)		○
[28]	松永達二郎	○(경성거류민단 제2회)		○
[29]	장석우	○(인⑮)		○

출전: 〈부표 1〉; 〈부표 2〉; 〈부표 3〉; 〈부표 4〉; 〈부표 5〉; 京城府, 1936 『京城府史 2』, 975~977쪽; 京城電氣株式會社, 1929a 『京城電氣株式會社二十年沿革史』, 18~19쪽, 21쪽, 86쪽, 127~128쪽, 131쪽, 164쪽; 京城電氣株式會社, 1917~1934 『京城電氣株式 會社營業報告書 18~53』; 『日本全國諸會社役員錄』, 1909~1912

경인 지역 유력자는 2절의 (1)에서 기술할 것처럼 경성전기의 창립·경영에 참여하면서 발전·수전(受電) 설비를 증설하고, (2)에서 서술할 것처럼 부평평야의 토지를 매입하면서 한강 하류의 배수 불량에 대응하였다. 〈표 1〉에서 첫째, 야마구치[1], 아키요시[2], 세키[3], 마쓰대[4], 가라이[5], 히구치[6], 덴니치[7], 백인기[8] 등은 경성전기, 부평평야 모두에서 활동하였다. 둘째, 나카무라[9]부터 백완혁[25]까지는 경성전기와 관계되었다. 셋째, 히라야매[26]부터 장석우[29]까지는 부평평야와 관련되었다.

2) 경성전기의 전력 공급과 부평수조의 전력 수요

(1) 경성전기 창립·경영 참여와 발전·수전(受電) 설비 증설

시부사와 에이이치(渋沢栄一), 다카마쓰 도요키치(高松豊吉), 소네 간지(曾禰寬治) 등은 1907년 일한와사주식회사(日韓瓦斯株式會社)를 발기하고, 1908년 일한와사를 창립하였다. 일한와사는 1909년 일한와사전기주식회사(日韓瓦斯電氣株式會社, 1909년 한미전기회사 인수, 1911년 한미전기회사 해산), 1915년 경성전기주식회사로 재편되었다(이하 '경성전기'로 통일). 경성전기는 도쿄에 본점을 두었고, 경성에 지점을 두었다.[25]

경인 지역 유력자들은 경성전기의 발기·창립에 관여하였다. 예를 들어, 1907년 경성전기 발기인 56인에는 경인 지역 거류민단 의원·부협의회 회원 21인이 포섭되었다. 나카무라, 야마구치, 와다, 아키요시, 소가, 백완혁, 백인기 등이 동조하였다. 이에 더해 한호농공은행, 조선농업 취체역이나 감사역이던 송진헌(송병준의 아들)과 김시현도 동참하였다.[26] 야마구치는 1908년 경성전기 창립위원,[27] 1908~1934년 경성

---

25 京城電氣株式會社, 1929a『京城電氣株式會社二十年沿革史』, 1~4쪽, 20~24쪽, 71~73쪽, 85~86쪽, 96쪽, 109쪽
26 경성전기 발기인 중 경인 지역 거류민단 의원과 부협의회 회원은 中村再造, 山口太兵衛, 和田常市, 秋吉富太郎, 曾我勉, 關繁太郎, 釘本藤次郎, 古城管堂, 三好和三郎, 田中常次郎, 增田三穗, 小林藤右衛門, 執行猪太郎, 兼古禮藏, 進辰馬, 久保田虎介, 大村百藏, 松浦源治, 백완혁, 백인기 등이 있었다. 이외에도 경성전기 발기인 중 경인 지역 거류민단, 부협의회 관계자는 淵上貞助, 田村義次郎, 中井喜太郎, 秋田毅 등이 있었다(京城電氣株式會社, 1929a 앞의 책, 18~19쪽).
27 京城電氣株式會社, 1929a 앞의 책, 21쪽

전기 대주주였다.[28]

야마구치, 백인기, 김시현은 경성전기의 중역으로 참여하였다. 야마구치는 1908~1934년(사망) 취체역, 김시현은 1908~1911년(사망) 감사역, 백인기는 1908~1921년 취체역·1921~1930년 감사역이었다. 그런데 창립 당시 회장 시부사와, 전무 오카자키 엔코(岡崎遠光), 취체역 다카마쓰·구메 료사쿠(久米良作)·오하시 신타로(大橋新太郎)·이토 간이치(伊藤幹一)는 도쿄의 본점에, 야마구치·김시현·백인기는 경성의 지점에 있었다.[29] 요컨대, 야마구치, 김시현, 백인기는 경성전기의 현장을 총괄하였다.

경성전기는 1912년 인천전기주식회사(1905.6 설립)를 매수하여 경성전기 인천지점으로, 1928년 수원전기주식회사(1914.2 설립)를 인수하여 수원지점으로 바꾸었다.[30] 인천전기는 경성거류민단 의원이었던 나카무라, 인천거류민단 의원이었던 가라이·다나카·구와노·에바라 슈이치로(穎原修一郎) 등이 경영하였다.[31] 수원전기는 경성거류민단 의원이었던 덴니치 쓰네지로(天日常次郎) 등이 운영하였다.[32] 인천전기 매수에는 야마구치, 수원전기 인수에는 덴니치가 중추적 역할을 하였다.[33]

경인 지역 유력자들은 경성전기 발기(1907)·창립(1908), 인천전기 설립(1905)·매수(1912), 수원전기 설립(1914)·인수(1928) 등을 주도하였다. 경인 지역 유력자들 중에서도 야마구치, 덴니치, 가라이, 김시

---

28 1908~1916년 누락, 1917년 1,400주, 1917~1922년 1,350주, 1923~1929년 2,250주, 1930~1933년 누락, 1934년 1,000주(京城電氣株式會社, 1917~1934, 『京城電氣株式會社營業報告書 18~53』).
29 京城電氣株式會社, 1929a 앞의 책, 164쪽 ; 1917~1934 앞의 책
30 京城電氣株式會社, 1929a 앞의 책, 85~96쪽, 109쪽, 127~128쪽
31 『日本全國諸會社役員錄』, 1909~1912
32 京城電氣株式會社, 1929a 앞의 책, 131쪽
33 京城電氣株式會社, 1929a 앞의 책, 86쪽, 127~128쪽

현, 백인기 등이 주요하였다. 야마구치, 덴니치, 가라이는 1920년대에 조선요업(1919.5 설립, 야마구치·덴니치), 조선실업은행(1920.6 설립, 야마구치·덴니치·가라이), 경성주식현물취인시장(1920.5 설립, 야마구치·덴니치·가라이) 관계인이었다. 김시현은 1911년 사망했지만, 백인기는 1920년대에도 조선농업 관련인이었다.[34]

경성전기는 1920년대 전반기에 불경기가 호경기로 전환되자[35] 자본금과 납입액을 증대하였다. 〈그림 1〉에 따르면 자본금은 1908년부터 1934년까지 1912년, 1917년, 1923년 세 차례 증가되었다. 1912년에는 600만 엔, 1917년에는 900만 엔, 1923년에는 1,500만 엔으로 증액되었

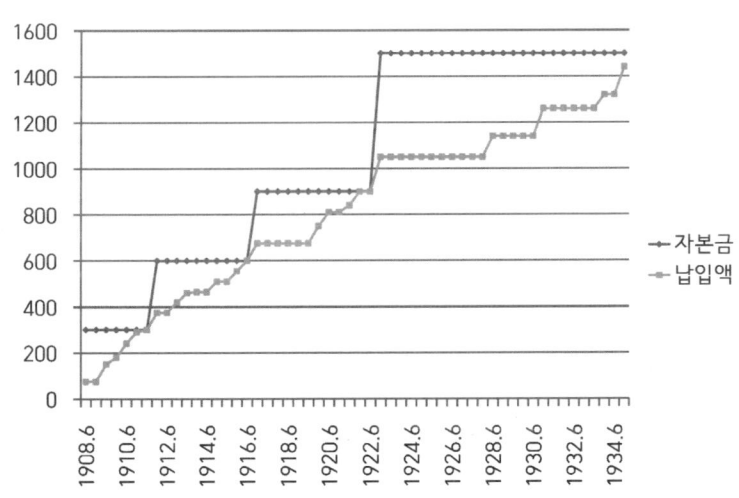

〈그림 1〉 경성전기 자본금·납입액(1908~1934, 단위 : 만 엔)

출전: 京城電氣株式會社, 1934 『京城電氣株式會社事業成績一覽表』

34 『朝鮮銀行會社要錄』, 1921~1927
35 朝鮮電氣協會, 1937 『躍進途上にある朝鮮電氣事業の槪觀』, 1~2쪽

다. 납입액은 1908년부터 1917년까지 지속적으로 추가되었다. 하지만 1917년부터 1919년까지는 675만 엔으로 유지되다가, 1920년 이후가 돼서야 확대되었다. 나아가 1923년부터 1928년까지도 1,050만 엔으로 정체되다가, 1928년 이후에 이르러 확충되었다. 요컨대, 1920~1923년에는 1917~1919년이나 1923~1928년과는 달리 자본에 대한 수요가 급증하였다.

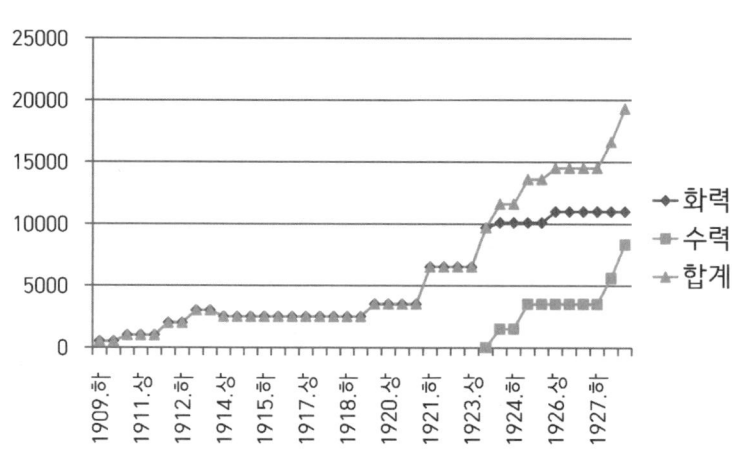

〈그림 2〉 경성전기 경성지점 전기력(1909~1928, 단위 : kW)

출전: 京城電氣株式會社, 1929a『京城電氣株式會社二十年沿革史』, 第七表

경성전기가 자본금과 납입액을 증대하면서 경성지점은 발전·수전(受電) 설비를 증설하였다. 첫째, 용산발전소(마포발전소)를 보강하였다. 1920년 8~11월 발전소 건물을 확장하였고,[36] 1923년 6~9월 3,200kW 발전기를 설치하였다.[37] 둘째, 금강산전기철도주식회사로부터 수전(受

---

36   京城電氣株式會社, 1920『京城電氣株式會社營業報告書 25』, 3쪽
37   京城電氣株式會社, 1923a『京城電氣株式會社營業報告書 30』, 4쪽 ; 1923b『京城電

電)하였다. 1921년 7월에는 수전에 대한 협의가 이루어졌다.[38] 1924년 1월에는 수전을 위한 설비 공사가 완료되었다.[39] 1925년 2월에는 용산 발전소 4,500kW 보일러(気罐) 공사가 종료되었다.[40] 금강산전기철도는 1919년에 설립되었고, 1923년 유역변경식 수력발전을 채택한 중대리 발전소 1호기를 준공하였다.[41]

경성전기 경성지점의 전기력도 팽창하였다. <그림 2>에 의하면 경성전기 경성지점 전기력은 1909년 500kW, 1910년 1,000kW, 1912년 2,000kW, 1913년 3,000kW로 증가세를 보였다. 하지만 1914년 2,500kW로 감소세를 보였다. 그러나 1910년대 후반부터 1920년대 중반까지 발전 설비 증설에 따라서 1919년 3,500kW, 1921년 6,500kW, 1923년 9,700kW로, 1920년대 중반부터 후반까지 수전(受電) 설비 증설도 더해져 1924년 11,600kW, 1925년 13,600kW, 1926년 14,500kW, 1928년 16,600kW·19,300kW로 급격히 신장하게 되었다.

(2) 부평평야의 토지 매입과 한강 하류 배수 불량 대응

부평평야는 경인선과 인천항을 통하여 경성부, 인천부, 일본에 연결되었다. 이에 따라 부평평야에 경인 지역 유력자들이 대규모로 진출하였다. 예를 들어, <부표 3>에 따르면 1909~1910년 부평수리조합 몽리구역 일본인, 법인 지주의 수는 38인이었다.

1909~1910년 부평수리조합 몽리구역의 일본인, 법인 지주는 첫째, 경성부와 인천부에 거주하는 이들이 많았다. 전체 지주 38인 중 경성

氣株式會社營業報告書 31』, 3쪽
38 「금깅진칠 전력 내춘(來春)에는 개시」『동아일보』1921년 7월 31일
39 京城電氣株式會社, 1924a『京城電氣株式會社營業報告書 32』, 2~3쪽
40 京城電氣株式會社, 1925a『京城電氣株式會社營業報告書 34』, 2쪽
41 오진석, 2012「1920~1930년대 초 전력통제정책의 수립과정」『사학연구』108, 156쪽

부는 14인, 인천부는 9인, 합계는 23인이었다. 1만 평 이상 일본인, 법인 지주 20인 중 경성부는 11인, 인천부는 2인, 합계는 13인이었다.

둘째, 경인 지역 거류민단 의원이던 이들이 많았다. 야마구치(6), 마쓰나가 다쓰지로(松永達二郞, 8), 아키요시(19), 세키(21), 마쓰다 미쓰호(增田三穗, 38)는 경성거류민단 의원이었다.[42] 호리(3), 아사마쓰 다로(淺松太郞, 16), 히구치(26)는 인천거류민단 의원이었다.[43]

나아가 이들은 출신 지역 면에서 이어져 있었다. 야마구치는 가고시마현(鹿兒島縣), 아키요시·마쓰다는 후쿠오카현(福岡縣), 호리는 나가사키현(長崎縣), 세키·히구치는 사가현(佐賀縣)이었다. 가고시마현, 후쿠오카현, 나가사키현, 사가현은 규슈(九州) 지역이었다.[44]

스이즈 야소마쓰(水津彌三松, 15)와 다카노 슈사부로(高野周三郞, 27)는 경인 지역 유력자들과 연관되었다. 스이즈는 조선요업의 주주였다. 조선요업은 야마구치가 사장이었고, 덴니치·세키가 취체역·감사역이었다.[45] 다카노는 히라야마와 부천군에 우시장(牛市場)을 건설하여 정육상(精肉商)으로 활동하였다.[46]

조선흥업주식회사(11)도 경인 지역 유력자들과 연계되었다. 조선흥업은 경성전기와 동일하게 시부사와계 회사였다. 조선흥업의 대주주였던 오하시본점(大橋本店)의 오하시 신타로(大橋新太郞)는 경성전기의 사장이었고, 인수생명보험(仁壽生命保險)의 시모고 덴페이(下鄕傳平)는 경성전기의 취체역·감사역이었다.[47]

---

[42] 京城府, 1936 앞의 책, 975~977쪽
[43] 추교찬, 2020 앞의 글, 83~84쪽
[44] 高橋刀川, 1908 앞의 책, 36쪽, 78쪽, 137쪽, 144쪽 ; 천지명, 2013 앞의 글, 92쪽, 258~266쪽 ; 추교찬, 2020 앞의 글, 79쪽
[45] 『朝鮮銀行會社要錄』, 1921~1923
[46] 추교찬, 2020 앞의 글, 57쪽
[47] 京城電氣株式會社, 1929a 앞의 책, 164쪽 ; 『朝鮮銀行會社要錄』, 1921~1942

조선흥업의 내주주였던 동양생명보험은 오다카 지로(尾高次郞), 구사카 요시오(日下義雄), 사사키 기요마루(佐々木淸麿), 가마타 가쓰타로(鎌田勝太郞) 등 조선흥업을 경영하였던 시부사와계 사업가들과 야마구치, 고죠 간도 같은 경인 지역 유력자들이 경영하였다.[48]

이외에도 백인기는 1909~1910년 부평수리조합 몽리구역에서 12만 2,902평의 토지를 소유하였다. 부천군에서는 계양면(굴현리·동양리·상야리·하야리) 4만 6,091평, 오정면(오곡리) 1만 4,040평, 김포군에서는 고촌면(신곡리·전호리) 3만 7,303평, 양서면(개화리·과해리) 2만 5,468평을 보유하였다.[49]

이에 더해 <부표 4>에 의하면 1915년 경기도에 1만 엔 이상을 투자한 일본인, 법인 지주 중 부천군, 김포군 토지에 투자한 일본인, 법인 지주의 수는 15인이었다. 또한 1915년 부천군, 김포군 토지에 투자한 일본인, 법인 지주로 야마구치(①), 아키요시(②), 스이즈(③), 히라야마(④), 다카노(⑤), 조선흥업(⑬) 이외에, 가사마쓰 요시지로(笠松吉次郞, ⑥)와 조선농업(⑮)이 추가되었다. 더구나 가사마쓰 요시지로는 조선요업 즉 야마구치, 덴니치 등과, 조선농업은 백완혁, 백인기 등과 관계되었다. 요컨대, 1909~1910년과 1915년의 부평평야 지주들은 경성전기와 관련되었다.

1910년대 후반에는 경인 지역 유력자 이외에 한다농장(半田農場)과 나가오카척식(長岡拓殖)이 충원되었다. 한다농장은 1919년 11월 한다

---

48 朝鮮興業株式會社, 1917~1944『朝鮮興業株式會社營業報告書 14~41』;『日本全國諸會社役員錄』, 1910~1911

49 『토지조사부』 부천군 계남면(상리·중리)·계양면(노오지리·굴현리·동양리·박촌리·병방리·상야리·선주지리·용종리·장기리·평리·하야리)·부내면(갈월리·대정리·도두리·마분리·히리 작정리·후정리)·오정면(고강리·내리·대장리·삼정리·약대리·오곡리·오소리·오정리·원종리), 김포군 고촌면(신곡리·전호리·태리)·양서면(과해리·개화리·방화리)

젠시로(半田善四郎) 등에 의해 설치되었다.[50] 나가오카척식은 1918년 9월 마쓰야마 쓰네지로(松山常次郞), 가와카미 사지로(川上佐次郞) 등에 의해 설립되었다.[51] <부표 5>에서 1922년 부평수리조합 몽리구역에서 6만 평 이상의 토지를 소유한 지주 수는 30인이었다. 1922년 부평수리조합 몽리구역 지주들은 경인 지역 유력자, 나가오카척식, 한다농장 등 3개의 계열로 구분되었다.

첫 번째는 경인 지역 유력자 계열로, 야마구치[22]가 26.7정보, 덴니치[7]가 64.2정보, 가라이[14]가 42.1정보, 스이즈[8]가 57.5정보, 가사마쓰 세이이치[笠松淸一, 가사마쓰 요시지로(笠松吉次郞) 아들, 12]가 45.1정보를 확보하였다. 한편 조선농업의 사장이었던 송병준[11]은 52.5정보를 소유하였다. 또한 도다농구(戶田農具) 주주였던 히라타 도모에인[平田智惠人, 5]은 67.5정보, 리키타케물산(力武物産) 취체역이었던 리키타케 쥬로[力武重郞, 13]는 44.4정보를 보유하였다.[52]

두 번째는 한다농장 계열이었다. 한다 젠시로[1]가 235.9정보, 한다 류이치[半田隆一, 한다 젠시로의 아들, 3]가 169.6정보, 나카무라 후쿠사부로[中村福三郞, 한다 류이치의 장인, 4]가 102.8정보를 가지고 있었다. 세 번째는 나가오카척식 계열이었다. 나가오카척식[9]이 54.5정보를 지니고 있었다. 다만 한다 젠시로는 조선흥업의 대주주, 사이모전기(西毛電氣)의 취체역, 조선전기흥업의 대주주였다.[53] 또한 나가오

50　朝鮮總督府殖産局, 1930년판 『朝鮮の農業』, 169쪽
51　『朝鮮銀行會社要錄』, 1921
52　『朝鮮銀行會社要錄』, 1923, 1929
53　한다 젠시로는 1917~1924년 조선흥업 주식 729주(개인 명의), 145주(단체 명의[半田永屬916]), 1926년 조선흥업 주식 140주(개인 명의)를 소유하였다. 또한 1925년 사이모전기의 취체역이었다. 한편 1921~1929년 조선전기흥업 주식 4,680주를 보유하였다(朝鮮興業株式會社, 1917~1925 『朝鮮興業株式會社營業報告書 14~22』; 日本研究のための歷史情報 『人事興信錄』 データベース ; 『朝鮮銀行會社要錄』, 1921~1929).

카처시은 방수제를 추조하여 방수하고, 배수문을 설치하여 배수하되, 양수기 2대를 부설하였다.[54]

경인 지역 유력자 계열과 한다농장 계열은 '전기'(경성전기, 조선흥업, 조선농업, 사이모전기, 조선전기흥업)와 관계돼 있었고, 나가오카 척식 계열은 '양수기'와 관련돼 있었다. 이에 더해 한강의 하류는 하류에 호우가 있어도, 하천의 상류에 호우가 있어도 하천의 유량이 증가하였다. 한강의 지류(굴포천)는 협소하고 굴곡졌으며, 서해의 조수가 빈번하게 역류하였다.[55] 이에 따라 1920년 홍수가 세 차례 연이어 발생하였다.[56] 다시 말해, 한강 하류의 배수 불량에 대한 대응이 필요하였다.

나아가 1920년부터 1934년까지 산미증식계획의 일환으로서 토지개량사업이 추진되었다. 1920년 경지확장개량기본조사가 실시되었고,[57] 토지개량보조규칙도 제정되었다. 관개개선에는 공사비의 20% 이내, 지목변환에는 25% 이내, 개간·간척에는 30% 이내가 보조되었다.[58] 그런데 수리조합은 1927년 12월 이전에는 관개개선만 가능하였고 지목변환과 개간·간척은 가능하지 않았다.[59] 따라서 관개개선 사업에 대해

---

54 「산미증식 문제와 조선(5), 황해사 사장·공학사 마쓰야마 쓰네지로(松山常次郎)」 『매일신보』 1919년 8월 18일 ; 「경기 관개사업」 『조선일보』 1921년 1월 20일
55 『富平水利組合設置認可書類』(CJA0006628), 「富平水利組合事業計畵書工事設計書」, 1922년 5월 16일, 1545~1546쪽
56 『富平水利組合設置認可書類』(CJA0006628), 「組合地域內ノ惡水及漢江ノ洪水トニ依ル浸水狀況調」, 1923년 4월 9일, 1219~1220쪽 ; 善生永助, 1928 『朝鮮の災害』, 116~117쪽.
57 朝鮮總督府土地改良部, 1931 『耕地改良擴張基本調査事業報告書』
58 朝鮮總督府殖産局, 1922 『朝鮮の灌漑及開墾事業』, 9~10쪽, 15~16쪽
59 1917년 7월에 조선수리조합령이 제정되었다. 이에 따라 조선수리조합령 제1조는 "관개배수"와 "수해예방"을 위하여 필요한 때에만 수리조합을 설치하도록 규정하였다(『朝鮮總督府官報』1486, 「朝鮮水利組合令」, 1917년 7월 17일, 213쪽). 반면 1927년 12월 조선수리조합령이 개정되었다. 이로 인해 조선수리조합령 제1조는 "관개배수",

서만 공사비의 20% 이내로 지원을 받았다.

이에 따라 1920년 4월 지주 27인이 지주 회의를 개최하였다.[60] 한다 농장 계열의 한다 젠시로가 창립위원장에, 경인 지역 유력자 계열의 스이즈·가사마쓰, 한다농장 계열의 나카무라, 나가오카척식 계열의 마쓰야마, 김포군 농업가 정인섭이 창립위원에 선정되었다.[61] 이에 더해 1921년 1월 부평수리조합이 발기되었고,[62] 1922년 5월 부평수리조합 인가신청서가 제출됐으며,[63] 1923년 4월 부평수리조합이 창설되었다.[64]

이와 같이 경인 지역 유력자들은 첫째, 거류민단을 구성하거나 부협의회를 조직하면서 결속하였다. 둘째, 경성전기의 창립·경영에 참여하여 발전·수전(受電) 설비를 증설하는 동시에 부평평야 토지를 매입하고 한강 하류의 배수 불량에 대응하였다. 이를 통해 경인 지역 유력자들은 경성전기, 부평수리조합에서 공조하여 전기 양수기 공사를 시행하였다.

"수해예방" 외에 "조선토지개량령 제1조의 토지개량"을 위하여 필요한 때에도 수리조합을 설치하도록 설정하였다(『朝鮮總督府官報』 300, 「朝鮮水利組合令中改正ノ件」, 1927년 12월 27일, 260쪽).

60 「부평, 김포 대수리계획, 몽리구역 약 3,000여 정보」『매일신보』 1920년 4월 9일 ; 「김(金)·부(富)평야 수리조합 계획, 지주회의 개최」『매일신보』 1920년 4월 11일

61 『富平水利組合設置認可書類』(CJA0006628), 「中心人物(組合吏員ノ幹部及發起人)調書」, 1923년 4월 9일, 1215쪽 ; 『富平水利組合設置認可書類』(CJA0006628), 「富平水利組合設置認可ノ件」, 1923년 4월 9일, 1326쪽

62 「경기 관개사업」『조선일보』 1921년 1월 20일

63 『富平水利組合設置認可書類』(CJA0006628), 「富平水利組合設置認可申請書」, 1922년 5월 16일, 1326쪽

64 『富平水利組合設置認可書類』(CJA0006628), 「富平水利組合設置認可ノ件」, 1923년 4월 9일, 1096~1097쪽. 제1대 조합장(1923~1927)은 나가오카척식 계열의 마쓰야마였다. 마쓰야마는 1927년에 공사 부정 문제로 인하여 사임하였다. 제2대 조합장(1927~1930)과 제3대 조합장(1930~1934)은 경인 지역 유력자 계열의 덴니치, 야마구치였다. 덴니치는 1930년, 야마구치는 1934년 사망하였다. 제4~6대 조합장(1935~1945)은 야마구치, 덴니치가 사망한 뒤에야 한다농장 계열 한다 젠시로가 역임하였다(한강농지개량조합, 1986, 『한강농조60년사』, 한강농지개량조합, 663쪽).

경성전기가 발전·수전(受電) 설비의 증설에 따라서 전력의 수요처를 모색했다면, 부평수리조합은 한강 하류 배수 불량 대응을 위하여 전력의 공급처를 탐색하였다. 경성전기의 증설 공급 전력(4,000kW, 화력 발전 3,500kW→7,500kW, 수력 수전 0kW→1,000kW)과 부평수리조합의 예상 수요 전력(3,500kW)은 실질적으로 동일하였다.[65]

2. 경성전기·부평수조 공조와 전기 양수기 공사의 시행

1) 송배전망 구상과 모터·펌프 계획

(1) 전선주·송전선·변전소 건설과 전기 모터·원심 펌프 부설

부평수리조합은 1922년 5월 인가신청서를 제출하였다.[66] 부평수리조합은 "수해예방"과 "관개배수"를 목적으로 하였다.[67] 그런데 일본의 수리조합은 2종으로 구분되었고, 수해예방조합은 수해예방만을, 보통 수리조합은 관개배수만을 담당하였다. 하지만 조선의 수리조합은 구분되지 않았으며, "수해예방" 또는 "관개배수"를 취급하였다.[68] 따라서

---

65 朝鮮總督府遞信局, 1921년판 『電氣事業要覽 9』, 朝鮮電氣協會, 6~7쪽 ; 1922년판 『電氣事業要覽 10』, 6~7쪽 ; 1923년판 『電氣事業要覽 11』, 朝鮮電氣協會, 6~7쪽 ; 『富平水利組合設置認可書類』(CJA0006628), 「富平水利組合事業計畵書工事設計書」, 1922년 5월 16일, 1522~1523쪽

66 『富平水利組合設置認可書類』(CJA0006628), 「富平水利組合設置認可申請書」, 1922년 5월 16일, 1326쪽

67 『富平水利組合設置認可書類』(CJA0006628), 「水利組合規約」, 1922년 5월 16일, 1327쪽

68 松本武祝, 1991 앞의 책, 93~95쪽. 수리조합법 제4조는 "수리조합은 구분하여 다음 2종으로 한다. 1. 보통수리조합, 2. 수해예방조합"이라 규정하였다(柴田壽雄, 1910 『水利組合法要義』, 大成會, 27쪽), 조선수리조합령 제1조 제1항은 "관개배수 또는 수해예방을 위하여 필요한 때에는 수리조합을 설치할 수 있다"고 설정하였다(『朝鮮總督府官報』 1486, 「朝鮮水利組合令」, 1917년 7월 17일, 213쪽).

부평수리조합은 방수 사업, 배수 사업, 관개 사업을 병행하였다.

　방수 사업의 경우 부평평야 북쪽에 위치하고 한강의 남쪽에 위치했던 김포군에 방수제를 건설하는 것이었다. 첫째, 김포군 양서면 개화리의 산록에서 김포군 고촌면 전호리 동단에 이르는 지대에 소방수제(小防水堤)가 계획되었다. 둘째, 김포군 고촌면 전호리 서단에서 김포군 고촌면 신곡리의 산록에 이르는 지대에 대방수제(大防水堤)가 기획되었다.

　배수 사업과 관개 사업의 경우 부평평야를 종관하여 한강으로 합류하는 굴포천을 정비하고, 배수 갑문·양수기를 부설하는 것이었다. 첫째, 굴포천을 개수하여 하천 수위를 조절하고자 하였다. 둘째, 굴포천을 개축하여 배수 갑문을 이전하고자 하였다. 셋째, 양수기를 설치하여 배수와 관개를 하고자 하였다. 넷째, 배수나 관개에 필요한 수로를 만들려 하였다.[69]

　양수기는 엔진(모터)과 펌프로 구성되었다. 예를 들어, 양수기에 사용되는 엔진 중 전기 모터(電動機)는 원심 펌프(渦卷喞筒)의 임펠러(impeller)를 회전시켜서 원심력을 창출하였다. 이에 더해 양수기에 사용되는 펌프 중 원심 펌프는 흡입구를 통해 물을 흡입하고, 임펠러를 통해 물을 회전시켜, 토출구를 통해 물을 배출하였다. 이에 따라 발전소, 변전소, 전선주, 송전선 등의 설치와 운영이 요구되었다.

　경성전기는 용산발전소에서 부평수리조합에 3,500kW의 전력을 송전하기로 하였다. 첫째, 전선주와 송전선의 경우, 용산발전소~부천군 오정면 약대리 구간은 경성전기가 경성부에서 인천부로 송전하기 위하여 사용한 전선주와 송전선을 이용하기로 결정되었다. 또한 부천군

---

[69] 이상의 내용은 『富平水利組合設置認可書類』(CJA0006628), 「富平水利組合事業計畫書工事設計書」, 1922년 5월 16일, 1514쪽 참조.

오정면 약대리·김포군 고촌면 신곡리 구간은 경성전기가 전선주와 송전선을 신설하기로 확정되었다. 둘째, 변전소의 경우, 경성전기가 시흥군 북면 노량진~부천군 오정면 약대리 분기점에 마련하여 전력량을 조절하기로 준비되었다.[70]

부평수리조합은 전기 모터 2대와 원심 펌프 6대를 가동하기로 하였다. 첫째, 양수량을 배수 384초입방척, 관개 130초입방척으로 계산하면서, 구경(口徑) 38인치 원심 펌프 6대(배수 64초입방척×6대=384초입방척, 관개 65초입방척×2대=130초입방척)를 설치하기로 구상되었다. 둘째, 원동력을 배수 502.8마력(원심 펌프 6대, 384초입방척 가동), 관개 583.6마력(원심 펌프 2대, 130초입방척 가동)으로 계산하면서, 300마력의 전기 모터 2대(300마력×2대=600마력)를 설치하기로 상정되었다.[71]

부평수리조합은 전기 모터 1대에 원심 펌프 3대씩 연결하기로 하였다. 예를 들어, 각각의 전기 모터에 첫 번째 원심 펌프를, 첫 번째 원심 펌프에 두 번째 원심 펌프를, 두 번째 원심 펌프에 세 번째 원심 펌프를 연결하기로 제시되었다. 이에 따라 배수 시는 각각의 첫 번째~세 번째 전기 모터, 즉 6대의 전기 모터를, 관개 시는 각각의 첫 번째 전기 모터, 즉 2대의 전기 모터를 사용하기로 제안되었다. 다시 말해, 양수기 4대는 배수 전용으로, 2대는 배수·관개 겸용으로 이용하기로 논의되었다.[72]

이와 같이 경성전기는 전선주, 송전선, 변전소 등 송배전망을 건설

---

70 『富平水利組合設置認可書類』(CJA0006628), 「富平水利組合事業計畵書工事設計書」, 1922년 5월 16일, 1522~1523쪽.

71 『富平水利組合設置認可書類』(CJA0006628), 「富平水利組合事業計畵書工事設計書」, 1922년 5월 16일, 1523~1524쪽.

72 『富平水利組合設置認可書類』(CJA0006628), 「富平水利組合事業計畵書工事設計書」, 1922년 5월 16일, 1525쪽.

하고자 구상하였다. 부평수리조합은 전기 모터와 원심 펌프를 부설하고자 계획하였다. 이를 통해 경성전기는 발전·수전(受電) 설비 증설에 따른 전력의 수요처를 모색하였다. 부평수리조합은 한강 하류 배수 불량 대응(배수용 원심 펌프 6대[전용 4대, 겸용 2대] > 관개용 원심 펌프 2대[겸용 2대])을 위한 전력의 공급처를 탐색하였다.

<표 2>의 부평수리조합 세출 예산 중 임시부 예산은 '공사'에 소요될 비용이었다. (1)창립비는 측량설계비를 포함하여 창립에 필요한 금액이었다. 4만 3,000엔(1.71%)이 산정되었다. (2)건축비는 창고, 숙사 등의 건축에 필요한 금액이었다. 1만 5,000엔(0.60%)이 설정되었다. 창립비와 건축비는 공사의 준비에 소요됐으므로, 1922년도에만 요구되었다.

(3)감독비는 공사 감독을 위한 비용이었다. 급료, 여비, 잡급, 수용비, 수선비, 잡비가 포괄되었고, 8만 6,050엔(3.43%)이 계상되었다. (4)사업비는 공사 사업을 위한 비용이었다. 방수제, 굴포천, 중앙 배수 갑문, 양수장·양수기, 도수로(導水路), 용배수로, 중앙도로가 포함되었고, 192만 4,708만 엔(76.61%)이 예상되었다. (3)감독비와 (4)사업비는 공사 사업과 공사 감독에 소요됐으므로, 1922~1923년에 필요하였다.

(5)적립금은 1만 엔(0.40%)으로, 양수기 3년 균등 상각 적립금 7,000엔, 구조물 개조 적립금 3,000엔으로 구성되었다. (1)창립비와 (2)건축비가 1922년 공사의 준비에, (3)감독비와 (4)사업비가 1922~1923년 공사 감독과 공사 사업에 사용하도록 대비했다면, (5)적립금은 1924년 공사의 사후에 이용되도록 예비하였다. 이외에도 (6)원리금과 (7)예비비가 1922년부터 1924년까지 지속적으로 책정되었다.

임시부 예산의 76.61%에 해당되었던 사업비 중 1위는 (a)용배수로였다. 121만 3,402엔(48.30%)이 검토되었다. 1922년에는 43만 5,152엔

(42.98%), 1923년에는 77만 8,250엔(59.01%)이었다. 사업비 중 2위는 (b)양수장·양수기였다. 31만 1,100엔(12.38%)이 고려되었다. 1922년에는 7만 8,000엔(7.70%), 1923년에는 23만 3,100엔(17.67%)이었다. 사업비는 용배수로 사업비를 제외하면 양수장·양수기 사업비가 가장 컸다.

〈표 2〉 부평수리조합 세출 예산(1922~1924)

항목			예산액		1922년도		1923년도		1924년도	
			금액(엔)	비율	금액(엔)	비율	금액(엔)	비율	금액(엔)	비율
임시부	(1)창립비		43,000	1.71%	43,000	4.25%	-	-	-	-
	(2)건축비		15,000	0.60%	15,000	1.48%	-	-	-	-
	(3)감독비		86,050	3.43%	43,025	4.25%	43,025	3.26%	-	-
	(4)사업비	(a)용배수로	1,213,402	48.30%	435,152	42.98%	778,250	59.01%	-	-
		(b)양수장·양수기	311,100	12.38%	78,000	7.70%	233,100	17.67%	-	-
		기타	400,206	15.93%	335,172	33.11%	65,034	4.93%	-	-
		소계	1,924,708	76.61%	848,324	83.80%	1,076,384	81.61%	-	-
	(5)적립금		10,000	0.40%	-	-	-	-	10,000	5.53%
	(6)원리금		303,445	12.08%	33,023	3.26%	109,504	-	160,918	88.95%
	(7)예비비		130,000	5.17%	30,000	2.96%	90,000	8.30%	10,000	5.53%
	합계		2,512,203	100.00%	1,012,372	100.00%	1,318,913	100.00%	180,918	100.00%
경상부	(8)관리비		50,487	45.69%	16,829	100.00%	16,829	100.00%	16,829	21.90%
	(9)사업비	(c)공작물수선비	20,000	18.10%	-	-	-	-	20,000	26.03%
		(d)양수기운전비	40,000	36.20%	-	-	-	-	40,000	52.06%
		소계	60,000	54.31%	-	-	-	-	60,000	78.10%
	합계		110,487	100.00%	16,829	100.00%	16,829	100.00%	76,829	100.00%

출전: 『富平水利組合設置認可書類』(CJA0006628), 「富平水利組合事業計畫書工事設計書」, 1922년 5월 16일, 1586~1589쪽

부평수리조합 세출 예산 중 경상부 예산은 '운영'에 소요될 비용이었다. (8)관리비는 보수, 급료, 여비, 잡급, 수용비, 수선비, 잡비를 포

괄하였고, 5만 487엔(45.69%)이었다. (9)사업비는 공작물 수선비와 양수기 운전비를 포함하였고, 6만 엔(54.31%)이었다. 그런데 관리비는 공사 완료 이전(1922년)부터 책정되었고, 사업비는 공사 완료 이후(1924년)부터 책정되었다. 따라서 1924년만 고려하면 관리비(1만 6,829엔, 21.90%)보다 사업비(6만 엔, 78.10%)가 우세하였다.

사업비 중 (c)공작물 수선비는 1924년에만 2만 엔이 할당되었다. 공작물 수선비는 1922~1924년 경상부 예산 중 18.10%, 1924년 경상부 예산 중 26.03%를 차지하였다. 이에 반해 (d)양수기 운전비는 1924년에만 4만 엔이 배정되었다. 양수기 운전비는 1922~1924년 경상부 예산 중 36.20%, 1924년 경상부 예산 중 52.06%를 점유하였다. 다시 말해, 경상부 예산은 사업비에 집중돼 있었고, 사업비는 양수기 운전비에 집중돼 있었다.

한편 공작물 수선비 2만 엔 중 방수제 수선비는 1,000엔, 중앙 배수갑문 수선비는 200엔, 양수장·양수기 수선비는 1,000엔, 도수로 수선비는 300엔, 용배수로 수선비는 1만 7,500엔이었다. 반면 양수기 운전비 4만 엔 중 전기료는 36,450엔, 인건비는 2,400엔(운전수 1인, 조수 2인), 기타는 1,150엔이었다. 전기료는 양수기 운전비의 91.13%를 차지하였다.[73] 경상부 예산은 사업비에, 사업비는 양수기 운전비에, 양수기 운전비는 전기료에 중점을 두었다.

(2) 전기료 하락 추세와 전기 양수기 시설의 확충

1922년 7월 25일 내무국장은 경기도지사에게 1924년 경상부 예산

---

73 『富平水利組合設置認可書類』(CJA0006628), 「富平水利組合設置認可申請ノ件」, 1922년 8월 17일, 1257쪽

중 공작물 수선비 2만 엔, 양수기 운전비 4만 엔, 겸성전기 전기료 내역을 요청하였다.[74] 이에 따라 8월 17일 부평수리조합이 경기도지사에게, 경기도지사가 내무국장에게 공작물 수선비, 양수기 운전비, 경성전기 전기료 내역을 제출하였다.[75] 이에 더해 7월 25일 내무국장은 식산국장에게 공작물 수선비 2만 엔, 양수기 운전비 4만 엔의 적부(適否) 여부도 문의하였다.[76]

1922년 12월 20일 식산국장은 배수용 양수기(배수 전용 4대, 관개·배수 겸용 2대)에 비하여 관개용 양수기(관개·배수 겸용 2대)가 부족하다고 판단하였다. 이에 따라 배수 양수량과 달리 관개 양수량은 130초입방척에서 191초입방척으로 수정하라고 회답하였다. 이에 더해 원동력을 600마력에서 1,050마력으로, 양수기 운전비를 4만 엔에서 7만 500엔으로 변경하라고 지시하였다. 이외에도 전기 모터, 디젤 엔진, 가스 엔진을 비교하라고 지령하였다.[77]

부평수리조합은 식산국장의 요구에 따라서 원동력을 600마력에서 1,050마력으로, 전기료를 3만 6,450엔에서 6만 6,950엔으로 변경하였다. 부평수리조합은 전기 모터, 디젤 엔진, 가스 엔진의 운전비 즉 기계비, 인건비, 연료비 등도 비교하였다.[78] 그런데 기계비와 인건비는 전기 모터(7,772엔/3,360엔)가 디젤 엔진(1만 2,617엔/5,520엔)과 가스

---

74 『富平水利組合設置認可書類』(CJA0006628), 「富平水利組合設置認可申請ノ件(第一案)」, 1922년 7월 25일, 1292~1293쪽
75 『富平水利組合設置認可書類』(CJA0006628), 「富平水利組合設置認可申請ノ件」, 1922년 8월 17일, 1257쪽
76 『富平水利組合設置認可書類』(CJA0006628), 「富平水利組合設置認可申請ノ件(第二案)」, 1922년 7월 25일, 1296쪽
77 『富平水利組合設置認可書類』(CJA0006628), 「富平水利組合設置認可申請ノ件」, 1922년 12월 20일, 1239~1245쪽
78 『富平水利組合設置認可書類』(CJA0006628), 「富平水利組合設置認可申請ノ件」, 1922년 8월 17일, 1257~1259쪽

엔진(1만 3,280엔/8,160엔)에 비해 낮았다. 하지만 연료비의 경우는 전기 모터(5만 4,060엔)가 디젤 엔진(2만 6,208엔)과 가스 엔진(3만 9,988엔)에 비해 높았다.[79] 따라서 내무국장도 전기 모터를 사용하지 않으면 운전비의 감소가 가능하다 보았다.[80]

그런데 경성전기 경성지점 전기료는 정액 요금과 종량 요금이 구분되었다. 나아가 종량 요금은 1921년까지 상승하다가 1921년부터 하락하였다. <표 3>의 경성전기 경성지점 최저 종량 요금 중 1마력, 10마력, 50마력은 1915~1916년 4엔, 13엔, 53엔에서 1921년 13.2엔, 83.6엔, 400.4엔까지, 100마력은 1917년 255엔에서 1921년 702엔까지 올라갔다.

〈표 3〉 경성전기 경성지점 종량 최저 요금(1915~1939, 단위 : 엔)

연도	1마력	10마력	50마력	100마력
1915~1916	4.00	13.00	53.00	-
1917	5.00	35.00	140.00	255.00
1919	5.50	38.50	154.00	280.50
1920	8.00	46.40	202.50	375.00
1921	13.20	83.60	400.40	702.00
1922	8.73	51.30	251.10	514.95
1925	8.00	46.40	202.50	375.00
1926	7.20	42.00	185.00	340.00
1927~1929	6.10	35.60	160.00	295.00
1930~1931	5.40	31.70	140.80	256.00
1933~1935	5.15	30.10	121.80	225.20
1936~1939	4.00	24.00	107.30	198.20

출전: 朝鮮總督府遞信局, 각년판 『電氣事業要覽』, 朝鮮電氣協會

---

79 『富平水利組合設置認可書類』(CJA0006628), 「富平水利組合設置認可申請ノ件」, 1922년 8월 17일, 1257~1259쪽
80 『富平水利組合設置認可書類』(CJA0006628), 「富平水利組合設置認可ノ件(通牒案)」, 1923년 4월 9일, 1158~1159쪽

하지만 1936~1939년에는 4엔, 24엔, 107.3엔, 198.2엔까지 내려갔다. 이로써 1920년대 후반에 이르면 전기 모터가 디젤 엔진과 가스 엔진에 비해 경제적이라 평가되었다.[81]

따라서 부평수리조합은 1923년 4월 8일 수정부 인가를 받았고,[82] 5월 14일 공사의 시행을 요청하였다. 부평수리조합은 수정이 요구된 부분은 1923년 공사가 아니라 1924년 공사에 속하고, "부분적 사항"에 불과해 지장이 없다고 강변하였다.[83] 나아가 6월 12일 경기도지사는 공사 시행 요청서를 전달하였고,[84] 6월 15일 조선총독은 "급박"한 "착수"를 요한다는 이유에서 공사 시행 요청서를 승인하였다.[85] 공사는 수정이 요구된 부분이 완전하게 반영되지 않았음에도 강행되었다.

〈표 4〉의 부평수리조합 수정 세출 예산에서 임시부의 사업비는 192만 4,707엔에서 211만 8,707엔으로 19만 4,000엔 상승하였다. (a)용배수로가 12만 4,000엔, (b)양수장·양수기가 4만 엔, (c)중앙 배수 갑문이 3만 엔 증가하였다. 양수장·양수기 증가액은 사업비 증가액의 20.62%에 해당하였다. 임시부의 사업비 중 양수장·양수기가 증가한 이유는 양수기를 추가하였기 때문이었다.

부평수리조합 수정 세출 예산에서 경상부의 사업비는 6만 엔에서 9만 500엔으로 3만 500엔 상향되었다. (d)공작물 수선비는 증액되지 않았

81　京城電氣監理課, 1929 『揚水場に於ける經濟的動力の使用と京仁地方に於ける農事電化の將來』, 5~8쪽
82　『富平水利組合設置認可書類』(CJA0006628), 「富平水利組合設置認可ノ件」, 1923년 4월 9일, 1096~1097쪽
83　『富平水利組合土地改良事業補助書』(CJA0007276), 「工事施行件ニ付進願」, 1923년 5월 14일, 946~947쪽
84　『富平水利組合土地改良事業補助書』(CJA0007276), 「工事施行ノ件」, 1923년 6월 12일, 948~949쪽
85　『富平水利組合土地改良事業補助書』(CJA0007276), 「補助工事施行承認ノ件」, 1923년 6월 15일, 934~938쪽

으며, (e)양수기 운전비만 증액되었다. 경상부의 사업비 중 양수기 운전비가 증액된 이유도 양수기를 추가하였기 때문이었다.[86] 요컨대, 양수기 공사 비용과 운영 비용이 팽창하였다. 나아가 부평수리조합 전기료 지출이 확대되면서 경성전기의 전기료 수입도 확대되었다.

〈표 4〉 부평수리조합 수정 세출 예산(1922~1924)

항목		원안		수정		증감(엔)
		금액(엔)	비율	금액(엔)	비율	
임시부 사업비	(a)용배수로	1,213,401.97	63.04%	1,337,401.97	63.12%	124,000
	(b)양수장·양수기	311,100.00	16.16%	351,100.00	16.57%	40,000
	(c)중앙 배수 갑문	165,000.00	8.57%	195,000.00	9.20%	30,000
	기타	235,205.41	12.22%	235,205.41	11.10%	-
	합계	1,924,707.38	100.00%	2,118,707.38	100.00%	194,000
경상부 사업비	(d)공작물 수선비	20,000	33.33%	20,000	22.10%	-
	(e)양수기 운전비	40,000	66.67%	70,500	77.90%	30,500
	합계	60,000	100.00%	90,500	100.00%	30,500

출전: 『富平水利組合設置認可書類』(CJA0006628), 「富平水利組合工事費調書」, 1923년 4월 9일, 1205쪽, 1210쪽

2) 전기 양수기 설치와 경인 지역으로의 확산

경성전기 경성지점은 1920년 8월부터 1923년 9월까지 용산발전소의 증설을, 1921년 7월부터 1925년 2월까지 금강산전기철도로부터의 수전(受電)을 꾀했다. 나아가 1921년 3월에는 인천지점을 폐지하고 경성지점이 송전키로 결정하였다.[87] 게다가 1922년 3월 노량진변전소, 인천변전소를 착공하였고 1922년 7월 완공하였다.[88]

---

[86] 『富平水利組合設置認可書類』(CJA0006628), 「富平水利組合設置認可ノ件(通牒案)」, 1923년 4월 9일, 1158~1159쪽
[87] 「경성 인천 송전」 『조선일보』 1921년 3월 17일

한편 경성전기 경성지점은 1922년 3월부터 7월까지 경성부, 인천부 사이에 송전선을 부설하였다.[88] 1924년 7월 전력 공급 구역 확장, 송전선 건설 공사도 허가받았다. 이에 1924년 8월부터 10월까지 송전선을 신설하였다.[90] 발전과 수전(受電)에 필요한 설비에 이어서 배전과 송전에 필요한 설비도 확충되었다.

경성전기 경성지점 송배전용 전선로 길이는 1919년 133.7리에서 1925년 281.5리로, 송배전용 전선의 연장은 1919년 특별고압 0리·고압 282.9리·저압 255리에서 1925년 25.2리·449.2리·459.1리로 상승하였다. 송배전용 전선주 개수도 1919년 6,126개에서 1925년 8,080개로 신장되었다.[91]

조선은 일본에 비하여 전력의 보급이 뒤쳐져 있었다. 따라서 발전소와 변전소가 멀지 않고 전선주와 송전선이 깔려 있는 도시의 인근에서만 전력이 공급되었다. 나아가 발전소, 변전소와 전선주, 송전선을 설치할 자금 여력이 있는 도시의 근처에서만 전력이 보급되었다.

경성전기 경성지점에서 경성부 이외에 전력을 공급한 부·군은 1915년에는 고양군이 포함되었다.[92] 1917년에는 시흥군(영등포), 1922년에는 김포군이 추가되었다.[93] 1925년에는 부천군도 삽입되었다(1924년 추정).[94] 경성부, 인천부 사이의 시흥군과 고양군, 나아가 부천군과 김포

---

88 京城電氣株式會社, 1922a『京城電氣株式會社營業報告書 28』, 3쪽
89 京城電氣株式會社, 1922a 앞의 책, 3~4쪽 ; 1922b『京城電氣株式會社營業報告書 29』, 3쪽
90 京城電氣株式會社, 1924b『京城電氣株式會社營業報告書 33』, 3쪽
91 朝鮮総督府逓信局, 1919년판『電氣事業要覽 7』, 朝鮮電氣協會, 26~29쪽 ; 1925년판 『電氣事業要覽 13』, 朝鮮電氣協會, 37~38쪽, 49~50쪽
92 朝鮮總督府遞信局, 1915년판『電氣事業要覽 1』, 朝鮮電氣協會, 10쪽
93 朝鮮總督府遞信局, 1917년판『電氣事業要覽 5』, 朝鮮電氣協會, 14쪽 ; 1922년판 앞의 책, 14쪽
94 朝鮮総督府逓信局, 1925년판 앞의 책, 6쪽

군에 전력의 송출이 집중되었다.

　부평수리조합은 1923년부터 1925년까지 전기 양수기 설치 공사를 시행하였다. 이에 따라 신곡리 양수장 배수·관개 펌프에 사용할 300마력 전기 모터 3대가 부설되었다. 이에 더해 펌프에 물을 충만케 하는 진공 펌프에 이용할 5마력 전기 모터 2대가 신설되었다. 이외에도 중앙 배수 갑문(외수 방수·내수 배수)의 개방과 폐쇄에 필요한 2마력 전기 모터 1대, 제수문(制水門, 수로 수량 가감)의 개방과 폐쇄에 필요한 2마력 전기 모터 1대도 배치되었다.[95] 전기 모터는 메이덴샤(明電舍)의 제품이었다.[96]

　신곡리 양수장에 400kVA 변압기 4대와 배전반(配電盤)도 설치하여 2만 2,000kV를 3,000V로 감압하였다. 신곡리 양수장 배수·관개 펌프를 위한 전기 모터에 대해서는 3,000V로 송전하였다. 진공 펌프용 전기 모터, 중앙 배수 갑문용 전기 모터, 제수문용 전기 모터에 대해서는 3,000V를 200V로 감압하여 송전하였다. 경성전기 용산발전소 고압전류(2만 2,000kV)가 신곡리 양수장 저압전류(3,000V, 200V)로 전환되었다.[97]

　부평수리조합은 1924년 5월 17일 1923년 공사까지 완료하고 1923년 공사비 정산서를 제출하였다.[98] 또한 1925년 11월 9일 1924년 공사까지 종료하고 공사비 정산 총괄서, 1923년 공사비 정산서, 1924년 공사비 정산서를 제출하였다.[99] 임시부 사업비의 양수장·양수기 중 모터·

95　見目德太, 1924「富平水利組合の電氣設備」『韓國中央農會報』19(12), 8~9쪽
96　京城電氣株式會社監理課, 1929 앞의 책, 6~7쪽
97　見目德太, 1924 앞의 글, 9쪽
98　『富平水利組合土地改良事業補助書』(CJA0007276),「補助工事出來形調書及工事費精算書提出ノ件」, 1924년 5월 17일, 870쪽
99　『富平水利組合土地改良事業補助書』(CJA0007276),「工事精算書提出ノ件」, 1925년 11월 9일, 809쪽

핌프는 19만 5,853엔으로 임시부 사업비의 10.06%와 양수장·양수기의 61.15%를, 송전설비는 10만 5,991엔으로 임시부 사업비의 5.44%와 양수장·양수기의 33.09%를 차지하였다.[100]

부평수리조합은 전기 양수기를 부천, 김포 등 경인 지역으로 확산하였다. 예를 들어, 1927년 5~6월에는 부평수리조합 신곡리 양수장~선만개척 김포농장(나가오카척식 김포농장) 양수장 사이에 전선주와 송전선이 구축되었다.[101] 이에 더해 1927년 6~7월에는 김포군 양동면 목동리 소재의 양동수리조합 양수장 방면에, 1928년 7~8월에는 김포군 양동면 가양리 소재의 양천수리조합 양수장 방면에 전선주와 송전선이 조성되었다.[102]

1929년 부평수리조합은 원동력 978마력(300마력 3대, 20마력 2대, 5마력 2대, 3마력 9대, 1마력 1대)·전력량(1년) 60kW를 사용하였다(확장 공사 제외). 선만개척 김포농장은 166마력(50마력 3대, 16마력 1대[예정])·10만kW, 양동수리조합은 590마력(200마력 2대, 150마력 1대, 25마력 1대, 15마력 1대)·15만kW, 양천수리조합은 610마력(150마력 3대, 80마력 2대[예정])·15만kW를 이용하였다.[103]

경남과 경기는 양수기 수리조합의 유형을 대표하였다. <그림 3>에서 경남과 경기는 1927년부터 1940년까지 전국 수리조합 양수량의 60% 전후를 차지하였다. 전국 대비 경남 수리조합 양수량은 1927~1929년 32~44%, 1930~1935년 24~33%, 1936~1940년 40~41%였다. 전국 대비

---

100 『富平水利組合土地改良事業補助書』(CJA0007276), 「工事費精算總括書」, 1925년 11월 9일, 815~820쪽
101 京城電氣株式會社, 1927a 『京城電氣株式會社營業報告書 38』, 3쪽
102 京城電氣株式會社, 1927a 앞의 책, 3쪽 ; 1927b 『京城電氣株式會社營業報告書 39』, 3쪽 ; 1928a 『京城電氣株式會社營業報告書 40』, 3쪽 ; 1928b 『京城電氣株式會社營業報告書 41』, 3쪽
103 京城電氣株式會社監理課, 1929 앞의 책, 15쪽

경기 수리조합 양수량은 1927~1929년 14~19%, 1930~1935년 32~44%, 1936~1940년 19%였다.

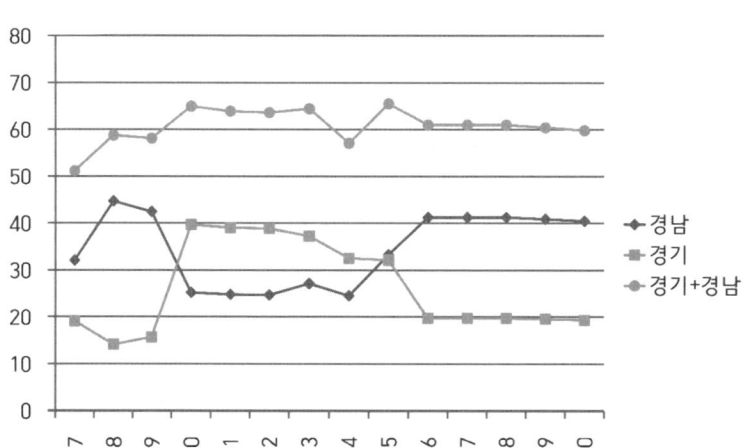

〈그림 3〉 전국 대비 경남·경기 수리조합 양수량의 비중(1927~1940, 단위 : %)

출전: 朝鮮總督府土地改良部, 각년판 『朝鮮土地改良事業要覽』

〈그림 4〉에 따르면 경남의 수리조합은 원동력으로 중유와 가스를 선호하였다. 경남의 수리조합 양수량 중 중유의 비중은 1927년 43%, 1928~1929년 72%, 1930~1934년 38~45%였다. 가스의 비중은 1927~1924년 32~50%, 1935~1940년 14~19%였다. 전기의 비중은 1927~1929년 0%, 1930~1932년 7%, 1933~1934년 26~29%, 1935~1940년 12~13%로 국한되었다.

〈그림 4〉 경남 수리조합 동력원별 양수량의 비중(1927~1940, 단위 : %)

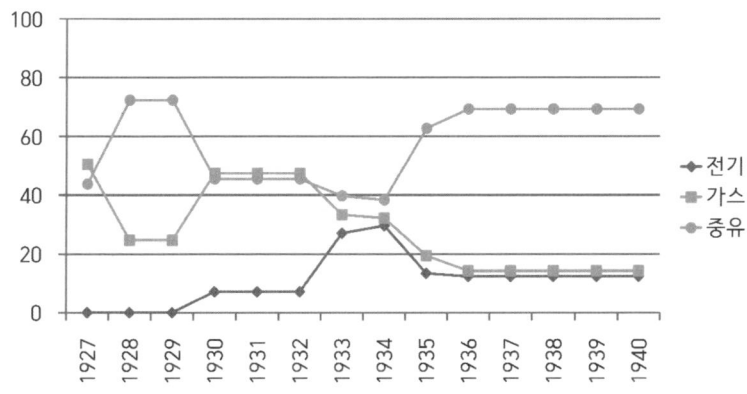

출전: 朝鮮總督府土地改良部, 각년판 『朝鮮土地改良事業要覽』

〈그림 5〉 경기 수리조합 동력원별 양수량의 비중(1927~1940, 단위 : %)

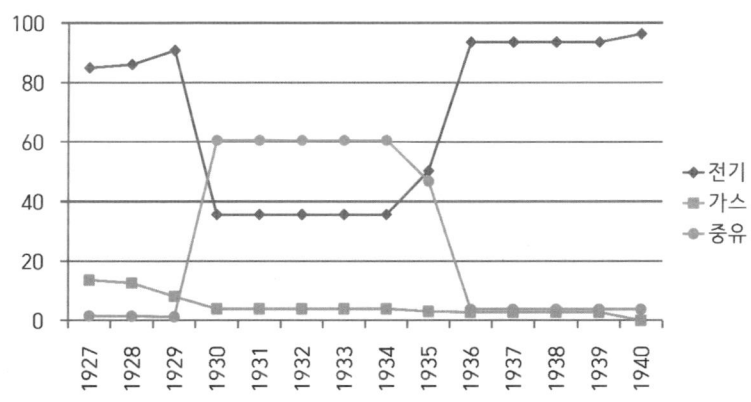

출전: 朝鮮總督府土地改良部, 각년판 『朝鮮土地改良事業要覽』

〈그림 5〉에 의하면 경기의 수리조합은 원동력으로 전기를 중시하였다. 경기의 수리조합 양수량 중 전기에 의한 비중은 1927~1934년

84~90%, 1930~1935년 35%, 1936~1940년 93~96%였다. 중유에 의한 비중은 1927~1929년 1%였다가, 1930년 김포수리조합의 창설로 1930~1935년 46~60%가 됐지만, 1936년 김포수리조합의 폐지로 1936~1940년 3%가 되었다. 가스에 의한 비중은 0~13%로 제한되었다.

  1923~1925년 경인 지역 유력자들은 경성전기에 관여하면서 전선주, 송전선, 변전소 등 송배전망을 건설하였고, 부평수리조합에 참여하면서 전기 모터와 원심 펌프를 부설하였다. 부평수리조합은 전기 양수기를 부천, 김포 등 경인 지역으로 확산하였다. 부평수리조합의 전기 양수기 도입은 양동수리조합, 양천수리조합 등의 전기 양수기 도입을 촉진하였다. 경인 지역 수리조합은 경성전기에 의하여 구조적으로 제약을 받게 되었다.

맺음말

  본고는 1923~1925년 경인 지역 유력자의 부평수리조합 창설과 전기 양수기 도입을 검토하였다. 또한 이를 통해 수탈과 개발의 이면에 자본을 둘러싼 문제가 내재되어 있었음을 분석하였다.

  경인 지역 유력자들은 거류민단을 구성하거나 부협의회를 조직하면서 결속하였다. 나아가 경성전기의 창립·경영에 참여하면서 발전·수전(受電) 설비를 증설하였고, 부평평야 토지를 매입하고 한강 하류의 배수 불량에 대응하였다. 따라서 경성전기가 전력의 수요처를 모색했다면, 부평평야 지주들은 전력의 공급처를 탐색하였다.

  1921년 부평수리조합이 발기되었고, 1922년 부평수리조합 인가신청서가 제출됐으며, 1923년 부평수리조합이 창설되었다. 1923~1925년 경성전기는 발전·수전(受電) 설비의 증설에 따라서 전선주, 송전선, 변전소 등 송배전망을 건설하였다. 부평수리조합은 한강 하류 배수 불량 대응을 위하여 전기 모터와 원심 펌프를 부설하였다.

 부평수리조합은 전기 양수기를 부천, 김포 등 경인 지역으로 확산하였다. 부평수리조합의 전기 양수기 도입은 양동수리조합, 양천수리조합 등의 전기 양수기 도입을 촉진하였다. 경인 지역 수리조합의 전기료 지출은 경성전기의 전기료 수입이 되었다. 경인 지역 수리조합은 경성전기에 의하여 구조적으로 제약을 받게 되었다.

참고문헌

『매일신보』『동아일보』『조선일보』
『朝鮮總督府官報』『朝鮮總督府統計年報』『朝鮮總督府京畿道統計年報』『韓國中央農會報』
『日本全國諸會社役員錄』『朝鮮銀行會社要錄』
『토지조사부』
『富平水利組合設置認可書類』(CJA0006628)
『富平水利組合土地改良事業補助書』(CJA0007276)
京城居留民團役所, 1912, 『京城發達史』
京城府, 1936 『京城府史 2』
京城電氣株式會社, 1917~1934 『京城電氣株式會社營業報告書 18~53』
京城電氣株式會社, 1929 『京城電氣株式會社二十年沿革史』
京城電氣株式會社, 1934 『京城電氣株式會社事業成績一覽表』
京城電氣株式會社監理課, 1929 『揚水場に於ける經濟的動力の使用と京仁地方に
    於ける農事電化の將來』
高橋刀川, 1908 『在韓成功之九州人』, 虎与号書店
善生永助, 1928 『朝鮮の災害』
柴田壽雄, 1910 『水利組合法要義』, 大成會
朝鮮電氣協會, 1937 『躍進途上にある朝鮮電氣事業の槪觀』
朝鮮總督府殖産局, 1922 『朝鮮の灌漑及開墾事業』
朝鮮總督府殖産局, 1930년판 『朝鮮の農業』
朝鮮總督府遞信局, 각년판 『電氣事業要覽』, 朝鮮電氣協會
朝鮮總督府土地改良部, 각년판 『朝鮮土地改良事業要覽』
朝鮮總督府土地改良部, 1931 『耕地改良擴張基本調査事業報告書』
朝鮮興業株式會社, 1917~1944 『朝鮮興業株式會社營業報告書 14~41』
株式會社仁川米豆取引所, 1899 「明治三十貳年度下半期決算報告書」
統監府地方部, 1909 『居留民團事情要覽』
한국사데이터베이스 한국근대지리정보
日本研究のための歴史情報『人事興信録』データベース

한강농지개량조합, 1986 『한강농조60년사』, 한강농지개량조합
松本武祝, 1991 『植民地期朝鮮の水利組合事業』, 未來社

천지명, 2013 「재한일본인 거류민단(1906-1914) 연구」, 숙명여자대학교 박사학위
    논문
추교찬, 2020 「인천 일본인 거류민단의 구성과 운영(1906~1914)」, 인하대학교 박
    사학위논문
김제정, 2017 「1910년대 경성부협의회의 구성과 활동」, 『일제강점기 경성부윤과
    경성부회 연구』, 서울역사편찬원
박진한, 2020, 「1910년대 인천부의 주요 정책과 시가지행정에 관한 연구」, 『도시
    연구』 23, 도시사학회
박찬승, 2002 「서울의 일본인 거류지 형성 과정 : 1880년대~1903년을 중심으로」,
    『사회와 역사』 62, 한국사회사학회
오진석, 2012 「1920~1930년대 초 전력통제정책의 수립과정」, 『사학연구』 108, 한
    국사학회

〈부표 1〉 경인 지역 거류민단 재선 의원(1906~1913)

번호	성명	횟수	1회(1906)	2회(1908)	3회(1910)	4회(1913)
경1	中村再造	4회	○	○	○	○
경2	山口太兵衛	3회	○	○	○	
경3	和田常市	3회	○	○	○	
경4	曾我勉	3회	○	○	○	
경5	中島司馬之助	3회	○	○	○	
경6	秋吉富太郎	3회	○	○		○
경7	關繁太郎	3회	○	○		○
경8	梶原末太郎	3회	○	○		○
경9	釘本藤次郎	2회	○	○		
경10	古城管堂	2회	○	○		
경11	森勝次	2회	○	○		
경12	三好和三郎	2회	○		○	
경13	田中常次郎	2회	○		○	
경14	皆川廣濟	2회		○	○	
경15	林田金次郎	2회		○	○	
경16	大村保太	2회		○	○	
경17	城六太	2회		○	○	
경18	前田熊市	2회		○	○	
경19	古城梅溪	2회			○	○
경20	高橋章之助	2회			○	○
경21	待井三郎	2회			○	○
경22	深水淸	2회			○	○
경23	增田三穗	2회			○	○
경24	天日常次郎	2회			○	○
경25	海津三雄	2회			○	○
경26	小林藤右衛門	2회			○	○
인1	稻田勝彦	4회	○	○	○	○
인2	奧田貞次郎	3회	○	○	○	
인3	加來榮太郎	3회	○	○	○	
인4	桑野良太郎	3회	○	○		
인5	藤村忠助	3회	○		○	○
인6	淸水岩吉	3회	○		○	○

번호	성명	횟수	1회(1906)	2회(1908)	3회(1910)	4회(1913)
인7	樋口平吾	3회	○		○	○
인8	竹津三平	3회		○	○	○
인9	八田利三郎	3회		○	○	○
인10	平山松太郎	3회		○	○	○
인11	田中佐七郎	2회	○	○		
인12	高田常三郎	2회	○		○	
인13	河野竹之助	2회	○			○
인14	加藤藤太郎	2회		○	○	
인15	沖津戶十郎	2회		○	○	
인16	堀力太郎	2회			○	○
인17	美濃谷榮次郎	2회			○	○
인18	川添三次	2회			○	○
인19	山下次郎	2회			○	○
인20	淺井益三	2회			○	○
인21	村谷吉藏	2회			○	○

출전: 京城府, 1936 『京城府史 2』, 975~977쪽 ; 추교찬, 2000 「인천 일본인 거류민단의 구성과 운영(1906~1914)」, 인하대학교 박사학위논문, 83~84쪽

〈부표 2〉 경인 지역 부협의회 회원(1914~1918)

번호	성명	횟수	1914	1915	1916	1917	1918
경①	中村再造	3회	○		○		○
경②	山口太兵衛	3회	○		○		○
경③	和田常市	3회	○		○		○
경④	古城管堂	3회	○		○		○
경⑤	原勝一	3회	○		○		○
경⑥	大久保雅彦	3회	○		○		○
경⑦	兼古禮藏	1회	○				
경⑧	德久米藏	1회	○				
경⑨	石原磯次郎	2회			○		○
경⑩	執行猪太郎	2회			○		○
경⑪	박제빈	3회	○		○		○
경⑫	한상룡	3회	○		○		○
경⑬	조진태	3회	○		○		○
경⑭	안상호	3회	○		○		○
경⑮	예종석	1회	○				
경⑯	백완혁	2회			○		○
경⑰	김용제	1회	○				
경⑱	민유식	1회			○		○
경⑲	유길준	1회	○(사망)				
경⑳	엄달환	1회	○(사망)				
경㉑	김한규	2회		○		○	
경㉒	백인기	2회		○		○	

번호	성명	횟수	1914	1916	1918
인①	奧田貞次郎	3회	○	○	○
인②	河野竹之助	3회	○	○	○
인③	美濃谷榮次郎	3회	○	○	○
인④	稻田勝彦	2회	○	○	?
인⑤	村谷吉藏	2회	○	○(교체)	
인⑥	加来栄太郎	1회		○(1916.8.11)	?
인⑦	森常吉	2회	○	○(교체)	
인⑧	飯田茂登雄	1회		○(1916.12.8)	?
인⑨	新庄清一	1회	○(교체)		

번호	성명	횟수	1914	1916	1918
인⑩	茂本和三郎	2회	○(1914.12.4)	○	?
인⑪	高木助市	1회			○(1919.7.5)
인⑫	高杉昇	1회			○(1919.7.5)
인⑬	손성칠	3회	○	○	○
인⑭	정영화	3회	○	○	○
인⑮	장석우	1회	○	?	
인⑯	최응삼	1회		○(1916.7.9 이전)	?
인⑰	심능덕	1회			○(1920.4.30)

출전: 京城府, 1941 『京城府史 3』, 11쪽, 141쪽, 295쪽, 436쪽, 535~536쪽 ; 박진한, 2020 「1910년대 인천부의 주요 정책과 시가지행정에 관한 연구」『도시연구』 23, 134~135쪽

〈부표 3〉 부평수리조합 몽리구역 일본인, 법인 토지 소유자(1909~1910)

번호	성명	거주지	소유지(평)				
			전체	논	밭	잡종지	임야
1	中村正路	부천군	465,734	276	123,044	340,480	386
2	伊勢德三郎	인천부	272,360	207,267	24,496	32,963	3,964
3	堀力太郎	인천부	268,737	248,919	17,812	1,248	-
4	小林源六	경성부	118,003	96,202	20,682	-	381
5	田鍋安之助	부천군	112,995	105,567	-	7,428	-
6	山口太兵衛	경성부	76,379	74,781	-	-	1,598
7	管田豊次郎	경성부	40,017	40,017	-	-	-
8	松永達二郎	경성부	40,008	40,008	-	-	-
9	竹田寬二郎	동경시	37,371	28,500	-	8,871	-
10	福田又兵衛	경성부	36,756	35,696	-	1,060	-
11	韓國興業(株)	동경시	30,514	30,514	-	-	-
12	渡邊紋十郎	부천군	29,625	29,625	-	-	-
13	桑原久藏	경성부	25,966	6,436	-	19,530	-
14	元樓是阿	경성부	22,864	21,842	1,022	-	-
15	水津彌三松	부천군	18,078	-	7,590	4,029	5,092
16	淺松太郎	과천군	16,576	-	12,958	-	3,464
17	高崎園	동경시	16,226	9,458	-	5,104	1,664
18	武川盛次	경성부	12,687	7,795	4,892	-	-
19	秋吉富太郎	경성부	11,787	-	2,612	6,854	2,321
20	富士平平	경성부	11,643	-	1,815	9,828	-
21	關繁太郎	경성부	11,385	159	-	11,226	-
22	飛田貞太郎	경성부	7,676	-	4,824	-	2,852
23	松田正一	부천군	7,321	2,445	878	3,998	-
24	森住三郎	부천군	4,542	-	2,100	-	2,104
25	上野保治	인천부	3,996	2,221	1,673	-	-
26	樋口平吾	인천부	3,399	3,399	-	-	-
27	高野周三郎	인천부	3,317	-	3,317	-	-
28	搗本勝之進	경성부	2,495	814	-	1,681	-
29	大塚清吉	부천군	1,952	1,952	-	-	-
30	馬場清七	인천부	1,396	-	1,396	-	-
31	宮崎市作	인천부	1,368	-	1,368	-	-

번호	성명	거주지	소유지(평)				
			전체	논	밭	잡종지	임야
32	山口又一	인천부	1,676	-	1,676	-	-
33	下司儀三郎	인천부	1,266	-	1,114	-	-
34	田中千太郎	부천군	1,102	1,102	-	-	-
35	赤羽根鶴吉	부천군	990	-	670	-	320
36	荒木知三	부천군	975	975	-	-	-
37	中澤岩吉	부천군	902	-	902	-	-
38	增田三穗	경성부	687	-	687	-	-
전체(38명)			1,720,771	995,970	237,528	454,300	24,146

출전: 『토지조사부』 부천군 계남면(상리·중리)·계양면(노오지리·귤현리·동양리·박촌리·병방리·상야리·선주지리·용종리·장기리·평리·하야리)·부내면(갈월리·대정리·도두리·마분리·하리·작정리·후정리)·오정면(고강리·내리·대장리·삼정리·약대리·오곡리·오소리·오정리·원종리), 김포군 고촌면(신곡리·전호리·태리)·양서면(과해리·개화리·방화리)

비고: 松尾元之助(1913년 9월 27일 신고), 川本隆治(1914년 3월 29일 신고), 川本逸造(1914년 3월 29일 신고)는 제외

〈부표 4〉 부천·김포 지역 일본인, 법인 토지 소유자(1915)

번호	성명	소유지역	소유면적(단보)					
			논	밭	산림	원야	기타	합계
①	山口太兵衛	부천 수원	288	144	-	30	-	462
②	秋吉富太郎	부천 양주 포천	97	248	218	-	22	585
③	水津彌三松	부천	310	290	200	-	15	815
④	平山松太郎	부천	55	180	77	-	-	312
⑤	高野周三郎	부천	6	200	300	-	-	506
⑥	笠松吉次郎	부천 시흥	485	55	-	-	-	540
⑦	末永省二	부천	250	150	40	-	-	440
⑧	市村貞雄	부천	400	50	-	-	-	450
⑨	田島米吉	부천	-	220	50	20	-	290
⑩	佐佐木次	부천	20	52	-	-	-	72
⑪	小峰源作	부천	70	150	650	20	10	900
⑫	岩崎久彌	부천 시흥 수원 진위 용인	9,613	2,873	1,200	985	163	14,834
⑬	朝鮮興業株式會社	부천 김포 시흥 수원 진위 안성	3,410	507	-	639	29	4,585
⑭	稻垣合名會社	부천 김포	1,570	128	-	90	5	1,793
⑮	朝鮮農業株式會社	김포	380	50	-	-	-	430

출전: 朝鮮總督府京畿道, 1915년판 『朝鮮總督府京畿道統計年報』, 191~193쪽

〈부표 5〉 부평수리조합 공리구역 6만 평 이상 토지 소유자(1922)

번호	성명	소유면적(정보)	소유면적(평)	비고
[1]	半田善四郎	235.9	707,690	半田농장
[2]	秀島昴	176.8	530,613	-
[3]	半田隆一	169.6	508,902	半田농장
[4]	中村福三郎	102.8	308,506	半田농장
[5]	平田智惠人	67.5	202,550	경인 지역 유력자
[6]	國有地	64.3	192,809	-
[7]	天日常次郎	64.2	192,585	경인 지역 유력자
[8]	水津彌三松	57.5	172,483	경인 지역 유력자
[9]	長岡拓殖株式會社	54.5	163,525	長岡척식
[10]	東洋拓殖株式會社	52.9	158,732	-
[11]	宋秉畯	52.5	157,401	경인 지역 유력자
[12]	笠松淸一	45.1	135,408	경인 지역 유력자
[13]	力武重郎	44.4	133,101	경인 지역 유력자
[14]	加來榮太郎	42.1	126,162	경인 지역 유력자
[15]	禹台鼎	41.3	124,023	-
[16]	姜錫祚	30.2	90,477	-
[17]	崔永俊	29.5	88,536	-
[18]	吉田喜太郎	28.8	86,457	-
[19]	金成煥	28.8	86,352	-
[20]	朱性根	28.3	85,047	경인 지역 유력자
[21]	金永鐘	26.9	80,568	-
[22]	山口太兵衛	26.7	80,230	경인 지역 유력자
[23]	權興玉	26.5	79,521	-
[24]	朴容均	24.3	72,777	-
[25]	閔丙奭	24.1	72,168	-
[26]	中村政吉	22.9	68,750	-
[27]	閔忠植	22.3	67,045	-
[28]	張錫祐	20.4	61,182	경인 지역 유력자
[29]	李錫範	20.3	60,972	-
[30]	金奉鉉	20.2	60,496	-
30인 합계		1,651.7	4,955,068.0	-
전체 면적		3,601.3	-	-

출전: 『富平水利組合設置認可書類』(CJA0006628), 「六萬坪以上地主調」, 1923년 4월 9일, 1216~1218쪽 ; 『富平水利組合設置認可書類』(CJA0006628), 「組合設置要旨」, 1923년 4월 9일, 1182쪽

총동원체제기 일제의 철도차량 증산계획과 ㈜일본차량제조 인천공장

● ● ●

박 우 현
고려대학교 아세아문제연구원

박우현

총동원체제기 일제의 철도차량 증산계획과 ㈜일본차량제조 인천공장

머리말

 이 글은 일제말 총동원체제기 인천 북항에 들어섰던 대표적 공장인 ㈜일본차량제조 인천공장의 설립 배경과 변화 과정을 분석하고자 한다. ㈜일본차량제조는 2.26 사건 이후 일본정부가 조선에 대한 철도 투자를 급격히 늘리는 상황에 편승해 1937년 1월에 인천공장의 설립을 결정했다. 일본의 대표적인 철도차량 제조기업인 ㈜일본차량제조가 직접 투자를 결정해 단독으로 공장을 설립한 점이나, 1936년 산업경제조사회에서 '시국산업 육성'의 관점에서 언급되지 않았던 부문이라는 점 등은 총동원체제기 조선에 설립된 다른 중공업 공장들과 구분되는 점으로 면밀한 분석이 필요하다.
 특히 철도차량이라는 소재는 군사적 목적과 직결되는 공업으로 중일전쟁을 전후해 일본의 생산력확충계획 중 하나로 포함된 상품이었다. 따라서 조선총독부뿐 아니라 군부를 중심으로 한 일본정부의 요구와 계획이 산업의 향방을 좌우할 수밖에 없었다. 게다가 만주와 화북으로 군사물자를 수송하고, 병참을 담당해야 했던 조선에서 철도차량의 공급이 수요에 한참 미치지 못하는 상황은 일본 군부 입장에서 수정되어야 할 산업 배치였다.

이러한 상황에서 ㈜일본차량제조는 인천항 북쪽에 매립지를 양도받아 공장을 건설했고, 기관차공장까지 확장하는 투자를 감행했다. 물론 당국의 요구도 있었다. 철도차량공업의 핵심은 철도의 중추가 되는 기관차 제작이었다. 당시 군사적, 과학적으로 중요한 기술력의 집합체 중 하나였다. 1939년 이전까지 조선에 존재했던 민영 철도차량제조사 중 기관차를 제작할 수 있는 공장은 없었다. 조선총독부 철도국이 직영했던 공장에서 극히 적은 량의 기관차를 제작하는 것 외에는 전량 일본에서 수입하고 있었다.

따라서 ㈜일본차량제조가 인천공장을 설립하고 기관차공장까지 확장하게 된 계기가 무엇인지, 전쟁이 장기화되는 상황에서 실제로 기관차를 얼마나 제작할 수 있었는지 등을 살펴보는 것은 이른바 일제시기의 기술이전 문제, 철도 기술의 변화상, 그리고 1937년 이후 중공업 단위 공장이 급증했던 인천 북항의 지역사적 가치를 '제국의 이해'에 종속된 식민지 지역개발의 성격이라는 관점에서 이해하는 데 도움이 될 수 있다.[1]

일제시기 조선에서 만들어진 철도차량에 관한 분석이 중요함에도 현재까지는 사실상 사와이 미노루(澤井實)의 연구만 존재하는 상황이다. 사와이 미노루는 일본 전체의 철도차량공업의 전개과정을 시계열적으로 분석하는 과정에서 일본에서 이출한 철도차량과 식민지에서의

---

[1] 대륙침략을 목표로 했던 일본의 이해관계가 지역개발, 특히 인프라 구축의 향방에 결정적인 영향을 미친 사례에 관한 대표적인 연구로 전성현, 2017 「일제강점기 東海線 3線과 지역」 『석당논총』 69 ; 2018 「일제말기 臨港鐵道와 식민성」 『한국민족문화』 67 참조.

철도차량공장을 서술할 때 조선 내 철도차량공업을 분석했다. 또한 최근에는 일본을 중심으로 서구에서 기술을 도입하고 이를 식민지로 전파하는 기술이전의 관점에서 ㈜용산공작을 분석하기도 했다.[2]

다른 한편으로 총동원체제기 인천의 군수공업 발달을 중심으로 분석을 시도한 지역사 연구가 존재한다. 일련의 연구들은 일제시기 인천의 중공업 발달이 중일전쟁을 계기로 어떻게 주목받았는지, 다양한 시야에서 확인하는 작업을 수행했다.[3] 철도차량공업을 소재로 한 이 연구는 인천의 공업화가 가졌던 제국의 군사적 목적을 보다 명확히 한다는 점에서 기여할 수 있으리라 생각한다.

이상의 연구를 기반으로 삼아 이 글에서는 2.26 사건 전후 조선에서 철도차량 증산을 요구하는 목소리가 커지는 상황, ㈜일본차량제조가 인천의 매립지를 선택해 공장을 설립하고 확장하는 과정, 실제 생산량의 변화상, 해방 이후의 변천 등을 살펴보아 인천 북항에 설립되었던 대표적인 일제 중공업 공장의 성격을 명확히 해보고자 한다.

---

[2] 澤井實, 1998 『日本鐵道車輛工業史』, 日本經濟評論社 ; 2023 『日本帝国圈鉄道史 : 技術導入から東アジアへ』, 名古屋大學出版會

[3] 배석만, 2009 「일제시기 조선기계제작소의 설립과 경영(1937~1945)」 『인천학연구』 1-10 ; 이상의, 2016 「아시아·태평양전쟁기 일제의 '인천조병창' 운영과 조선인 학생 동원」 『인천학연구』 1-25 ; 조건, 2021 「일제 말기 仁川陸軍造兵廠의 地下化와 강제동원 피해」 『한국근현대사연구』 98 ; 양지혜, 2021 「총력전과 바다 : 전시체제기 인천항 연안의 변용」 『역사와 현실』 121 ; 류창호, 2023 「1920~30년대 '대인천' 건설 운동과 지역주의-인천부세진흥회와 일본인 유력자의 활동을 중심으로-」 『역사와 현실』 128

1. 철도차량회사의 식민지 투자 배경

1) 2.26 사건 이후 철도차량 수요 급증

1933년 하반기부터 대장성을 중심으로 일본 정부는 이른바 '재정건전화'를 위한 공채 점감(漸減) 정책을 추진했다.[4] 이 정책은 만주사변과 만주국 성립 이후 대소련국방정책을 명분으로 중단없는 군사비 증액을 요구했던 육군성 등 군부의 반발을 부를 수밖에 없었다.[5] 1935년 예산편성 때는 육군성은 6억 엔이 넘는 예산을 제출했는데, 대장성은 4억 5천만 엔만 승인하며 갈등이 폭발했다. 결국 4억 9,127만 엔으로 절충했지만, 군부의 불만은 쌓이고 있었다.[6] 재정정책부터 표출됐던 갈등은 전 총리와 대장대신의 암살로 귀결된 2.26 사건의 발발로 이어졌다.

2.26 사건의 주도 세력이었던 황도파는 몰락했으나, 이후 육군은 정치적 발언력을 더욱 높였고, 그들이 가장 문제시했던 재정정책의 방향을 국방예산 증대로 전환시켰다.[7] 그런데 5월에 승인된 1936년 실행예

---

[4] 大藏省百年史編集室, 1969 『大藏省百年史 (下)』, 大藏財務協會, 50쪽. 공채점감을 핵심으로 했던 이른바 후기 다카하시 재정에 관해서는 井手英策, 2006 「第4章 後期 高橋財政への転換と財政の「健全化」」『高橋財政の研究』, 有斐閣 참조.

[5] 北岡伸一, 1979 「陸軍派閥対立(1931~1935)の再検討-対外·国防政策を中心として-」 『年報 近代日本研究 - 1 昭和期の軍部』, 山川出版社, 83~83쪽 ; 井手英策, 2006 위의 책, 171쪽

[6] 大前信也, 2017 『陸軍省軍務局と政治 : 軍備充実の政策形成過程』, 芙蓉書房出版, 152~162쪽

[7] 일본육군은 2.26 사건 직후 히로타 고키(広田弘毅) 내각이 성립하기 전부터 내각 인선에 개입하며 국방 강화를 강조했다. 히로타 내각의 대장대신으로 임명된 바바 에이치(馬場鍈一)는 "보통세입은 그대로 두고 비상시 적자재정의 형태를 계속해 나가는 것이 적당하다고 보고 있다"고 언급하며 새 내각의 재정정책을 준전시(準戰時) 재정이라 명명했다. 군사비 중심의 재정팽창을 공식화한 조치였다(永広顕, 1994 「国債管理と預金部資金-馬場財政期の国債管理政策」 『甲南経済学論集』 187,

산에서 군사예산 명목으로 가장 먼저 이루어진 증액은 일본 본토가 아닌 식민지 조선에 조달되는 조선사업공채 발행예산이었다. 2.26 사건 이전에 편성되었던 예산보다 늘어난 882만 엔은 부산항, 마산항 수축과 새로운 종관철도인 중앙선 신설 및 철도 개량에 조달될 자금이었다. 증액 사유는 만주사변으로 인한 소련의 극동 군비 강화에 대응한다는 명목이었다. 경부선을 보완하는 종관철도의 반복 부설이었고, 2.26 사건 이후 내각의 목표가 드러나는 군사적 성격의 예산 증액이었다. 재정 측면에서 중일전쟁은 사실상 2.26 사건 직후부터 시작되고 있었고, 출발은 조선의 교통망 확충이었다.[8]

철도에 한정해 살펴보면 1936년 2.26 사건 직후 확정된 중앙선 부설 이후 일본정부는 조선철도에 조달되는 자금을 건설비 중심에서 개량비 중심으로 조정했다. 조선총독부는 예산편성을 결정한 권리를 갖지 못했고, 일본정부의 승인이 필요했다. 특히 보충금과 함께 일본으로부터의 자금조달로 이해될 수 있었던 조선사업공채 발행은 매년 예산협상에서 관건이 되는 부문이었다.[9] 철도 건설과 개량에 소요되는 자금은 거의 전액 사업공채 발행을 통해 조달되었기 때문에 건설비 중심에서 개량비 중심으로 조정된 것도 조선철도망 운영에 관한 일본정부의 의지 표현이었다.

64쪽 ; 藤田安一, 2001 「1930年代日本における戰時財政政策の展開」『鳥取大学教育地域科学部紀要 地域研究』 2-2, 49~56쪽).
8 박우현, 2023b 「1930년대 중반 조선사업공채 발행과 교통망 구축의 불균형」 『한국사연구』 201, 138~148쪽
9 물론 발행된 공채를 인수하는 과정에 관여했던 대장성 예금부의 자금원에 조선에서 흡수한 우편서금도 있다는 점에서 무조건 일본으로부터의 자금조달로 설명할 수는 없다. 이와 더불어 조선총독부가 갖지 못했던 예산편성을 스스로 결정할 권한, 사업공채 발행 권한에 관해서는 박우현, 2023a 「1930년대 전반 조선총독부 예산편성과 인프라 투자의 단기화 - 1932년 조선사업공채 발행예산을 중심으로 -」 『한국사학보』 91, 254~255쪽 참조.

〈표 1〉 1936년 12월 현재 철도건설 및 개량비 계획 (단위: 엔)

	철도 건설비		철도 개량비	
	기존	개정	기존	개정
1937년	37,400,000	30,304,000	9,443,000	34,000,000
1938년	38,090,000	32,125,500	8,110,000	28,689,500
1939년	39,904,397	32,649,487	6,299,013	28,650,513
1940년	38,243,829	33,009,829	4,266,171	28,290,171
1941년	8,195,819	24,686,702	4,406,798	25,713,298
1942년		9,058,527		10,414,473
1943년				380,000
1944년				2,945,000
1945년				3,040,000
합계	161,834,045	161,834,045	32,524,982	162,122,955

출처: 1936.12.16「鐵道建設及改良費要求額査定內譯」『昭和財政史資料 第7号 4冊』(平15財務00809100 国立公文書館)

〈표 1〉은 1937년 조선총독부특별회계 예산편성과 함께 수정된 향후 조선의 철도건설 및 개량비 계획이다. 기존은 1년 전인 1936년 예산편성 당시의 계획이고, 개정은 1937년 예산편성 과정에서 수정된 향후 계획이다. 건설비는 1936년 예산편성 당시와 총액의 변화가 없고, 개정안과 기존안을 비교하면 1937~1940년까지 감액된 부분을 1941년 이후로 미루고 있음을 확인할 수 있다.

반면에 개량비는 계획 전체 총액은 1억 2천만 엔 이상 늘어났고, 1936년 당시 계획과 비교해 개정안은 매해 3~4배가량 늘어났고, 1945년까지 계획이 책정되었음을 알 수 있다. 중앙선 부설을 긴급 승인했던 1936년 실행예산 편성 이후 일본정부는 조선철도정책의 초점을 건설에서 개량으로 전환했음을 보여주는 것이다.

그렇다면 급격히 늘어난 개량비 예산의 구성은 어떠했을까? 늘어난 개량비는 만주사변, 만주국 성립 그리고 2.26 사건 이후 중국 침략을 염두에 두었던 일본육군의 요구에 편승한 것으로 핵심은 일본-만주 간 수송능력 증대였다. 이에 따라 개량비는 사실상 경부선과 경의선 그리고 이를 보완할 종관노선에만 집중되었다. 세부적인 통계는 찾을 수 없지만, 1937~1945년간의 개량비 계획 중 가장 큰 비중을 차지한 세목은 경부선의 부산-삼랑진, 대전-영등포 구간의 복선화 공사였다.[10] 조선철도망에 대한 복선화 작업은 앞서 언급했던 2.26 사건 직후 히로타 내각이 1936년 실행예산에 부산-신의주 구간 복선화 공사를 추가하면서 시작되었다.[11] 중앙선 긴급 승인과 같은 맥락이었는데, 늘어나는 군사수송 수요에 대응하기 위한 종관철도 확충 조치였다.[12] 복선화 이외에 부산-신의주 즉, 경부·경의선에 수송능력을 배가할 수 있는 긴 열차를 운행하기 위한 정차장, 선로개량 및 열차회수 증가, 수해 시 노선 침수를 막기 위한 선로 상승 비용이 포함되었다.[13]

복선화 다음으로 많이 늘어난 개량비가 철도차량비 58,132,492엔이

---

10 1937.03.23 「第七十回 帝國議會 貴族院 朝鮮事業公債法中改正法律案特別委員會議事速記錄第一號」, 7~8쪽

11 大藏省, 1936.05 「朝鮮總督府昭和十一年度歲出實行豫算追加額事項別表」 『第六十九回帝國議會提出(第二號) 昭和十一年度歲入歲出實行豫算追加參考書』(平22財務01360100 国立公文書館)

12 복선화 개량의 뒤늦은 시작은 1935년까지 조선철도의 1km 당 개량비 수준이 일본은 물론 대만보다 낮았던 상황을 반영한다. 대만철도의 복선화가 지룽(基隆)-타이베이(臺北) 구간이 이미 완성되고 1935년 주난(竹南)까지 연장되어 북부 종관선이 사실상 완료되었던 것에 비하면 조선철도의 복선화는 상당히 늦어지고 있었다. 복선화 개량은 가급적 식민지 철도의 영업수입에 의존하고자 했던 식민본국의 의도에 따른 것으로 보인다. 실제로 1934년 이후 조선철도가 유의미한 순익을 거두기 시작하자 일본은 조선에 보통재원 조달에 의한 복선화 개량비를 책정했다. 그러나 만주국 성립 이후 일본에서 만주로의 수송량 폭증과 체화의 심화, 대소국방정책 강화라는 측면이 육군으로서 시급했기 때문에 추가로 사업공채를 발행해 복선화를 서둘렀다고 볼 수 있다(박우현, 2023b 앞의 글, 144~145쪽).

13 1937.03.23 「第七十回 帝國議會 貴族院 朝鮮事業公債法中改正法律案特別委員會議事速記錄第一號」, 9쪽

었다. 이는 제국의회에서도 질문의 대상이 되었다. 1937년 3월 23일에 열린 제70회 제국의회 귀족원 조선사업공채법 중 개정법률안 특별위원회에서 이와무라 히토키(岩村一木)는 개량비 증액에 관한 총괄적인 질문에서 차량비와 관련해 이 정도 예산이면 어떤 철도차량을 얼마나 만들 수 있는지 질문했다.[14] 이에 관해 정부위원으로서 오노 로쿠이치로(大野緑一郎) 조선총독부 정무총감을 보좌했던 철도국장 요시다 고(吉田浩)는 속기 중지를 요청했다.[15] 복선화나 선로개량 등 철도개량비 증액과 관련된 다른 세목에 관한 답변은 속기를 중단하지 않았던 것과 비교하면 철도차량 생산을 군사적 보안의 문제로 인식하고 있었음을 확인할 수 있다.[16] 실제 이날 해당 특별위원회에서 정무총감과 철도국장이 15건이 넘는 질문에 답변하며 속기 중지를 요청한 사안은 철도차량과 소비에트 관계 치안 질의뿐이었다. 앞서 1936년 5월의 제국의회에서 중앙선 부설을 심의할 때도 갑자기 신규노선 부설을 승인한 사정에 대한 답변을 요구하자 척무대신의 속기 중지 요청이 있었다. 국방상 의미가 있다는 이유였다.[17]

---

14 1937.03.23「第七十回 帝國議會 貴族院 朝鮮事業公債法中改正法律案特別委員會議事速記錄第一號」, 7~8쪽

15 1937.03.23「第七十回 帝國議會 貴族院 朝鮮事業公債法中改正法律案特別委員會議事速記錄第一號」, 9쪽

16 일제시기 조선 내 교통기관에 대한 제국의회에서의 속기 중지는 식민지배 초기부터 존재했다. 초대 총독인 데라우치 마사타케(寺内正毅)도 1911년 2월 20일「조선사업공채법」을 심의하는 중의원 특별위원회에서 '불행한 소란' 시 조선의 어느 곳에 군대를 배치해야 하는지, 철도건설과 항만 수축이 이를 대비하고 있는지 교통기관에 관한 질문을 받자 속기 중지를 요청했다(박우현, 2023c「1911년「朝鮮事業公債法」제정과 식민지 교통망 구축의 향방-대만과의 비교를 중심으로」『대동문화연구』122, 305쪽).

17 1936.05.18「第六十九回帝國議會 衆議院 朝鮮事業公債法中改正法律案委員會議錄(速記)第二回」, 23쪽. 이외에도 중앙선 승인을 다뤘던 제69회 제국의회의 조선사업공채법 중 개정법률안 위원회는 속기중지와 비밀회 전환이 빈번했다. 경제성보다 군사적 필요성에만 경도되었던 신규 종관철도망 부설에 대한 의문 제기가 많았기

그만큼 1937년 시점에 기관차 등 철도차량 생산은 전쟁을 준비하고 있던 일본에서 중요 사항이었다. 더구나 침략의 통로이자 군사수송, 병참을 담당해야 했던 조선 철도에 편성될 차량의 증대는 기밀 사항이었다. 제국의회에서는 속기 중지 사항이었으나, 1938년 9월에 열린 조선총독부시국대책조사회에 제출된 자문안 참고서나 신문기사에 흔적이 남아 있다. 자문안 참고서 중 '군수공업의 확충에 관한 건'에는 철도차량에 관한 내용이 포함되어 있는데, 조선총독부는 1937년부터 조선총독부 철도국과 조선 내 사설철도회사의 철도차량 수요를 〈표 2〉와 같이 전망하고 있었다. 큰 틀에서 이 수치는 앞서 1937년 예산편성과 함께 계획된 향후 철도차량비를 고려한 것으로 볼 수 있다. 언론 보도상의 수치와 조금씩 다르지만, 조선총독부 철도국은 1937년부터 1941년까지 '차량증비5개년계획'을 세우고 수송문제 해결을 도모했다.[18] 〈표 2〉는 이 계획안의 성격을 가진다.

무엇보다 중요한 것은 철도차량 증대도 조선의 철도개량비에서 중요한 사안으로 자리했다는 점이다. 철도개량비 자체가 건설비보다 중요해지고 비슷한 비중을 차지하게 된 것은 1936~1937년부터였다. 애초에 1㎞당 개량비(결산 기준)가 2천 엔을 넘은 것도 1935년이 처음이었다. 대만이 1926년부터 2천 엔을 넘었고, 일본이 그 이전에 이미 1만 엔을 넘었던 것과는 큰 차이가 있었다.[19] 오랫동안 조선철도정책은 개량보다는 건설이 중심이었다.

때문이다(1936.05.20 「第六十九回帝國議會 衆議院 朝鮮事業公債法中改正法律案委員會議錄(速記)第四回」, 2쪽 ; 1936.05.21 「第六十九回帝國議會 衆議院 朝鮮事業公債法中改正法律案委員會議錄(速記)第五回」, 2쪽).

18 「お客幾らでも來い, 機關車や客貨車新造」『京城日報』1937년 4월 1일 ; 「明年度車輛增備, 總額千八百萬圓か」『京城日報』1937년 7월 31일

19 박우현·정태헌, 2020 「일제시기 철도재정의 식민지성 -회계과목 분석과 순익 추산을 중심으로-」『한국사학보』 78, 236~238쪽

〈표 2〉 1937년 이후 조선 내 철도차량 수요 예상 (단위 : 량)

연도	차종	조선총독부 철도국	사설철도회사	합계
1937년	기관차	60	22	82
	객차	91	50	141
	화차	863	142	1,005
1938년	기관차	115	19	134
	객차	122	14	136
	화차	1,464	219	1,683
1939년	기관차	148	42	190
	객차	246	71	317
	화차	3,460	293	3,753
1940년	기관차	182	34	216
	객차	210	58	268
	화차	4,142	366	4,508
1941년	기관차	196	14	210
	객차	242	45	287
	화차	4,280	144	4,424
합계	기관차	701	131	832
	객차	911	238	1,149
	화차	14,209	1,164	15,373

출처: 1938.09 「朝鮮總督府時局對策調査會諮問案參考書 (軍需工業ノ擴充二關スル件)」(민족문제연구소 편, 『日帝下 戰時體制期 政策史料叢書 第73卷』, 2000), 79쪽

    물론 조선철도에 대한 자금조달에 개량비 비중이 커졌다고 해서, 대륙 연결성 강화를 핵심으로 하는 정책의 방향성이 달라지는 것은 아니었다.[20] 개량비 세목 중 경부·경의선의 복선화뿐 아니라 철도차량 생산능력을 늘리는 것 역시 종관노선의 열차회수 증가, 편성차량 증대로 이어지는 대륙 연결성 강화의 한 방법이었기 때문이다. 이는 중일

---

[20] 군사적 필요성을 최우선 목표로 해 종관철도의 중복 부설로 나타난 일제시기 한반도 철도망 구축의 종합적 특성에 관해서는 박우현, 2024a「일제시기 조선철도 건설의 성격에 관한 세계사적 검토」『식민지적 근대와 조선 사회 1』, 선인 참조.

전쟁 이후 사실상 조선총독부 예산편성에 직접 개입했던 군부의 요구사항에서도 확인된다.

2.26 사건 이후 일본육군은 조선군을 통해 총독부에 다양한 사안을 요구했는데, 대부분 재정지출이 필요한 교통 인프라 확충, 산마(産馬) 계획, 나진 등 함경북도 도시계획 등이었다. 철도에 한정해 보자면 1936년의 요구사항은 남북 종관선(중앙선) 신설, 경부·경의선의 수송 능력 향상에 초점을 맞추고 있었다.[21]

한편 1938년 12월 2일자로 조선군사령부가 작성한 「조선군 제시설 희망 요강의 건(朝鮮軍諸施設希望要綱ノ件)」에는 당시 육군이 총동원 체제 운영을 위해 조선에 요구하고자 했던 사안이 담겨 있는데, 철도·항만과 관련해 "차량 증비 및 공장 시설 확충을 1939년도 총독부 예산에 추가 요구해 현재 심의 중"이라는 내용도 포함되어 있다.[22] 1939년 9월 29일 육군성 교통과에서 작성해 조선총독부에 요구한 「국방상 긴요한 조선철도·항만 능력증강에 관한 요망(國防上緊要ナル朝鮮鐵道港灣能力增强二關スル要望)」에도 철도차량 증대는 주요한 요구로 포함되었다. 특히 1939년 9월의 문서는 조선의 종관철도가 1942년 말까지 조선 남부의 여러 항만에서 매일 군용 55대의 열차를 국경으로 향하게 할 수 있도록 하는 것을 목표로 할 것을 요구하고 있다.[23] 이처럼 중앙선 신설, 종관철도 복선화 개량과 함께 철도차량의 증대가 중일전

---

21 1936 「朝鮮軍ト總督府間トノ關連事項」(민족문제연구소 편, 2000 『日帝下 戰時體制期 政策史料叢書 第60卷』) ; 陸軍省, 「陸軍次官ヨリ朝鮮政務總監ヘ懇談要旨」 1936년 8월(민족문제연구소 편, 2000, 『日帝下 戰時體制期 政策史料叢書 第60卷』).

22 朝鮮軍參謀長 北野憲造, 1938.12.02 「朝鮮軍諸施設希望要綱ノ件」『陸軍省大日記-密大日記-第4冊 昭和14年』(陸軍省-密大日記-S14-4-8 防衛省防衛硏究所)

23 陸軍省 交通課, 1939.09.29 「國防上緊要ナル朝鮮鐵道港灣能力增强二關スル件」『陸軍省人日記-陸滿密人日記-昭和14年 「滿受人日記 第19号」』(陸軍省-陸滿密大日記-S14-15-69 防衛省防衛硏究所)

쟁을 전후한 시기부터 일본 정부가 설정한 조선철도 정책의 핵심으로 자리했다.

2) 군수공업의 확충 도모와 ㈜일본차량제조의 조선 진출

인천의 대표적 중공업 공장이었던 조선기계제작소는 조선총독부가 1936년 10월에 개최하였던 조선산업경제조사회에서의 논의를 바탕으로 설립된 바 있다.[24] 이와 달리 철도차량 회사의 설립은 해당 회의에서 깊게 논의되지 않았다. 다만 자문답신안 시안 중 교통 부문에서 기설철도의 개량 중 "차량의 증비 개량과 아울러 수송력의 증대 및 속도 상승을 도모할 필요가 있다"고 언급하는 수준이었다.[25]

그런데 1938년 9월 6일부터 9일까지 개최되었던 조선총독부시국대책조사회는 달랐다.[26] 철도차량의 부족이 여러 갈래에서 강조되었다. 교통기관의 정비를 다뤘던 제3분과회 회의에서 쿠도 요시오(工藤義男) 조선총독부 철도국장은 군사적 수송을 고려해야 하는 조선철도망은 경부·경의선의 복선화와 함께 철도차량 특히 기관차와 화차의 부족을 문제로 지적했다. 차량 증대가 수송력 증대를 위한 중요한 문제라고 강조했다.[27] 두 회의 사이 어느 시점부터 철도차량에 대한 중요성이 조선에서 커졌다고 판단할 수 있다.

---

24 배석만, 2009 앞의 논문, 3~4쪽
25 朝鮮總督府, 1936.10 『朝鮮産業經濟調査會諮問答申案試案』, 48~49쪽
26 조선산업경제조사회와 조선총독부시국대책조사회의 성격에 관해서는 川北昭夫, 1996 「1930年代の朝鮮工業化論議」『論集 朝鮮近現代史 - 姜在彦先生古稀記念論文集』, 明石書店 ; 이승렬, 1996 「1930년대 전반기 일본군부의 대륙침략관과 '조선공업화'정책」『국사관논총』67 ; 방기중, 2003 「1930년대 朝鮮 農工倂進政策과 經濟統制」『동방학지』120 참조.
27 朝鮮總督府, 1938.09 『朝鮮總督府時局對策調査會會議錄』, 479쪽

시국대책조사회를 개최하기 전인 1938년 7월 말에 작성된 「조선산업경제조사회 답신사항 처리 개요」에도 철도차량은 비교적 자세히 서술되어 있다. 실제 조선산업경제조사회에는 간단히 언급했던 것에 비해 오히려 사후 보고가 더 자세한 격이었다. 철도개량을 도모하는 일환으로 차량에 대한 처리 개요가 다음과 같이 서술되어 있다.

실시 완료 : 1937년 완성으로 계획했던 신규 차량 계획 중 자재 문제로 작업이 지연된 부분을 1938년으로 이월했는데 그 중 기관차 14량, 객차 8량(협궤 3량 포함), 화차 323량(협궤 15량 포함)은 7월까지 완성했고, 1938년 계획 중 화차 41량은 이미 완공했다.

실시 중 : 1938년 중에 기관차 101량(협궤 2량 포함), 객차 135량(전년 계획 이월 18량 및 협궤 2량 포함), 화차 1,331량(전년 계획 이월 58량 및 협궤 15량 포함, 본년 계획 중 완성한 41량 제외)을 증비할 예정으로 일부는 철도국 공장에서 이를 제작하지만, 대부분은 민간차량제조주식회사에 이 제작을 청부해 진행 중이다.[28]

인용문의 계획이란 앞서 언론에서 '차량증비5개년계획'이라고 명명했던 것이고 내용은 〈표 2〉에 해당한다. 해당 서술에서 주목할 부분은 철도차량의 제작 방식이다. 일부는 조선총독부 철도국 산하 공장에서 제작하지만, 대부분은 민간차량제조사에 발주해 제작하고 있었다. 그런데 여기서 말하는 민간차량제조사는 조선에 있었던 회사만을 의미하지 않았다. 1937년 10월 이전으로 한정하면, 조선에서 철도차량을 제작하는 회사는 1927년부터 화차를 생산해 철도국에 공급했던 ㈜용산공작뿐이었다. 나머지는 일본의 민간차량제조사로부터 이입(移入)

28　朝鮮總督府, 1938.07 『朝鮮産業經濟調査會答申事項處理槪要』, 47~48쪽

하는 것에 기대고 있었다.[29] 조선총독부는 1937년 철도차량 수요(<표 2>)와 조선에서 가능한 공급을 비교하면 기관차는 74량, 객차는 77량, 화차는 425량이 부족하다고 파악하고 있었다.[30] 기관차는 9.8%, 객차는 45.4%, 화차는 57.8%만 조선 내 공급이 가능하다는 판단이었다.

이처럼 2.26 사건 이후 조선철도망에 대한 차량 증대 요구가 늘어나고, 총독부 예산이 늘어나는 등 계획은 추진되기 시작했지만, 조선 내 생산능력으로는 소화할 수 없어 보였던 1937년 초에 일본 내 철도차량 제작회사 중 판매총량 상위 5개사 중 하나였던 ㈜일본차량제조[31]가 전격적으로 조선 진출을 선언하고 공장 부지로 인천을 택했다.[32]

㈜일본차량제조는 증기기관차 제작 판매에 있어 일본 내 상위 5개사 중 하나였지만, 세계대공황의 여파로 1932년 상반기 매출액이 1929년 상반기의 30%에 불과할 정도로 떨어졌고, 1930년 하반기부터 1933년 상반기까지 평균 납입자본금 대비 이자수익율도 부진에 빠지는 위기를 겪었다. 이후 1932년 하반기부터 회복이 시작되었는데, 매출을 회복할 수 있었던 원동력은 일본 철도성이나 일본 내 사설철도로부터의 발주가 아닌 만주·몽고·조선 등 수이출용 차량발주의 증가였다.[33] 이른바 만주사변 이후 만주국의 등장, 이와 연계한 대소련국방정책의 영

---

29 朝鮮總督府 鐵道局, 1940 『朝鮮鐵道四十年略史』, 329~330쪽
30 조선총독부 철도국 공장에서 기관차 6량, 객차 56량, 화차 121량을 ㈜용산공작에서 기관차 2량, 객차 8량, 화차 459량을 제작해 공급할 수 있을 것으로 계산했다 (1938.09「朝鮮總督府時局對策調査會諸問案參考書(軍需工業ノ擴充二關スル件)」(민족문제연구소 편, 『日帝下 戰時體制期 政策史料叢書 第73卷』, 2000), 77쪽).
31 1930~1936년 증기기관차 판매 총량 상위 5개 사는 川崎車輛, 汽車製造, 日立製作所, 日本車輛製造, 三菱重工業이었다. 상위 5개 사의 생산집중도는 95.1%에 달했다 (澤井實, 1998 앞의 책, 185쪽).
32 「日本車輛製造會社 仁川에 工場新築 敷地三萬坪買收交涉」『每日申報』1937년 1월 28일
33 澤井實, 1998 앞의 책, 194~195쪽

항 등에 힘입은 회복이었디.³⁴

　철도성이나 일본 내 사설철도가 아닌 일본의 대륙침략과 연결된 지역에서의 발주가 늘어나며 1929년 이전의 이익률을 넘어서기 시작하자, ㈜일본차량제조는 대규모 공장 설비의 확대 및 신설을 도모했다. 규모 확대의 방침은 2가지였다. 첫 번째는 나고야(名古屋) 본점 공장과 도쿄공장의 확대 그리고 두 번째는 대륙으로부터의 차량 수주와 납품을 신속하게 하기 위한 현지 공장 신설이었다.³⁵ 공장 신설의 방향이 늘어나는 이윤으로 향하는 것은 이윤극대화를 노리는 기업의 성격상 당연했고, 그 결과는 대륙으로의 통로였던 한반도에 공장을 세우는 것이었다. 전쟁이 만든 식민지 개발의 전형이었다.

　공장 신설 자금은 1934년 이래 회복한 이익을 바탕으로 한 자기자금 충당과 함께 1,000만 엔이었던 자본금을 2,000만 엔으로 늘리는 증자를 결의해 마련했다. 다만 1936년 당시 불입자본금은 1926년 8월 120만 엔 불입 이래 625만 엔에 불과했기에 이를 채우는 것을 우선해야 했다. 1937년 2월 불입자본금은 750만 엔이 되었고, 1938년 5월 나머지 불입을 완료해 자본금 1,000만 엔이 되었다. 이후 1938년 4월 임시주주총회에서 자본금 2배 증자안을 채택했고, 1938년 8월 250만 엔 불입을 완료해 자본금은 1,250만 엔이 되었다.³⁶ 이를 토대로 ㈜일본차량제조는 일본 내 공장 확장과 더불어 인천공장 신설을 추진했다.

　㈜일본차량제조는 1937년 1월 26일 인천부윤과 간담 결과, 인천부

34　對蘇聯國防政策과 조선의 종관철도망 수요 증대에 관해서는 北岡伸一, 1979「陸軍派閥対立(1931~1935)の再検討-対外·国防政策を中心として-」『年報 近代日本研究 - 1 昭和期の軍部』, 山川出版社, 83쪽 ; 박우현, 2024b「1930년대 초 조선총독부의 재정 위기와 제국의 차별적 대응 - 1933년 조선사업공채 발행예산을 중심으로 -」『한국사학보』94, 137~138쪽 참조.
35　日本車輛製造株式会社 編, 1977『日本車輛80年のあゆみ』, 日本車輛製造, 141쪽
36　日本車輛製造株式会社 編, 1977 위의 책, 141~142쪽

송현리 매립지 중 일부를 평당 10엔으로 구입하고, 매립을 완료하는 직후인 3월 중에 공장을 건설하기로 했다.[37] 1937년 1월은 일본이 중일전쟁을 도발하기 전이다. 회사로서는 상당히 이른 시점에 식민지에 공장을 건설하는 공격적 결정을 한 셈이었다. ㈜일본차량제조도 사사(社史)에 1937년 9월 군수공업동원법 시행으로 전시체제의 확립이 이루어지기 전에 독자적으로 진출을 계획했다고 서술했다.[38]

그렇지만 앞서 2.26 사건 이후 사실상 육군의 의도대로 결정되었던 예산편성 당시에 급증했던 철도차량비나 군 관련 문서에 등장하는 조선철도의 차량 증비 요구 등에서 확인할 수 있듯이, 이미 1936년부터 조선철도정책의 주요 부문으로 철도차량 증비가 포함되어 있었다. ㈜일본차량제조의 식민지 공장 건설은 기업의 이윤극대화 욕구와 군부 등 정부의 군사적 목표를 함께 충족시키는 결과였다.

일제가 ㈜일본차량제조 인천공장을 군사적으로 중요한 업체로 여기고 있었음은 앞서 언급한 조선총독부시국대책조사회 자료를 통해서도 확인할 수 있다. 철도와 관련된 다른 내용은 일반적으로 '육상교통기관의 정비에 관한 건'에 수록되어 있지만, 철도차량에 대해서는 '군수공업의 확충에 관한 건'에 포함되어 있었다. 이러한 체제는 2가지 의미로 이해된다. 먼저 철도차량 제작은 교통업이라기보다는 기계공업 혹은 중공업으로 분류되는 공업의 맥락으로 분류했다는 점이고, 다른 하나는 차량 제작은 다른 철도 업무와 달리 민간 기업에 기댈 수밖에 없었다는 점이다. 「조선총독부시국대책조사회자문답신서」(1938.09.) 내

---

37 「仁川に進出する日本車輛會社一ケ年生產額一千萬圓突破, 職工一千人を使用」『朝鮮新聞』1937년 1월 29일 ; 「仁川に建設の日本車輛工場」『京城日報』1937년 1월 29일

38 물론 철도성 및 조선총독부 등의 방침과 맞물려 적극적인 지원이 있었다는 서술도 포함하고 있다(日本車輛製造株式会社 編, 1977 앞의 책, 142쪽).

'군수공업의 확충에 관한 건'에 철도차량의 확충 방법에도 "㈜용산공작 및 ㈜일본차량의 증대, 신설에 의해 증산을 도모하고자 함"이라고 작성한 것에서도 민간 기업에 의존해 생산력 증대를 기대했음을 확인할 수 있다.[39]

2. ㈜일본차량제조 인천공장의 확장과 생산 실적

1) 인천공장의 설립과 당국의 지원

㈜일본차량제조가 구입한 송현리 매립지는 현재 인천광역시 동구 화수로 44 일원을 포함하는 구역으로 처음에 이 지역에 대한 공유수면매립 면허를 발급받은 인물은 인천을 중심으로 활동했던 재조일본인 자본가 요시다 히데지로(吉田秀次郎)[40]와 1936년 당시 경기도 도회 의원이자 인천부회 부의장이었던 김윤복(金允福),[41] 인천부회 의원이자 재향군인회 회장이고 전 인천공립상업학교장이었던 무카이 마코토(向井最一)였다.[42] 이들은 지역 자본가로서 인천항과 가까운 북부 해안 매립을 통해 대공장을 유치하는 것에 관심을 두고 있었다.[43] 이들은 인천부 송현리 일대 매립사업 면허를 신청했고, 1936년 5월 19일

---

39 朝鮮總督府, 1938.09 『朝鮮總督府時局對策調査會諮問答申書』, 142쪽
40 요시다 히데지로의 활동에 관해서는 이가연, 2018 「在朝日本人 吉田秀次郎의 자본축적과 '식민자'로서의 지역적 위상」 『지역과 역사』 43 ; 류창호, 2023 앞의 논문 참조.
41 김윤복에 관해서는 손민환, 2017 「일제강점기 금속류 헌납 사진으로 본 인천지역사」 『한일민족문제연구』 32, 285~289쪽
42 京畿道, 1936.05.19. 「公有水面埋立免許ノ件」 『仁川府 松峴町地先』(1939, CJA0015645)
43 류창호, 2023 앞의 논문, 307~311쪽. 중일전쟁 이후 해면 매립을 통한 인천의 공장 용지 공급은 양지혜, 2021 앞의 논문, 157~167쪽 참조.

인가받았다. 매립 면적은 총 35,924평이었고 1936년 6월 5일부터 매립에 착수했다.[44]

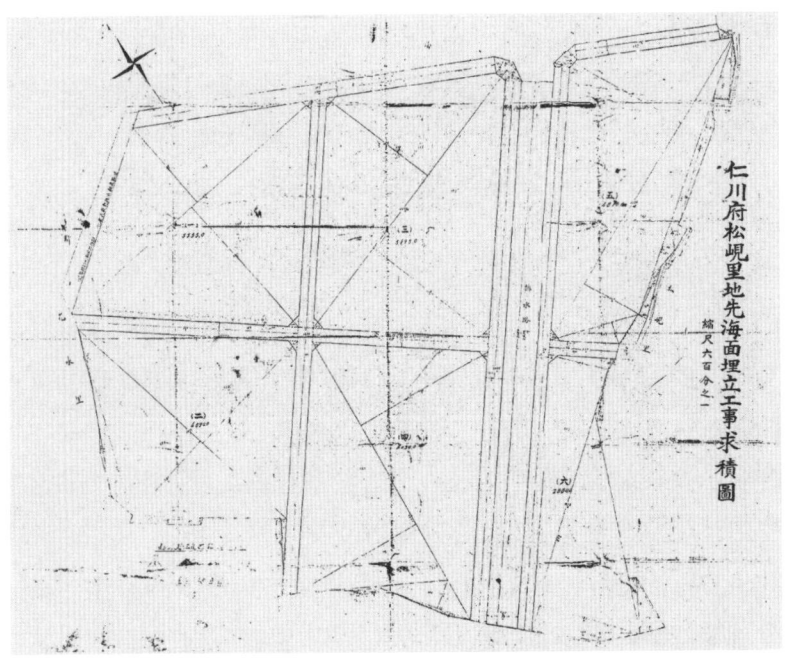

〈그림 1〉 1936년 5월 19일 인가 당시 인천부 송현리 근처 해면 매립공사 구적도
출처: 仁川府尹 → 內務府長 殿, 1937.04.13「松峴町地先海面埋立計畫變更申請ノ件」『仁川府 松峴町地先』(1939, CJA0015645)

인가받은 매립지 구역은 〈그림 1〉과 같다. 1937년 1월 28일 ㈜일본차량제조는 이 매립지 중 (1)과 (3) 구역 11,908평을 약 12만 엔에 양도받았다. 매립공사가 마무리되는 대로 철도차량공장을 건설할 계획이었다.[45] 인천공장에 대한 ㈜일본차량제조의 계획은 우선 화차만을

---

44 仁川府尹 → 京畿道內務部長 殿, 1936.06.24「公有水面埋立工事着手屆ノ件」『仁川府 松峴町地先』(1939, CJA0015645)

생산하다가 점차 객차와 기관차 제작으로까지 확대하는 방향이었다. 공장이 준공도 하기 전에 조선총독부 철도국은 화차 300량을 인천공장에 주문한 상황이었다.46

굴지의 철도차량 기업이 인천에 공장을 만들기로 하자, 이전까지 조선에서 유일하게 철도차량을 제작했던 ㈜용산공작도 일본 회사에 합병된다는 소문이 돌기도 했다. ㈜일본차량제조가 ㈜용산공작도 매수한다던가, 또 다른 철도차량 기업인 히타치(日立)제작소와 교섭이 진행 중이라는 이야기도 등장했다. 물론 사실이 아니었다.47

㈜일본차량제조는 매립이 끝나가자 빠르게 공장건설을 시작했다.48 1개월에 객차 5량, 화차 50량 생산을 목표로 하는 공장이었다.49 매립지에 대한 준공 인가를 받기 전에 미리 공장을 건설하겠다고 당국에 요청하는 조치도 취하면서 완공을 서둘렀다.50 〈그림 2〉와 같이 (1)과 (3) 구역 사이에 도로를 제거해 하나의 대지로 설정하는 매립계획 변경51과 준공 신청을 위한 세무서의 실측을 거친 뒤에 ㈜일본차량제조

---

45 「日本車輛の分工場仁川海岸に建つ, 年産三百萬圓をめざして年內に竣工の豫定」『京城日報』1937년 1월 28일. 공식적인 매립권 양도는 1937년 7월 2일부로 허가되었다 (1937.07.02 「公有水面埋立權利讓渡許可願ノ件」『仁川府 松峴町地先』(1939, CJA0015645)).
46 「日本車輛仁川工場愈愈操業開始, 着着施設を改善!」『朝鮮新聞』1937년 10월 15일 ; 「封切の仕事が三百六十萬圓, 仁川の日本車輛分工場當分は組立て專門」『京城日報』1937년 10월 30일
47 「日本車輛が龍山工作に食指, 合倂の瀨踏み的交涉」『京城日報』1937년 2월 14일 ; 「龍山工作買收說 根據가薄弱한말」『조선일보』1937년 2월 20일
48 「松峴里埋立地에 職業學校를 設立」『조선일보』1937년 2월 4일 ; 「三大工場新設 仁川重工業勃興」『동아일보』1937년 6월 16일 ; 「仁川三大重工業 十月에 操業開始」『동아일보』1937년 8월 27일
49 日本車輛製造株式会社 編, 1977 앞의 책, 437쪽
50 1937.07.29 「公有水面埋立竣工認可前使用許可ノ件」『仁川府 松峴町地先』(1939, CJA0015645)
51 仁川府尹 → 內務府長 殿, 1937.04.13 「松峴町地先海面埋立計畵變更申請ノ件」『仁川府 松峴町地先』(1939, CJA0015645)

인천공장 건설을 위해 요시다 히데지로 등으로부터 양도받은 매립지 면적은 기존보다 306평 늘어난 12,214평이었다.[52]

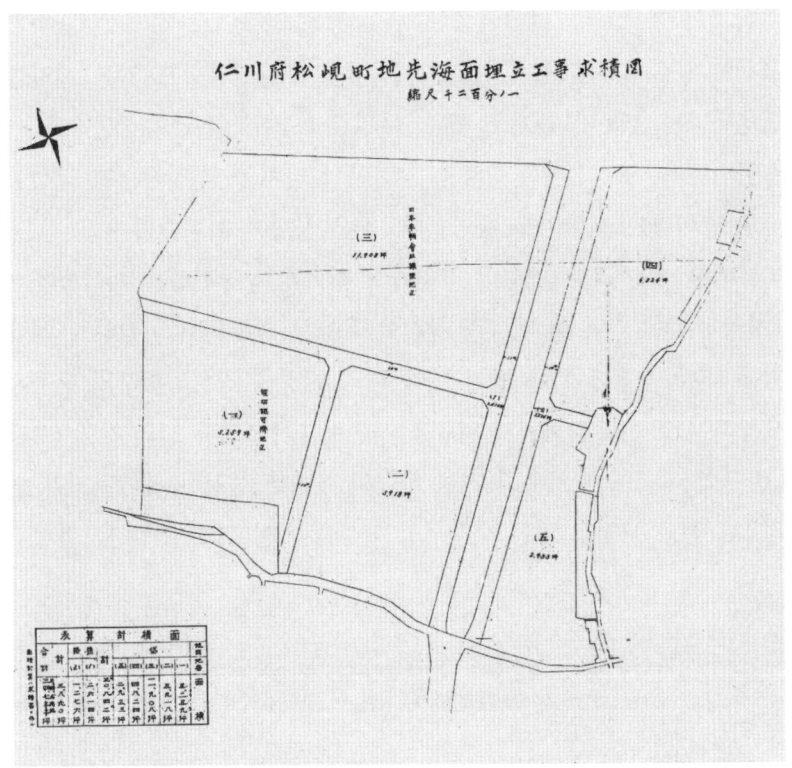

〈그림 2〉 1937년 4월 이후 계획 변경된 인천부 송현리 근처 해면 매립공사 구적도
출처: 1937.12.23 「公有水面埋立工事計畫變更ノ件」『仁川府 松峴町地先』(1939, CJA0015645)

당국도 송현정, 만석정 등 인천항 북부 매립지에 ㈜일본차량제조 인천공장뿐 아니라 조선기계제작소, ㈜조선목재공업 등 대형 공장들

---

52 1938.07.21 「公有水面埋立工事竣工ノ件」『仁川府 松峴町地先』(1939, CJA0015645)

이 들어서자 인프라 지원에 힘썼다. 1937년 초부터 송현정 시장 북측으로 연결하는 간선도로 건설, 하수구 개수 등이 진행되었다.[53] 특히 북부간선도로는 총공사비 17만 엔으로 1937년에는 국고보조 59,400엔이 소요되는 사업이었다. 1937년 9월부터 공사에 들어가 1938년 6월 개통 예정이었으나, 도로부지 거주민 2백여 호의 철거·이전이 지연되어 연말까지 미뤄진 사업이었다.[54]

무엇보다 인천부의 가장 큰 인프라 지원은 부영으로 운영하는 공업철도로 인천역과 공장을 연결하는 작업이었다. 인천 북부 해안 매립이 시작되고, ㈜일본차량제조의 공장건설이 발표된 직후부터 인천역에서 매립지에 들어설 공장들을 연결하는 공업철도 부설이 거론되기 시작했다.[55] 이후 3월 인천부회에서 만장일치로 가결해 부영 공업철도로 부설이 결정되었다. 2.2km의 철도를 1937년 당해 일시 지출 건설비 10만 엔으로 건설하게 되었다.[56] 공장과 인천역을 연결하는 이 철도망은 ㈜일반차량제조 인천공장뿐 아니라 조선기계제작소, ㈜조선목재공업 등 인천 북부 해안 매립지에 설립된 대규모 공장을 거치며 물류 수송을 담당했다.[57] 언론은 1938년 1월에 이미 운수를 개시했다고 보도했다. 하지만 1939년 12월자로 발행된 조선총독부 철도국의 공식 자

---

53 「北部仁川의 大動脈 幹線道路를 新設 七十萬圓總公費로 着工計劃 市區改正에 進一步」『每日申報』1937년 1월 19일 ;「北部仁川의 道路, 下水溝改修 經費關係로 起債難免」『每日申報』1937년 3월 16일 ;「仁川道路網整備 北部幹線은 七月初旬에 起工 產業、松島兩線着工」『每日申報』1937년 6월 23일
54 염복규, 2007「1930-40년대 인천지역의 행정구역 확장과 시가지계획의 전개」『인천학연구』6, 91~92쪽
55 「"메트로포리스"에로 海港仁川急轉回 朝鮮一目標코 工業都市建設」『每日申報』1937년 1월 28일
56 「北部工場地帶 鐵道引込線敷設 仁川府서 十萬圓經費로」『每日申報』1937년 3월 30일 ;「仁川工場地帶貫通 府營鐵道를 敷設 工都建設에 萬端準備」『每日申報』1937년 9월 4일
57 「海岸埋立地에 大公場簇出」『每日申報』1937년 11월 7일

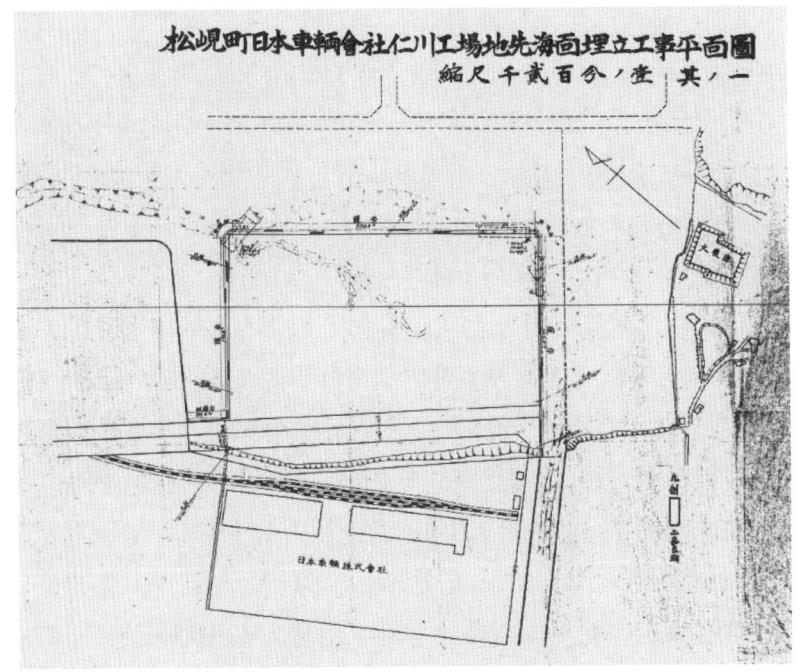

〈그림 3〉 1938년 7월 현재 송현리 ㈜일본차량제조 인천공장 평면도
출처: 1938.07.02 「公有水面埋ノ件」 『公有水面埋立(竣工)』(1940, CJA0015735)

료에는 운수개시일이 1938년 4월 23일로 기록된 것으로 보아, 실질적인 개통은 4월부터인 것으로 보인다. 또한 이 자료에 따르면 인천항부터 화수정까지는 개통했고, 화수정에서 송현정 간 0.6㎞는 공사 중 구간으로 기록되어 있다.[58] 그림 3은 1938년 7월 현재 인천 부영 공업철

---

58 언론 보도는 "운수를 개시했다"고 하기도 하고, "운수를 개시한다고 한다"고 서술되기도 해 불명확하다(「仁川府營工業鐵道愈よ運轉開始」『朝鮮新聞』1938년 1월 16일 ; 「仁川府工業鐵道 停車場에서 松峴町까지 三百米 不遠間에 工事完成」『每日申報』1938년 1월 20일). 해당 철도를 조사한 기록에서 1937년 12월 개통했다고 서술하기도 했는데, 근거 기사는 철도선로가 "완성"되었다는 서술로 완성하고 개통까지 시일이 걸리기도 해 확실치 않다(인천광역시문화원연합회, 2018 『화수동과 만석동의 기억』, 인천화도진문화원, 111~112쪽). 철도국의 공식 자료는 朝鮮總督府 鐵道局,

도가 ㈜일본차량제조 인천공장까지 연결되었음을 확인할 수 있는 것으로 볼 때 공장을 넘어 철도 연장 공사를 진행하고 있는 것으로 이해할 수 있다. 이후 1942년 12월자로 발행된 철도국 공식자료에는 2.8㎞ 모두 개업선이고 공사 중인 구간은 없었다.[59] 1939년과 1942년 사이에 연장 공사가 마무리된 것으로 보인다.

서둘러 건설한 공장은 1937년 10월 1일 준공과 동시에 조업을 개시했다. 처음 계획과 달리 객차 제작은 미뤄졌고, 화차공장(900평)과 제관(製管)공장(360평)을 중심으로 화차 생산에 주력했다.[60] 공장건설이 확정되었을 때 4,000명에 달하는 직공을 고용할 것이라고 선전했지만, 조업을 개시한 시점의 직공은 일본에서 파견한 숙련공 70명과 조선에서 채용한 견습공 46명이었다.[61] 이후 종사원은 꾸준히 증가해 1938년 2월에 200여 명, 1939년 2월에는 500여 명이 종사했던 것으로 확인되며, 해방 후 조업 개시 1주년이었던 1946년 12월 1일 1,000여 명의 종사원이 기념식을 했다는 것으로 보아 500~1,000명을 고용했던 것으로 보인다.[62]

시작은 순조롭지 못했다. 공장이 조업을 개시한 지 1개월 만에 종업원 50여 명의 동맹파업 시도가 있었다. 원인은 임금 문제였다. 1937년 11월 1일 인천경찰서에 구인된 ㈜일본차량제조 인천공장의 직공 5~6인은 시간당 8전씩 준다는 고용 조건을 지키지 않고 5전밖에 주지 않는

1939.12 『朝鮮鐵道狀況』 30, 140~141쪽
59 朝鮮總督府 鐵道局, 1942.12 『朝鮮鐵道狀況』 33, 142~143쪽
60 日本車輛製造株式會社 編, 1977 앞의 책, 437쪽
61 「"메트로포리스"에로 海港仁川急轉回 朝鮮一目標코 工業都市建設」 『每日申報』 1937년 1월 28일 ; 「日本車輛仁川工場愈愈操業開始, 着着施設を改善!」 『朝鮮新聞』 1937년 10월 15일
62 「力强き存在, 日本車輛仁川工場」 『朝鮮新聞』 1939년 2월 8일 ; 「朝鮮車輛會社의 一年間業蹟」 『공업신문』 1946년 12월 5일

다는 이유로 동맹파업을 준비하고 있었다. 생활 유지가 어렵다는 이유로 회사 측에 임금인상을 요구했으나 회사가 무시했다는 이유였다.[63] 노동자에 대한 대우개선은 해결되지 않았던 것으로 보인다. 파업은 1938년 12월과 1939년 7월에도 발생했다. 상여금에 대한 부서별 차별이 원인이었는데, 100~130여 명이 파업에 동조하는 등 규모도 점차 커졌다.[64]

2) 공장 확대와 기관차 생산 시도

임금 문제가 불거짐과 동시에 ㈜일본차량제조 인천공장은 조업 시작부터 공장의 확장도 요구받았다. 공장 기공과 완공 사이에 중일전쟁이 발발하면서 조선과 만주로의 철도 수송수요는 더욱 늘어날 수밖에 없었기 때문이다. 가장 중요시된 차량은 철도의 핵심인 기관차였다. 1937년 일본에 필요한 기관차가 700량인데 그 생산력은 500량에 지나지 않아 기관차 생산 공장의 확장이 필요했다. 인천공장 조업 개시와 함께 ㈜일본차량제조는 이 공장에서 기관차까지 생산할 수 있도록 확장하려는 계획을 세우고 있었다.[65]

확장을 위한 공장부지는 추가 매립으로 확보하고, 현재 집중하고 있는 화차에 이어 객차와 기관차 제작을 목표로 했다.[66] ㈜일본차량제

---

63 「賃金減額에 不平」 『동아일보』 1937년 11월 3일 ; 「開業二週日 밧게 안된 會社에 罷業騷動」 『每日申報』 1937년 11월 5일
64 「重役賞與に憤慨突如職工罷業, 日本車輛仁川工場」 『京城日報』 1938년 12월 15일 ; 「日本車輛仁川工場罷業解決」 『京城日報』 1938년 12월 17일 ; 「仁川日本車輛工場 鐵工部職工動搖 主謀者二名을檢束」 『每日新報』 1939년 7월 1일
65 「機關車生産力充實が急務, 仁川で製造準備急ぐ」 『朝鮮新聞』 1937년 10월 25일 ; 「日本車輛會社仁川工場擴張」 『朝鮮新聞』 1937년 12월 16일
66 「仁川の日本車輛會社工場を大擴張, 客貨車のほか機關車までも月百萬圓づつ製作」 『京城日報』 1938년 4월 27일

조는 인천부와의 논의 끝에 현재 공장의 북쪽 매립지 중 일부 매립권을 양도받아 공장을 확장하기로 했다.[67] 추가로 양도받은 매립지는 총 19,130평으로 이 중 인천부가 도로 및 철도용지로 사용할 2,744평을 제외하고 16,389평을 공장 확장 용지로 사용하기로 했다.[68]

물론 전시상황에서 조업 시작과 동시에 진행된 공장의 확장은 회사의 독자적인 선택은 아니었다. 특히 중일전쟁은 공업도시로서 인천의 위상을 높이는 외적인 계기였다. 이를 상징하는 담론이 당시 성행했던 '황해호수화론'이었다. 황해호수화론은 중일전쟁 이후 천진(天津), 청도(靑島), 대련(大連) 등 중국의 여러 항만과 인천, 해주, 진남포 등 조선의 서북부 항만을 연결해 개발해야 한다는 구상으로 1937년 관동주청(關東州廳)에 신설된 관동주경제조사위원회에서 처음 언급된 이래 조선에서도 서북부 개발의 논리로 퍼져나갔다.[69] 중일전쟁 이후 인천 개발의 필요성을 언급할 때도 심심치 않게 등장했다.[70]

황해호수화론에 입각한 조선 서북부 개발의 기운은 전쟁이 장기화하면서 점차 심화해갔다. 1939년 7월 15일 조선군 참모장 기타노 겐죠(北野憲造)가 정무총감 오노 로쿠이치로에게 보낸 「조선군의 제 시설 희망 요강(朝鮮軍ノ諸施設希望要綱)」에는 경부·경의선 복선화 촉구 등 종관철도에 관한 요구와 함께 '경인선 복선화 및 전화(電化)', '해주-평양 간 수송력 증가 개량, 해주-사리원 간 궤간 개축, 평원선 완공 촉

---

67 「豫算五拾萬圓で北仁川を埋築, 芝浦電氣其他が進出」『朝鮮新聞』1938년 5월 21일 ; 「日本車輛會社仁川工場擴張, 重役來仁し府と接衝」『朝鮮新聞』1938년 5월 26일 ; 「大貿易港으로 北仁川港開發計劃」『동아일보』1938년 6월 9일
68 日本車輛製造株式會社, 1938 「松峴町日本車輛會社仁川工場地先海面埋立工事設計書」『公有水面埋立(竣工)』(1940, CJA0015735)
69 양지혜, 2021 앞의 논문, 145~146쪽
70 「헐린家屋357戶」『동아일보』1938년 11월 23일 ; 「뻐스週廻線實現」『농아일보』 1939년 4월 25일

진'이 포함되었다.[71] 이전까지 군부의 요구가 종관철도와 연결된 부분에 집중되던 것과 달라진 부분으로 인천을 포함한 한반도 서북부에 한층 더 군수공업 중심의 개발이 추진되었다.[72]

㈜일본차량제조 인천공장의 확장도 회사의 독자적인 판단이라기보다는 총동원체제 운영을 주도했던 일제 당국의 요구가 포함된 선택이라고 할 수 있다. 실제로 ㈜일본차량제조는 공장 확장을 위해 공유수면매립지를 준공인가 전에 사용하고자 출원한 문서에 "조선총독부의 하명에 따라 기관차를 제조"하게 되어 작업장 건설이 필요하다고 언급했다.[73] 당국의 요구가 존재했음을 확인할 수 있다.[74]

이러한 과정을 거쳐 ㈜일본차량제조 인천공장은 1938년 7월부터 기관차공장 건설 등 확장공사를 위한 공유수면 매립을 시작했다. ㈜일본차량제조의 사사에 따르면 1938년 7월 28일에 인천공장 확장을 위한 19,131평 제2기 해면매립을 착공했고, 그 전인 6월에 기관차공장 건설을 시작했다고 되어 있다.[75] 기공 시기가 확실치 않아 공유수면 매립 관련 조선총독부 문서를 살펴보면 매립에 대한 면허 발급일은 1938년 7월 19일이고 공사에 착수한 일자는 앞서 언급한 28일로 일치

---

71 朝鮮軍參謀長 北野憲造, 1939.07.15 「朝鮮軍ノ諸施設希望要綱」 『朝鮮軍關係書類綴』 (京都大學·大學院經濟學研究科 經濟資料センター 所藏 『堀和生氏舊藏資料』)
72 물론 한반도 서북부 지역이 주요 공업지대로 제국 전체의 국토계획에까지 포함되는 시기는 미일관계가 파국으로 치달았던 1940년 하반기 이후였다. 이에 관해서는 박우현, 2023d, 『일제시기 조선사업공채 발행정책과 식민지 인프라 개발』, 고려대학교 한국사학과 박사학위논문, 264~276쪽 참조.
73 京畿道知事 → 內務局長 殿, 1938.12.16 「公有水面埋立地竣工認可前使用ノ件」 『公有水面埋立(竣工)』(1940, CJA0015735)
74 ㈜용산공작, ㈜일본차량제조 인천공장과 함께 1939년부터 철도차량을 생산했던 ㈜히로나카상공(弘中商工)도 1938년에 부평공장을 건설할 때 이곳에서 광산기계를 생산할 예정이었으나, 조선총독부 철도국의 종용으로 화차 생산을 겸하게 되었다고 한다(澤井實, 1998 앞의 책, 251~252쪽).
75 日本車輛製造株式會社 編, 1977 앞의 책, 438쪽

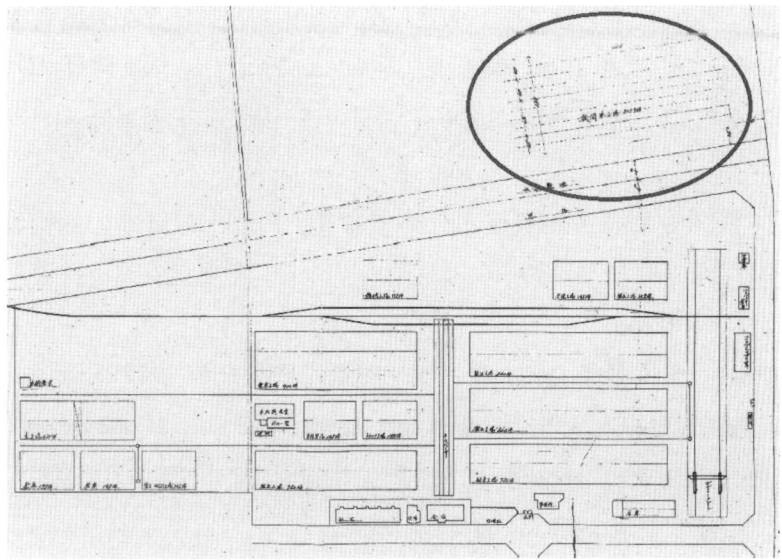

〈그림 4〉 1938년 12월 현재 ㈜일본차량제조 인천공장 근처 해면매립공사 평면도
출처: 1938.12.16 「公有水面埋立地竣工認可前使用ノ件」 『公有水面埋立(竣工)』(1940, CJA0015735)
비고: 표시한 곳이 기존 공장 북쪽에 새로 확장한 기관차공장 부지이다.

한다. 다만 매립에 대한 준공인가를 받기 전에 기관차공장 건설을 위해 일부 토지를 해당 공작물 설치를 위해 사용하는 것을 요청하는 서류도 제출한 것을 확인할 수 있었다.[76] 사사의 연표와 함께 이해하자면, 매립공사에 착수하기 전인 6월에 기존에 확보했던 토지부터 기관차공장 건설을 시작했다고 볼 수 있을 것이다.

기관차공장보다 앞서 완공된 것은 객차공장이었다. ㈜일본차량제조 인천공장은 1939년 6월부터 화차에 이어 객차 제작을 개시했다.[77] 하지만 물자수급의 문제일지 수주 순서의 문제일지 알 수 없으나, 인천

---

[76] 1938.12.16 「公有水面埋立地竣工認可前使用ノ件」 『公有水面埋立(竣工)』(1940, CJA0015735)
[77] 「日本車輛仁川工場」, 『毎日新報』 1939년 5월 4일 ; 「日本車輛仁川工場, 客車製造計畫」 『朝鮮新聞』 1939년 5월 20일 ; 「日本車輛工場」 『京城日報』 1939년 6월 15일

공장 최초의 객차 완성은 1940년 10월에서야 이루어진 조선총독부 철도국용 3등 객차 10량이었다.[78] 언론보도로 알려진 공장의 완성 시기와 실제 그 공장에서 생산되었을 차량이 완성된 시기 사이의 격차가 컸다.

기관차공장도 비슷하다. 사사의 연표에는 1939년 11월에 2,088평의 기관차공장이 완성되었다고 제시되어 있다.[79] 그런데 언론보도는 혼란스럽다. 1939년 9월 말로 예상하는 보도가 나왔다가, 한 달 후에는 1940년 8월에 준공 예정이라는 보도가 등장했다.[80] 일제시기 언론보도의 불확실성은 비일비재한 일이기에 사사의 연표를 신뢰하고 싶지만, 1940년 2월에도 기관차공장이 없어 공장설비를 준비 중이라는 보도가 있어 쉽게 단정 지을 수 없다.[81]

실제 선행연구도 1939~1940년에 기관차 생산이 이루어지지 않았고, 1941년 하반기에서야 기관차 제작이 아닌 조립이 이뤄졌음을 밝히고 있다.[82] 이처럼 혼란이 빚어진 이유도 공장의 완성과 실제 기관차가 제작(혹은 조립)된 시기에 차이가 크기 때문으로 보인다. 전황이 장기화되면서 물자동원이 원활하지 못하고, 인플레가 커지면서 납기일을 맞추지 못해 차량 부족에 시달리는 상황이 지속되고 있었기 때문이다.[83] 인천공장뿐 아니라 일본과 조선의 철도차량회사들이 모두 제한

---

78 日本車輛製造株式會社 編, 1977 앞의 책, 439쪽 ; 澤井實, 1998 앞의 책, 237쪽
79 日本車輛製造株式會社 編, 1977 앞의 책, 439쪽
80 「日本車輛工場」『京城日報』1939년 6월 15일 ;「機關車の工場明年八月竣成, 仁川日本車輛」『京城日報』1939년 7월 11일
81 「十五年度から機關車を製作, 日本車輛仁川工場で」『京城日報』1940년 2월 19일
82 澤井實, 1998 앞의 책, 236~237쪽. 언론은 1941년 하반기의 기관차 조립을 제작이라고 보도했다(「客車も出來ます, 日本車輛仁川工場で披露」『京城日報』1940년 8월 24일 ;「仁川で廣軌式の機關車」『朝鮮新聞』1941년 5월 30일).
83 「鋼材拂底と製作能力低下で車輛不足愈よ深刻, 生産力擴充の一大支障」『京城日報』1940년 2월 18일

된 설비와 재료난에 골머리를 앓고 있었다.[84] 사사의 연표를 신뢰해 이해해보면 기관차공장은 이미 1939년 11월에 완성되었지만, 실제 기관차 제작(혹은 조립)을 위한 설비와 원자재 수급이 늦어졌다고 볼 수 있다.

〈그림 5〉 1947년 현재 ㈜일본차량제조 인천공장 부지
출처: 인천광역시 지도 포털

그렇다면 생산력확충계획의 한 부분으로 자리하고 있었던 철도차량

[84] 「鐵道局과業者間 新製車輛協議會」『동아일보』1940년 2월 20일

생산계획 속에서 ㈜일본차량제조 인천공장의 차량 생산은 어떤 수준에서 이뤄졌는지 확인할 필요가 있다. <표 3>은 1939년 이후 생산력 확충계획에 따라 조선에 책정된 철도차량 생산 목표와 실적이다.[85] ㈜일본차량제조 인천공장은 1939~42년간 기관차는 7.3량, 객차는 77.3량, 화차는 6,037.7량을 생산했다.[86] 기획원이 책정한 생산목표 대비 달성률을 보면 기관차 43.6%, 객차는 30%, 화차는 65.9%로 저조했다. 특히 기관차는 1941년 실적의 경우 앞서 언급했듯이 제작이 아닌 조립으로 보이는데, 이를 감안해도 비중이 적었다. 기존 연구에 따르면 1942년 실적에 잡힌 기관차는 수하물우편차, 선철차(銑鐵車)였던 것으로 보인다.

그럼에도 조선 내에서 기관차 제작 자체가 조선총독부 철도국 공장을 제외하고는 사실상 전무했던 것을 고려하면 다른 민간회사와의 차이점이라고 볼 수 있다. 심지어 철도국 공장은 1942년 이후 차량제작이 사실상 중단된 상황이었다. 물론 전황의 악화, 물자 부족 등은 인천공장도 1943년부터 철도차량 제작이 이루어질 수 없는 상황으로 만들었다. 인천공장의 차량제작은 1943~44년에는 이루어지지 않았고, 1945년에 일부 객화차와 석탄차를 제작해 이익을 창출했다.[87]

해방 이후 ㈜일본차량제조 인천공장은 어떠한 변화를 겪었을까? 1945년 11월 20일 미군정에 접수되어 귀속재산이 된 인천공장은 조선차량제조회사라는 이름으로 개칭하고 12월 1일부터 1천여 명의 종사

---

85 일반적으로 해당연도 계획과 실적은 예산편성과 보조를 맞춰 당해 4월부터 다음 해 3월로 책정되어 있어, 기업 내부자료 등과 차이가 있을 수 있다.
86 환산량수를 의미한다(표 3의 비고 참조).
87 澤井實, 1998 앞의 책, 286쪽. 사사에는 1943년 8월에도 철도국용 석탄차를 완성했다고 기재되어 있는데, 통계에는 확인되지 않는다(日本車輛製造株式会社 編, 1977 앞의 책, 439쪽).

〈표 3〉 1939년 이후 생산력확충계획 상 조선 내 철도차량 생산 목표 및 실적 (단위 : 환산량수)

공장명 생산품목	조선철도국			㈜용산공작			㈜일본차량제조			㈜弘中商工	합계		
	기관차	객차	화차	기관차	객차	화차	기관차	객차	화차	화차	기관차	객차	화차
1939년 목표	7.7	107.9	414.8		17.0	2,091.1		92.0	3,119.4	340.0	7.7	216.9	5,965.3
1939년 실적	7.7	70.0	267.6		10.0	2,058.0		0	2,077.0	17.0	7.7	80.0	4,419.6
달성률(%)	100.0	64.9	64.5		58.8	98.4		0	66.6	5.0	100.0	123.7	234.5
1940년 목표	16.5	140.4	500.9		23.8	2,669.0	2.4	78.0	2,687.1	443.4	18.9	242.2	6,300.4
1940년 실적	5.8	43.8	254.8		8.8	2,062.5	0	29.7	2,077.2	500.0	5.8	82.3	4,894.5
달성률(%)	34.8	31.2	50.9		36.8	77.3	0	38.1	77.3	112.8	34.8	106.0	318.2
1941년 목표	9.6	61.4	158.8		20.9	2,310.6	4.4	62.8	2,329.4	398.2	14.0	145.0	5,197.0
1941년 실적	7.8	51.7	78.0		14.2	1,028.0	4.2	32.1	996.0	221.0	12.0	98.0	2,323.0
달성률(%)	81.3	84.2	49.1		68.1	44.5	95.5	51.2	42.8	55.5	176.7	203.5	191.9
1942년 목표				2.3	11.9	1,029.0	9.7	18.1	1,029.0	342.0	12.0	30.0	2,400.0
1942년 실적				0	3.5	1,058.5	3.0	15.5	887.5	201.0	3.0	19.0	2,147.0
달성률(%)				0	29.4	102.9	30.9	85.6	86.2	58.8	30.9	115.0	247.9
1943년 목표				6.5	7.9	1,800.0	20.5	20.1	1,800.0		27.0	28.0	3,600.0

출처: 企劃院, 각년 판 「生産力擴充實施計畫」(原朗·山崎志郎, 1996 『生産力擴充計畫資料』 3~8, 現代史料出版)
비고: 환산량수는 기관차의 견인력을 감안하여 객화차환산법에 의해 중량의 영공별을 기초로 차량을 환산한 양수로 객차는 40톤, 화차는 43.5톤을 1량으로 한다(국토교통부 철도산업정보센터 용어사전 참조). 기관차는 모두 증기기관차이다.

원이 모여 조업을 재개했다. 이후 1946년 2월 20일 ㈜일본차량제조는 취체역회를 열고 인천지점의 폐지를 공식적으로 결의했다.[88] 해방 직후 조선차량제조회사의 상황을 대변하는 회고가 있다. 당시 조선차량제조회사에서 근무했던 김명식은 일본인 기술자들이 중요 기술을 독점하고 있었던 상황을 확인시켜 준다.

> '조선차량주식회사'라고 일본 회사에서 일할 때 해방이 됐어요. 한국 사람들로 이루어진 수습대책위원회가 구성이 되어서 일본 사람들에게 회사를 인수받고 운영하게 되었죠. (중략) 실제로 공장을 가동하는데 재료 구하는 일은 그렇게 어렵지 않았어요. 본사가 나고야에 있었는데 폭격을 맞을까봐 재료를 전부 우리나라에 쌓아두었기 때문에 굉장히 많았죠. 문제는 기술자였어요. 왜냐하면 일본 놈들이 전부 도맡아 하던 일을 별안간 직접 하려고 하니까, 우선은 도면을 볼 줄 몰랐어요. 그러니 부품을 어디에 붙여야 하는지 알 턱이 없죠. 다들 일본 놈들 밑에서 말단으로만 일했잖아요. 그리고 사실 그놈들도 중요한 도면은 아예 자기들끼리만 보았던 겁니다[89]

이후 1950년 10월 교통부 직속기관 인천공작창으로 발족하여, 10월 26일 업무를 개시하였다. 철도공작창은 4곳이었는데 기존에 조선총독부 철도국 공장이었던 서울(용산), 부산공장과 함께, ㈜용산공작의 용산공작 그리고 ㈜일본차량제조의 인천공장이 국영 공작창으로 변모했다.[90] 1951년 1월 4일 1·4후퇴 시 부산공작창으로 철수하기도 했는데,

---

88 「朝鮮車輛會社의 一年間業蹟」『공업신문』1946년 12월 5일 ; 日本車輛製造株式會社 編, 1977 앞의 책, 439쪽
89 김명식 회고, 2005「우리 힘으로 기관차를 만들었어요」『8·15의 기억 : 해방공간의 풍경, 40인의 역사체험』, 한길사, 258~259쪽
90 交通總覽編纂委員會, 1958『交通總覽』, 行政新聞社, 87~88쪽

3월 14일 서울을 재수복하면서 9월 3일 공작창 직제를 개정하면서 다시 인천공작창이 개설되었다. 그러나 업무량 감소로 1959년 12월에 폐쇄되었으며, 다시 복구공사를 실시해 1962년 2월 1일부터 조업을 재개했다.[91] 이후 점차 민간회사에 철도차량 제작을 발주하는 방식이 정착했고, 1983년 12월 대전에 철도공작창이 준공하면서, 인천공작창은 1984년 2월 역사 속으로 사라졌다.[92]

그런데 1970년 12월 22일 대통령에게 보고한 한 경제보고서에 ㈜일본차량제조가 다시 등장한다. 해당 보고서에 의하면 교통부는 현재 국영인 인천공작창을 공영 혹은 민영으로 전환하려고 하는데 일본의 철도차량 제작 전문회사인 ㈜일본차량제조의 전문가 4명으로 하여금 11월 2일부터 2주간 현지 조사를 의뢰했다. 공영화 또는 민영화할 때 ㈜일본차량제조와 제휴하는 것을 전제로 하는 현지조사였다. 제휴의 방식은 기술제휴(신형 차량 설계도면, 생산기술 지도) 혹은 자본참가(10~30% 혹은 50%)였다. ㈜일본차량제조는 가능하다면 적은 자본으로 시작해 향후 순차적으로 증액하는 것을 고려한다고 답했다.[93]

이후 실제로 민영화는 이루어지지 않았고, 1984년에 조업을 중단했으니 이러한 내용을 알려지지 않았다. 그러나 식민지를 경험했던 국가들이 탈식민 이후에도 특히 경제적 관계 부문에서 완전히 자유로울 수 없는 현실의 많은 사례를 떠올리게 하는 장면이라고 할 수 있다.

---

91 「仁川工作廠을公賣 職制廢止에大統領決裁」『동아일보』1959년 11월 27일 ; 「仁川工作廠復舊 來1日부터 本格的인 操業」『馬山日報』1962년 1월 31일
92 「大田 鐵道공작창준공」『동아일보』1983년 12월 13일
93 보고관 김농수, 1970.12.22 「인천공작장 공사화에 관한 일본차량회사의 조사설과 보고」『경제보고서』1928호

맺음말

　1936년 2.26 사건을 계기로 국방예산 증대로 재정정책의 전환을 겪은 일본은 가장 먼저 조선사업공채 발행을 늘리는 조치를 단행해 중앙선을 신설하고 부산항, 마산항 수축에 필요한 비용도 늘렸다. 일본에서 만주로 향하는 군사수송을 원활하게 하기 위한 교통망 확충 조치였다. 이어진 1937년 예산편성에서도 이러한 기조는 이어졌는데 특히 철도 개량비가 기존 계획보다 크게 늘어났다. 첫 번째는 경부선·경의선 복선화를 위한 증액이었고, 그 다음으로 많이 늘어난 비용이 철도차량비였다. 철도차량비 증액에 관해서는 제국의회에서도 답변을 속기 중지할 만큼 국방상의 이유와 직결되는 항목이었다. 군부가 장악한 일본정부의 재정적 요구 속에서 조선총독부는 1937년부터 1941년에 이르는 차량증비5개년계획을 세웠고, 조선철도 정책의 핵심으로 자리했다.

　이처럼 조선총독부 재정에서 철도차량비가 늘어나는 시점에 ㈜일본차량제조가 조선에 공장을 세우기로 결정했다. 차량 증대 요구는 늘어나고 증비계획을 세우기도 했지만, 조선 내 생산능력은 턱없이 부족한 상황에 따른 결정이었다. 일본의 대륙침략에 편승해 대륙침략의 통로였던 조선에 공장을 세운다는 전략이었다. 기업의 이윤극대화 전략에 맞는 결정이었다.

　이에 따라 ㈜일본차량제조는 인천 북항 매립지인 송현리 주변을 요시다 히데지로 등에게 1937년 1월 28일 매입해 공장을 만들기 시작했다. 당국도 이를 지원했다. 북항 매립지로 향하는 간선도로 건설, 하수구 개수 등이 1937년 초부터 진행되었다. 가장 큰 지원은 인천역과 해당 매립지에 신설한 공장들을 연결했던 부영철도 운영이었다.

㈜일본차량제조 인천공장은 1937년 10월 1일 준공과 동시에 조업을 개시했고, 동시에 조선총독부로부터 확장 요구를 받았다. 중일전쟁이 발발하며 기관차 제작까지 조선에서 진행할 필요성을 실감하면서 인천공장에 이러한 부분을 요구하기 시작했다. 이는 황해호수화론의 전개와 함께 인천이 군수공업 중심의 개발 지대로 성장하기 시작했던 것과 맞물리는 조치이기도 했다. 실제로 기관차 공장 건설을 위한 공유수면매립 관련 문서에 "조선총독부의 하명에 따라 기관차를 제조"하기로 했다는 문구가 등장하기도 한다.

1938년 7월부터 시작된 공장 확장은 준공시기가 명확하지 않다. 공장의 완성과 실제 조업 개시 사이에 시차가 큰 것으로 판단되는데 이는 당시 전쟁의 장기화로 발생했던 물자 부족, 인플레 등의 영향으로 생각된다.

실제 생산량을 살펴보면 기획원이 설정한 생산력확충계획 상의 철도차량 생산 목표에는 크게 못미치는 생산을 달성하는 데 그쳤다. 특히 기관차는 공장의 건설이 무색하게 비중이 작았다. 그럼에도 기관차 제작 자체가 조선총독부 철도국 공장을 제외하고 사실상 다른 민간회사에서는 이루어지지 않았던 점과 비교하면 ㈜일본차량제조 인천공장의 특징이라고 볼 수 있다.

해방 이후 인천공장은 미군정에 접수된 이후 조선차량제조회사로 유지되다가 교통부 직속기관 인천공작창으로 변모했다. 이후 폐쇄와 조업재개를 반복하다가 1983년 12월 대전에 철도공작창이 준공하면서 1984년 2월 사라지게 되었다. 그런데 1970년 12월 대통령 보고 문건으로 작성된 경제보고서에 ㈜일본차량제조가 다시 등장하는 점이 흥미롭다. 보고서에 의하면 교통부가 인천공작창을 공·민영화하고자 하는데 ㈜일본차량제조의 투자를 원한다는 내용이었다. 실제 민영화는 이뤄지지 않았지만, 경제적인 면에서 탈식민 이후에도 지워지지 않는 식민지의 기억을 떠올리게 하는 장면이라고 할 수 있다.

참고문헌

인천광역시문화원연합회, 2018 『화수동과 만석동의 기억』, 인천화도진문화원

大藏省百年史編集室, 1969 『大藏省百年史 (下)』, 大藏財務協會
大前信也, 2017 『陸軍省軍務局と政治 : 軍備充実の政策形成過程』, 芙蓉書房出版
日本車輛製造株式会社 編, 1977 『日本車輛80年のあゆみ』, 日本車輛製造
井手英策, 2006 『高橋財政の研究』, 有斐閣
澤井實, 1998 『日本鐵道車輛工業史』, 日本經濟評論社
澤井實, 2023 『日本帝国圈鉄道史 : 技術導入から東アジアへ』, 名古屋大學出版會

류창호, 2023 「1920~30년대 '대인천' 건설 운동과 지역주의-인천부세진흥회와 일본인 유력자의 활동을 중심으로-」 『역사와 현실』 128, 한국역사연구회
박우현, 2023a 「1930년대 전반 조선총독부 예산편성과 인프라 투자의 단기화 - 1932년 조선사업공채 발행예산을 중심으로 - 」 『한국사학보』 91, 고려사학회
박우현, 2023b 「1930년대 중반 조선사업공채 발행과 교통망 구축의 불균형」 『한국사연구』 201, 한국사연구회
박우현, 2023c 「1911년 「朝鮮事業公債法」 제정과 식민지 교통망 구축의 향방 - 대만과의 비교를 중심으로」 『대동문화연구』 122, 성균관대학교 대동문화연구원
박우현, 2023d, 『일제시기 조선사업공채 발행정책과 식민지 인프라 개발』, 고려대학교 한국사학과 박사학위논문
박우현, 2024a 「일제시기 조선철도 건설의 성격에 관한 세계사적 검토」 『식민지적 근대와 조선 사회 1』, 선인
박우현, 2024b 「1930년대 초 조선총독부의 재정 위기와 제국의 차별적 대응 - 1933년 조선사업공채 발행예산을 중심으로 - 」 『한국사학보』 94, 고려사학회
박우현·정대훈, 2020 「일제시기 철도재정의 식민지성 - 회계과목 분석과 순익 추산을 중심으로 - 」 『한국사학보』 78, 고려사학회

방기중, 2003 「1930년대 朝鮮 農工倂進政策과 經濟統制」『동방학지』120, 연세대학교 국학연구원
배석만, 2009 「일제시기 조선기계제작소의 설립과 경영(1937~1945)」『인천학연구』1-10, 인천대학교 인천학연구원
손민환, 2017 「일제강점기 금속류 헌납 사진으로 본 인천지역사」『한일민족문제연구』32, 한일민족문제학회
양지혜, 2021 「총력전과 바다 : 전시체제기 인천항 연안의 변용」『역사와 현실』121, 한국역사연구회
염복규, 2007 「1930-40년대 인천지역의 행정구역 확장과 시가지계획의 전개」『인천학연구』6, 인천대학교 인천학연구원
이가연, 2018 「在朝日本人 吉田秀次郎의 자본축적과 '식민자'로서의 지역적 위상」『지역과 역사』43, 부경역사연구소
이병례, 2009 「일제말기(1937~1945) 인천지역 공업현황과 노동자 존재형태」『인천학연구』1-10, 인천대학교 인천학연구원
이상의, 2016 「아시아·태평양전쟁기 일제의 '인천조병창' 운영과 조선인 학생동원」『인천학연구』1-25, 인천대학교 인천학연구원
이승렬, 1996 「1930년대 전반기 일본군부의 대륙침략관과 '조선공업화'정책」『국사관논총』67, 국사편찬위원회
전성현, 2017 「일제강점기 東海線 3線과 지역」『석당논총』69, 동아대학교 석당학술원
전성현, 2018 「일제말기 臨港鐵道와 식민성」『한국민족문화』67, 부산대학교 한국민족문화연구소
조건, 2021, 「일제 말기 仁川陸軍造兵廠의 地下化와 강제동원 피해」『한국근현대사연구』98, 한국근현대사학회

藤田安一, 2001 「1930年代日本における戦時財政政策の展開」『鳥取大学教育地域科学部紀要 地域研究』2-2, 鳥取大学教育地域科学部
北岡伸一, 1979 「陸軍派閥対立(1931~1935)の再検討 - 対外·国防政策を中心として-」『年報 近代日本研究 - 1 昭和期の軍部』, 山川出版社
永広顕, 1994 「国債管理と預金部資金-馬場財政期の国債管理政策」『甲南経済学

論集』187, 甲南大学経済学会
川北昭夫, 1996 「1930年代の朝鮮工業化論議」『論集 朝鮮近現代史 - 姜在彦先生古稀記念論文集』, 明石書店

영국의 산업유산 활용과 성과

런던 배터시발전소를 중심으로

● ● ●

남 슬 기

소아스, 런던대(SOAS, University of London)

남슬기

영국의 산업유산 활용과 성과
런던 배터시발전소를 중심으로

머리말

 산업이 다변화되면서 폐쇄를 피할 수 없는 산업유산을 어떻게 활용할 것인가에 대한 관심이 높아졌고, 산업건축물의 미학과 역사성이 발견된 시기는 1960년대로 이해된다.[1] 여러 국가 중에서도 특히 영국은 산업고고학[2] 부문에서 선도적인 역할을 해왔다. 영국의 전문가 닐 코슨스(Sir Neil Cossons)는 1971년부터 1983년까지 아이언브릿지 고지 박물관(Ironbridge Gorge Museum)[3]의 관장으로 재직하며 오래된 산업

---

1 정용숙, 2017, 「산업화 시대의 기록으로서 산업유산」 『서양사론』 132, 91쪽
2 산업고고학은 1955년 영국 버밍엄의 아마추어 역사가 릭스가 처음 사용한 개념으로 "산업적 과거에 대한 이해를 확대하기 위한 수단으로서 산업시대의 건축물과 인공물을 체계적으로 연구하는 학문이다.(염운옥, 2022, 「산업혁명의 요람 아이언브리지 세계유산의 박물관화에 관한 연구」 『역사비평』 141, 111쪽)
3 아이언브릿지는 산업혁명의 상징으로 잘 알려져 있으며, 이 지역은 광산부터 철도선까지 18세기 산업 지역의 급속한 발전에 기여한 진보적인 모든 요소를 포함하고 있다. 아이언브릿지는 세계 최초의 철교(鐵橋)로, 기술과 건축 분야의 발전에 상당한 영향을 미쳤다.(유네스코 홈페이지 참조 https://whc.unesco.org/en/list/371/ 검색일: 2024년 5월 30일)

건물과 지역을 보호하는 접근방식을 국제적으로 확산시키는 데 기여한 선구자이다. 그의 제안으로 1973년 6월 영국 아이언브릿지에서 세계 최초의 '산업기념물 보존 국제회의(FICCIM)"가 개최되었다.[4] 이후 이 국제회의는 1976년 독일 보훔(Bochum), 1978년 스웨덴 등에서 계속되며 산업유산에 대한 국제적 관심을 고조시켰다. 이렇듯 영국은 전 세계적으로 산업기념물(후에 산업유산으로 명칭 변경)과 산업고고학 분야에서 중요한 역할을 하고 있다. 따라서 영국의 산업유산을 살펴보는 것은 의미있는 작업이다.

1983년 폐쇄되었다가 여러 차례 실패한 사업계획들을 거쳐 2022년 10월 14일에 개장한 런던의 배터시발전소(Battersea Power Station)는 가능한 한 원래의 구조와 특징을 재활용하고 보존하려는 노력이 실현된 산업유산으로 호평을 받고 있다.[5] 그러나 이 재개발 프로젝트는 영국 정치계의 변화-보수당, 노동당, 연립정부, 그리고 다시 보수당의 순으로 집권-에 따라 재개발 계획의 방향과 사업 진행 속도가 달라졌다. 게다가 배터시발전소는 산업유산을 보존하면서도 활용하는 과정에서

아이언브릿지 고지 박물관은 원래 세번(Severn)강 지역의 창고였으며, 아이언브릿지 협곡 세계유산지구 내에 있는 10개 박물관 중 하나이다. 이 협곡 일대는 영국 산업혁명의 발상지라는 명성에 걸맞게 산업역사와 산업유산에 중요한 장소들이 포함되어 있으며, 이 지역은 1986년 유네스코에 의해 영국에서 최초로 세계유산으로 지정된 장소 중 하나이다. 아이언브릿지 고지 박물관은 잉글랜드 슈롭셔(Shropshire)의 아이언브릿지 고지와 주변 콜브룩데일 지역의 역사를 소개하고 있으며 1977년 국립유산박물관상을 수상하기도 하였다.(아이언브릿지고지박물관 홈페이지 참조 https://www.ironbridge.org.uk/visit/museum-of-the-gorge/ 검색일: 2024년 5월 30일)

[4] Trinder, Barrie, 2000 "From FICCIM to TICCIH 2000: reflections on 27 years" *TICCIH Bulletin* October 2000 ; Falconer, Keith, 2006 "The industrial heritage in Britain - the first fifty years" *La revue pour l'histoire du CNRS* 14 ; Buchanan, R. Angus, 2014 "ICOHTEC Reviewed" *Symposia Anniversary Edition* 20(1), pp.17~18

[5] 발전소뿐만 아니라 그 인근 지역까지 아우르는 배터시발전소 프로젝트의 최종 완료는 2033년을 목표로 하고 있다.(Battersea Power Station to be fully completed by 2033: BPHC, *The Vibes*, 2022년 10월 13일)

직면하는 다양한 어려움들을 종합선물세트처럼 안고 있었고, 이로 인해 개발 계획이 매번 난관에 부딪혀 재개장까지 40년 가까운 시간이 소요되었다. 이러한 이유로 런던 배터시발전소의 개발프로젝트는 산업유산 활용의 중요한 사례로 주목할 만하다.

이에 본고에서는 배터시발전소의 설립배경과 발전소로서의 역사와 문화적 영향을 살펴보고, 산업유산으로 재개발된 과정을 분석하여, 이 프로젝트의 함의를 통해 한국에서의 산업유산 활용에 일말의 도움이 되고자 한다. 또한, 배터시발전소를 살펴보기에 앞서, 영국에서의 산업유산과 관련한 정책에 대해서도 개관한다. 정책을 살펴보는 것은 산업유산이 재활용으로 실행해가는 구체적인 과정을 이해하는 데 매우 중요한 방향키의 역할을 하므로 이 작업은 필수적으로 검토되어야 한다고 여겼기 때문이다.

런던 템즈강변 동쪽에 위치한 뱅크사이드 발전소(Bankside Power Station)를 리모델링한 테이트 모던 미술관은 매우 잘 알려진 산업유산의 성공 사례로 꼽히며, 이에 대한 연구는 국내에서도 많은 관심을 받아왔다.[6] 반면, 최근 개장한 배터시발전소에 대한 연구는 해외에서도

---

6   테이트모던에 대한 연구는 산업유산 재활용에 방점을 둔 연구부터 발전소 건물의 건축 설계와 테이트 모던이 운영하는 프로그램에 대한 내용 등 다양한 주제로 진행되어 왔다.
    조연주, 신경주, 2010, 「도시재생을 위한 유휴 산업시설의 컨버전디자인 방법 연구: 테이트모던과 발틱 현대미술센터를 중심으로: 테이트모던과 발틱 현대미술센터를 중심으로」 『한국실내디자인학회 학술대회논문집』 12(3) ; 조연주, 신경주, 2011, 「유휴 산업시설의 컨버전 사례 분석: 테이트모던, 발틱 현대미술센터, 루르박물관을 중심으로: 테이트모던, 발틱 현대미술센터, 루르박물관을 중심으로」 『한국실내디자인학회 논문집』 20(3) ; 이경모, 2011, 「도시재생의 연금술, 테이트 모던」 『더원미술세계』 315 ; 김정후, 2013, 『발전소는 어떻게 미술관이 되었는가』, 돌베개 ; 신윤정, 2018, 『테이트 모던 터빈홀의 발견된 장대함과 장소특정성의 확장 -시설 전용 과정, 공간적 특성과 예술 작품에의 영향 분석』, 서울대학교 건축학과 박사학위논문 ; 김종진, 2020, 「테이트 모던 공모전 최송안들에 나타난 상소 및 건축 새조직 실계방법 비교연구」 『한국문화공간건축학회논문집』 70 ; 이재호, 한지애, 2022, 「테이트 모던

이제 막 시작된 단계로, 아직 충분히 축적되지 않았다. 2022년 10월 이전까지의 연구경향은 주로 다양한 사업계획안이나 건축물에 대한 사례연구가 주를 이루었지만 재개장 이후까지 진행되지 않았다.[7] 국내에서는 아직 사례연구로 관심을 받지 못하고 있다. 이는 2022년 10월부터 산업유산으로 활용되기 시작하여 아직 1년이 채 지나지 않은 데에 기인한 것으로 보인다. 선행연구가 전혀 없는 상황에서, 본고에서

미술관의 터빈 홀에서 나타나는 대공간의 복합적 속성」『2022년 대한건축학회 추계학술발표대회논문집』 42(2) ; 김종훈, 2022, 「김종훈의 세계건축기행 4. 테이트 모던 미술관(Tate Modern Gallery in London) 런던은 부수지 않고 새로워진다」『매경Economy』 2022년 11월 ; 이지원, 2022, 「고령사회 노년층의 박물관 프로그램 참여와 웰빙 -영국 테이트 모던, 리버풀박물관 프로그램을 중심으로-」『박물관 교육』 6 등을 많은 연구들이 축적되었다.

[7] 1. 환경 및 역사적 맥락에서 살펴본 연구: Bowler, Catherine, and Peter Brimblecombe, 1991 "Battersea Power Station and environmental issues 1929-1989" *Atmospheric Environment. Part B. Urban Atmosphere* 25(1) ; Heathorn, Stephen, 2013 "Aesthetic politics and heritage nostalgia: electrical generating superstations in the London cityscape since 1927" *The London Journal* 38(2)
   2. 발전소 보존 및 재개발 논쟁에 관한 연구: Stamp, Gavin, 2004 "The Battle for Battersea" *ICON, World Monuments Fund* ; Garner, Keith, 2008 "Battersea Power Station: an account of the proposed demolition and rebuilding of the chimneys" *Journal of Architectural Conservation* 14(2) ; Vijay, Ameeth, 2018 "Dissipating the political: battersea power station and the temporal aesthetics of development" *Open Cultural Studies* 2(1)
   3. 도시 재생 및 경제 발전의 시각에서 검토된 연구: Brook, Mike, 2010 "Successful economies mean successful communities. The experience of 25 years of local economic development in the London Borough of Wandsworth" *Local Economy* 25(1) ; Livingstone, Nicola, Stefania Fiorentino, and Michael Short, 2021 "Planning for residential 'value'? London's densification policies and impacts" *Buildings and Cities* 2(1)
   4. 산업 유산과 문화에 관한 연구: Garrett, Bradley L., 2015 "Urban exploration as heritage placemaking" in Edited by Hilary Orange, *Reanimating Industrial Spaces: Conducting Memory Work in Post-industrial Societies*, Routledge ; Pickard, Robert, 2018 "The Council of Europe and the Industrial Heritage: A UK exemplar of the rehabilitated industrial heritage as a resource for society" in Edited by Sonja Ifko and Marko Stokin, P*rotection and Reuse of Industrial Heritage: Dilemmas, Problems, Examples*, ICOMOS SLovenja

는 산업유산과 관련한 일반 논문을 참고한 것 외에도, 영국의 유산 보호 공공기관인 히스토릭 잉글랜드(Historic England)의 공식 홈페이지, 해외에서 연구된 배터시발전소 사례연구, 배터시발전소의 공식 홈페이지, 그리고 배터시발전소 개발프로젝트를 다룬 영국의회기록, 건설 전문잡지와 신문기사 등을 주로 활용하였다.

1. 영국의 산업유산 관련 정책과 법 제도

배터시발전소의 재개발 경과와 성과를 논하기에 앞서, 영국에서 배터시발전소와 같은 산업유산이 어떠한 정책과 제도에 따라 보호되어 왔는지를 살펴보는 것은 의미가 있다. 산업유산에 대한 제도적 보호의 내용과 정도는 재개발을 위한 사업의 내용과 비용에 필연적으로 영향을 미치기 때문이다. 실제 배터시발전소가 영국의 역사환경 보호를 위한 공공기관인 히스토릭 잉글랜드(Historic England)에 의해 II*등급으로 지정되면서, 사업비를 조달할 수 있는 수익성 있는 사업계획을 수립하고 추진하는 데 적지 않은 영향을 미친 것으로 판단된다.

이에 영국에서 산업유산을 보호하기 위한 법 제도의 전반적인 내용을 살펴본 후, 배터시발전소에 적용된 제도의 내용을 알아본다.

영국에서 산업유산은 그 자체를 독립적으로 보호하기 위한 제도가 별도로 존재하기보다는, 건축 유산, 고고학 유산 또는 문화적 유산 등을 보호하는 법 또는 제도에 의해 해당 유산의 내용으로 보호되어 온 것으로 이해된다. 영국의 유산 보호 제도는 영국 정부가 체결한 국제협약에 따라 마련된 제도와 영국의 제정 법률에 따른 국내법 제도로 나누어 볼 수 있다.

1) 국제법에 따른 유산 보호 제도[8]

(1) 1954년 헤이그 협약(1954 Hague Convention) (주무기관: UNESCO)

1954년 헤이그 협약의 정식명칭은 '1954년 무력충돌 시 문화재 보호를 위한 헤이그 협약(1954 Hague Convention on the Protection of Cultural Property in times of conflict)'으로 제2차 세계대전 당시 각국이 겪은 대규모 물리적 파괴를 계기로 1954년 5월 14일 네덜란드 헤이그에서 의결되었다. 전 세계 총 135개 국가가 이 협약에 가입하였으며, 서명국들에게는 문화재(cultural property)를 보호하기 위한 제도의 구축이 요구된다.[9] 이후 1954년과 1999년에 각각 2개의 의정서가 발효되었다.

영국은 1954년 12월 30일 이 협약에 서명하였고 2017년 9월 12일에 비준하였다. 참고로 '서명'은 협약에 구속되기 위한 국가의 기속적 동의를 표명하는 협정문의 확정 절차이며, '비준'은 국제협약 또는 조약을 국내에 발효시키는 데 동의하는 국내법적 행위를 말한다. 즉 협약의 서명만으로는 국내에 협약 또는 조약의 법적 구속력이 곧바로 발생하지 않으며, 비준 후 국내법 제정을 통해 비로소 법적 구속력이 서명 당사국에 미치게 된다.[10] 영국은 2017년 9월 12일 헤이그 협약을

8　히스토릭 잉글랜드(Historic England) 홈페이지 참조
　　https://historicengland.org.uk/about/what-we-do/international/treaties-obligations/
　　(검색일: 2024년 5월 12일)
9　유네스코 홈페이지 참조
　　https://www.unesco.org/en/legal-affairs/convention-protection-cultural-property-even
　　t-armed-conflict-regulations-execution-convention (검색일: 2024년 5월 12일)
10　United Nations Treaty Collection 홈페이지 참조
　　https://treaties.un.org/Pages/Overview.aspx?path=overview/glossary/page1_en.xml#
　　signaturesubject (검색일: 2024년 5월 12일)

비준한 후 동 협약과 의정서들을 집행하기 위해 '2017년 문화재 (무력 충돌) 법[Cultural Property (Armed Conflicts) Act 2017]'을 제정하였다.[11]

(2) 1954년 유럽 문화 협약 (주무기관: 유럽 평의회)

이는 유럽 평의회에서 결의된 협약으로, 이에 따라 회원국들은 유럽의 공통 문화 유산의 국가적 공헌을 촉진하고(제1조), 유럽의 문화적 가치 있는 유산을 정부 통제하에 보호할 의무를 진다(제5조). 영국은 1954년에 동 협약에 서명하였다.

(3) 1970년 파리 협약 (1970 Paris Convention) (주무기관: UNESCO)

본 협약의 정식 명칭은 '문화재의 불법적 수입, 수출 및 소유권 이전 금지 수단에 관한 협약(Convention on the Means of Prohibiting the Illicit Import, Export and Transfer of Ownership of Cultural Property)'[12]으로, 서명국들은 불법적으로 획득한 문화재의 거래를 방지하기 위한 입법을 약속했다. 총 145개국이 본 협약에 가입했으며, 영국은 2002년에 이 협약에 서명한 후 2003년 문화재 거래 (범죄) 법(Dealing in Cultural Objects (Offences) Act 2003)을 제정하였다.[13]

---

11 동 법률에 대한 자세한 내용은 영국 정보 법령정보 웹사이트 참조
https://www.legislation.gov.uk/ukpga/2017/6/contents (검색일: 2024년 5월 12일)
12 유네스코 홈페이지 참조
https://www.unesco.org/en/legal-affairs/convention-means-prohibiting-and-preventing-illicit-import-export-and-transfer-ownership-cultural (검색일: 2024년 5월 12일)
13 영국 정부 법령정보 홈페이지 참조
https://www.legislation.gov.uk/ukpga/2003/27/contents (검색일: 2024년 5월 12일)

(4) 1972년 세계유산협약 (World Heritage Convention) (주무기관: UNESCO)

본 협약의 정식 명칭은 세계 문화 및 자연유산 보호에 관한 협약(Convention concerning the Protection of the World Cultural and Natural Heritage)으로, 1972년에 유네스코(United Nations Educational, Scientific and Cultural Organisation, UNESCO)에 의해 채택되었다. 세계유산협약은 본격적으로 산업유산의 가치에 대한 국제적 인식을 높이는 전환점이 된 것으로 평가받는다.[14]

본 협약은 후손들에게 물려줄 만한 가치를 지닌 자산을 '문화유산(Cultural Heritage)', '자연유산(Natural Heritage)', '복합유산(Mixed Heritage)'으로 구분하여 정의한 후, '탁월한 보편적 가치'를 가진 유산을 세계유산으로 지정하기 위한 절차를 제시한다. 영국은 유네스코 회원국으로서 이 협약을 준수하고 있다. 영국에서 유네스코 세계유산은 '균형발전 및 재생법(Levelling-up and Regeneration Act 2023)'[15]에 따라 영국의 토지개발 사업계획의 승인 단계에서 보호대상으로 고려된다.

(5) 1985년 그라나다 협약 (주무기관: 유럽 평의회)

본 협약은 당초 '유럽 건축 유산 헌장(European Charter of the Architectural Heritage)'로 불렸으나 이후 '유럽 건축 유산 보호 협약(Convention for the Protection of the Architectural Heritage of Europe)'으로 변경되었다.

---

14 김정후, 2013「해외동향- 유럽의 산업유산 재활용과 지속가능성」『건축과 도시공간』 12, 90쪽
15 영국 정부 법령정보 홈페이지 참조
https://www.legislation.gov.uk/ukpga/2023/55/enacted (검색일: 2024년 5월 12일)

본 협약을 통해 유럽의 서명국들은 '건축 유산(architectural heritage)'을 보호하기 위해 목록을 유지하고 법적 조치를 취하고, 또한 필요한 예산을 지원하고 관련 단체들의 환경 개선 촉진을 약속한 바 있다. 영국 또한 본 협약을 통해 영국의 토지개발 계획 제도 안에 건축 유산의 보존 정책을 반영시키고, 건축 유산의 보전 및 향상과 전통 기술 육성을 촉진할 것을 약속하였다.

(6) 1992년 발레타 협약 (주무기관: 유럽 평의회)

본 협약의 공식 명칭은 '유럽 고고학 유산의 보호 협약(Convention for the Protection of the Archaeological Heritage of Europe)'으로, 당초 런던에서 1969년 서명되었으나 1992년 발레타에서 수정되었다.

본 협약의 서명국들은 '고고학 유산(archaeological heritage)'[16]을 보호하기 위해 이를 목록화하고 그 기록을 유지하며 법적인 보호 조치를 취할 의무를 부담한다. 영국 또한 본 협약을 통해 토지개발 정책 및 사업계획 승인에 있어서 고고학 전문가의 의견을 반영할 것을 약속한 바 있다.

2) 영국 국내법상 유산 보호 제도

영국이 국가차원에서 산업유산을 보호하기 위한 제도는 지정유적(scheduled monument) 제도와 건축물등록(Listing of Building) 제도로

---

[16] 본 협약 제1조에 의하면, 고고학 유산의 요소로 간주되는 것은 (i) 인간과 자연 환경의 관계와 인류의 역사를 재구성하는 데 도움을 주는 모든 유물과 물체 및 기타 과거 시대의 흔적; (ii) 발굴이나 발견 및 인간과 관련된 환경에 대한 연구 방법이 주요 정보원인 것; 그리고 (iii) 당사국의 관할 구역 내에 위치한 것 등이다. 또한 고고학 유산에는 육지 또는 수중에 위치한 구조물, 건축물, 건물군, 개발된 유적지, 이동 가능한 물체, 기타 유형의 기념물 및 그 맥락이 포함된다.

크게 구분할 수 있다. 산업유산에 해당하는 건축물의 경우 새로운 용도로 용이하게 활용하기 위해 지정유적제도 보다는 건축물등록제도가 선호된다. 대부분의 경우 관할 지방자치단체 당국이 산업유산 건축물의 재활용을 허가할 수 있다. 반면 고고학적 가치가 높아 재사용보다는 보존 필요가 있을 경우에는 유적으로 지정하는 것이 바람직할 것이다. 지정유적의 경우 건축변경 허가가 엄격하며 국가 차원에서 관리가 이루어진다.[17] 두 제도를 조금 더 자세히 살펴보면 다음과 같다.

(1) 지정유적(scheduled monument) 제도[18]

지정유적제도는 '1979년 고대 유적 및 고고학적 지역법'(Ancient Monuments and Archaeological Areas Act 1979)[19]을 근거로 한다. 유적의 '지정(scheduling)'은 유산을 보호하는 가장 오래된 방법으로 1913년 본격적으로 시작되었으며, 유적에 대한 보호 제도 자체는 1882년 고대 기념물 보호법(1882 Ancient Monuments Protection Act)으로 거슬러 올라간다.

문화, 미디어 및 스포츠부 장관(Secretary of State for Culture, Media and Sport)이 히스토릭 잉글랜드(Historic England)의 추천을 받아 '국가적으로 중요한 것'을 유적으로 '지정'하는 결정을 내리며, 여기서 '국

---

17 Robert Pickard, 2018 "The Council of Europe and the Industrial Heritage: A UK exemplar of the rehabilitated industrial heritage as a resource for society" Edited by Sonja Ifko and Marko Stokin, *Protection and Reuse of Industrial Heritage: Dilemmas, Problems, Examples*, ICOMOS Slovenia, p.14
18 히스토릭 잉글랜드(Historic England) 홈페이지 참조
https://historicengland.org.uk/listing/what-is-designation/scheduled-monuments/ (검색일: 2024년 5월 12일)
19 영국 정부 법령정보 홈페이지 참조
https://www.legislation.gov.uk/ukpga/1979/46 (검색일: 2024년 5월 12일)

가적 중요성'을 판단함에 있어서는 고고학적 관심사, 역사적 관심사, 시대, 희소성, 관련 문서 및 유물, 보존 상태, 손상 가능성, 다양성, 잠재성 등을 고려한다.[20] 또한 '지정'은 해당 유적을 보호하기 위한 더 좋은 수단이 없을 때만 적용되며, 주거지, 예배장소 또는 보호된 난파선 등은 지정 유적이 될 수 없다.

현재 지정된 유적은 총 2만 개에 이르며, 선사시대의 입석, 고분부터 중세의 성, 수도원, 버려진 농가와 마을 같은 다양한 유적지, 그리고 탄광과 같은 최근의 산업 관련 활동의 결과물까지 다양하다. 스톤헨지가 대표적인 지정 유적에 해당한다.

유적으로 지정될 경우 해당 유적이 소재한 토지의 소유권에 영향을 미치지는 않으나, 지정 유적을 소유한 자는 해당 유적을 철거, 수리, 변경 등의 작업을 하기 위해서는 문화 미디어 스포츠부 장관에게 사전 서면 허가를 신청해야 한다.

또한 지정유적을 파괴하거나 손상시키는 행위, 지정 유적을 철거, 손상, 제거, 수리, 추가 또는 변경하는 작업을 사전 허가 없이 하는 행위, 사전 허가 없이 금속 탐지기를 사용하는 행위, 사전 허가 없이 역사적 또는 고고학적 사물을 유적지에서 제거하는 행위는 형사처벌의 대상이 된다.

(2) 건축물등록(Listing of Building) 제도[21]

건축물등록제도 자체는 2차 세계대전이 끝나기 전인 1944년 개정된

---

20 문화, 미디어, 스포츠부 보고서 Department for Culture Media & Sport, 2013, *Scheduled Monuments & nationally important but non-scheduled monuments*, pp.10~11
21 히스토릭 잉글랜드(Historic England) 홈페이지 참조
https://historicengland.org.uk/listing/what-is-designation/listed-buildings/ ;

도시 및 농촌 계획법(Town and Country Planning Act)을 통해 도입되었다. 처음에는 제2차 세계대전 당시 폭격 피해를 입은 건물의 철거 또는 보호 여부를 결정하기 위해 '구제대상 목록(Salvage List)'이라고 불리는 제도로 시작되었으며, 약 25년에 걸쳐 12만 개의 건물이 등록되었다. 주로 중세 교회, 시골 주택, 1750년 이전의 건물들이 목록에 포함되었다.

1960년대부터 영국 곳곳에서 대대적으로 도시재개발 사업이 진행되면서, 주무관청인 주택 지방정부 장관은 전후 재개발로 철거 위험에 놓인 39개의 역사적 도시와 마을을 중심으로 재조사를 시작하였다. 이에 따라 1970년 12월부터 등록된 건축물 목록은 '그린백스(Greenbacks)'라고 불리는 녹색 표지의 제본으로 출판되었다.

건축물등록 제도는 1980년 8월 런던 브렌트포드(Brentford)에 위치한 아르데코 양식의 파이어스톤(Firestone) 공장이 공휴일에 철거되는 사건이 발생하면서 다시 변화를 맞이하였다. 당시 환경부장관이었던 마이클 헤젤타인(Michael Heseltine)은 전국의 건축물 재조사를 지시하였고, 이는 22개의 지방자치단체가 실시하는 1단계와 11개의 민간 건축전문가들이 실시하는 2단계로 진행되었다. 1984년 조사담당 주무부서는 환경부에서 잉글리시 헤리티지(English Heritage)로 이관되었다. 이 재조사를 통해 목록에 등록되는 건축물의 범위가 확장되어 더 작은 건물과 현대적인 건물도 포함되었다. 또한, 현장 조사원들은 건물 유형, 날짜, 건축가, 재료, 평면도, 외관, 내부, 부수적인 특징, 역사, 추가정보, 출처 등의 지표에 근거해 등록여부를 결정하였다.

https://historicengland.org.uk/listing/the-list/about-the-list/#:~:text=buildings%20as%20well.-,The%20wartime%20origins%20of%20listing,known%20as%20'Salvage%20Lists (검색일: 2024년 5월 22일)

2005년에 히스토릭 잉글랜드가 건축물등록 업무를 담당하게 되면서 건축물등록제도는 보다 현대적인 방식으로 관리되기 시작하였다. 2011년부터 건축물등록 목록이 온라인에서 공개되었는데, 이는 국가적으로 중요한 자산을 조회할 수 있는 통합정보체계를 제공한다는 점에서 큰 성과로 평가받는다. '잉글랜드 국가유산 목록(National Heritage List for England)'에는 잉글랜드 지역 내에 보호가치가 있는 모든 역사적 건물과 부지가 실시간으로 등록되며, 키워드와 지도에 기반한 검색도 가능하다.[22]

한편 건축물등록제도의 법적 근거는 1990년 국토계획(등록 건축물 및 보존지역) 법[Planning (Listed Buidling and Conservation Areas) Act 1990]의 개정에 따라 마련되었는데, 이 법 제1조 제5항은 등록건축물(listed building)을 다음과 같이 정의하고 있다.[23]

> 이 법에서 '등록건축물'이란, 이 장에 따라 국무장관(Secretary of State)이 작성하거나 승인한 목록에 현재 포함된 다음 건물을 의미한다.
> (a) 건물에 부착된 모든 물체 또는 구조물;
> (b) 건물의 부지 내에 있는 모든 물체 또는 구조물로서, 건물에 부착되지 않았지만 1948년 7월 1일 이전부터 그 부지의 일부를 형성하고 있는 것

건축물의 등록은 등록 신청 또는 히스토릭 잉글랜드의 계획에 따라 가능하며, 문화, 미디어 및 스포츠부 장관이 히스토릭 잉글랜드의 추천을 받아 등록 여부에 대한 최종 결정을 내린다.

---
[22] 영국은 잉글랜드, 스코틀랜드, 웨일즈, 북아일랜드로 총 4개의 지역으로 구분된다. 각 지역이 독자적인 의회와 행정부를 가지고 있다.
[23] 영국 법령정보 홈페이지 참조
https://www.legislation.gov.uk/ukpga/1990/9/contents (검색일: 2024년 5월 31일)

1948년 7월 전에 세워진 건물이나 시설이 등록 대상이며, 등록 건축물은 중요도의 순서대로 I 등급(Grade I), II* 등급(Grade II*) 및 II 등급(Grade II)의 총 3개 등급으로 나뉜다.

I 등급 건물은 '예외적인 이익'를 가진 것으로 전체 2.5%를 차지하며, 버킹엄 궁전, 국회의사당, 타워브리지 등이 이에 해당한다. II 등급 건물은 '특별한 이익'을 가진 건물로 전체 등록 건축물의 91.7%를 차지하며, II* 등급 건물은 특별한 이익을 넘어서 '특히 중요한' 건물로 전체 등록 건축물의 5.8%를 차지한다. 현재 약 50만 개의 건물이 등록된 것으로 추산된다.

건축물등록제도는 현재 1990년 국토계획(등록 건축물 및 보존지역)법[Planning (Listed Buidling and Conservation Areas) Act]을 근거로 하고 있다. 등록 자체는 건축물의 변경을 금지하는 명령이 아니며, 최초의 모습 그대로 보존되도록 강제하는 것도 아니다. 다만 등록된 건축물의 소유자는 건축물의 외관, 구조 또는 역사적인 설계에 영향을 미치는 변경을 하기 위해서는 해당 작업을 마치기 전에 관할 지방계획 관청에 '등록건축물 사용동의'를 신청해야 한다. 등록건축물은 보통의 건물과 마찬가지로 사용 가능하며, 정부의 개발 계획에 따라서도 변경, 확정 또는 철거가 가능하다. 지방자치단체는 등록건축물 사용동의 신청을 받을 경우, 해당 건축물의 역사적 중요성과 기능, 상태 또는 존속가능성 외에도 건물로서의 기능과 상태 등의 요소들도 균형있게 고려하여 결정을 내린다.

배터시발전소는 1980년에 건물 전체가 II 등급으로 등록되었고, 2007년에는 II* 등급으로 상향 등록되었다.[24] 잉글리시 헤리티지의 대

---

24 히스토릭 잉글랜드 홈페이지 참조
 https://historicengland.org.uk/listing/the-list/list-entry/1357620 (검색일: 2024년 5월 31일)

표인 사이먼 설리(Simon Thirley)는 배터시발전소의 II* 등급 상향 결정에 대해 다음과 같이 언급했다.

> "배터시발전소는 런던에서 가장 사랑받는 건물 중 하나이며, 이번에 이루어진 등급 상향 등록은 산업유산으로서 재생 과정의 중요성을 강조하고 재활용과 더불어 보존의 가치를 높이는 데 도움이 될 것입니다."[25]

이 같은 건축물등록에 따라 폐쇄된 배터시발전소는 새로운 사업을 위한 재개발 사업계획 승인 외에 관할 등록 건축물 사용 동의가 별도로 필요하게 되었다.

(3) 위험유산등록(Heritage at Risk, HAR)제도[26]

'위험유산(Heritage at Risk, 이하 "HAR")등록제도는 위와 같이 등록된 건축물 중 훼손 우려가 높아 보존 필요성이 특히 높은 것들을 HAR 장부에 따로 등재함으로써 별도로 보호하고 관리하는 제도이다. HAR 장부는 I등급 및 II* 등급 건물들, 그리고 II등급 건물 중에는 영국 전역의 예배소와 런던의 건축물을 대상으로 한다. HAR에 등록되었지만 보존을 위한 충분한 조치가 이루어질 경우에는 HAR 장부에서 삭제된다. 예컨대 윌트셔(Wiltshire)에 있는 브레이든스토크(Bradenstoke) 수도원은 오랫동안 HAR로 기록되어 있었지만, 지하실의 성공적인 수리와 보존 작업 후 2020년 장부에서 제외되었다. 배터시발전소의 경우 1991년 HAR로 등록되었으나 성공적인 보수 및 보존 작업을 통해

25　"Art Deco station gets listing upgrade", *The Times*, 2007년 10월 5일
26　히스토릭 잉글랜드(Historic England) 홈페이지 참조
　　https://historicengland.org.uk/advice/heritage-at-risk/types/ (검색일: 2024년 5월 12일)

2021년 HAR 장부에서 제외되었다.[27]

영국의 산업유산들이 위험에 놓이게 되는 원인으로 ① 유산이 위치한 곳이 쇠퇴한 도시 지역에 있을 경우 개발 자금이 부족한 점, ② 역사적 건물들이 종종 시장적 매력을 갖지 않은 것으로 평가되어 투자 유치를 어렵게 하는 점, ③ 유산의 본질적 특성으로 인해 목적 변경이 쉽지 않은 점을 꼽을 수 있다.[28] 예컨대, 직물공장이나 창고는 용도 변경이 용이한 편이지만, 채굴이나 화학산업과 관련된 공간은 공장설비와 기계를 가지고 있으므로 새로운 용도로 사용하는 것에 제한이 있다.

2. 배터시발전소의 변천: 전력공급의 중심에서 산업유산으로

1) 배터시발전소의 역사와 산업유산으로의 전환

배터시 지역은 런던 템즈강 남서쪽에 위치한 런던 자치구 중 하나인 원즈워스(Wandsworth)에 위치하며, 17~19세기 동안 아스파라거스를 공급하는 채소밭이었으나, 산업화로 철도와 공장이 들어섰고, 수도시설로 인해 수질이 심각하게 오염되었다. 20세기 초반에 수도시설이 폐쇄되었고, 이후 1929년에 배터시발전소의 건설이 시작되었다.

배터시발전소는 레오나드 피어스(Leonard Pearce)가 설계하고 런던

---

27 배터시발전소 공식홈페이지 참조
https://batterseapowerstation.co.uk/news/battersea-power-station-removed-from-historic-englands-heritage-at-risk-register/ (검색일: 2024년 5월 12일)
28 잉글리시 헤리티지(English Heritage)에 제출된 보고서 참조. Colliers International, 2011 "Encouraging Investment in Industrial Heritage at Risk" *Summary Report (1 OF 3)* October 2011, pp.4~32

전력회사가 건설한 석탄 화력발전소로, 배터시 A 발전소와 배터시 B 발전소라는 두 부분으로 나뉘어 건설되었다. A 발전소는 1929년부터 1935년까지 건설되었고, 발전소부지 동쪽에 위치한 B 발전소는 1937년부터 1941년까지 건설되다가 2차 세계대전 중 공사가 중단된 후 1955년에 완공되었다.

배터시발전소는 총 4개의 굴뚝을 가지고 있으며, A 발전소와 B 발전소 각각 두 개의 굴뚝을 갖추어 건설되었다. A와 B 발전소는 디자인이 동일하여 시차를 두고 건설되었음에도 불구하고 완공된 모습은 하나의 건물처럼 보인다. 이 발전소는 세계에서 가장 큰 벽돌 건물 중 하나로, 1930년대 전 세계적으로 유행한 아르 데코(Art Deco) 양식의 내부 장식으로 유명하다.

배터시발전소의 설립 배경을 자세히 살펴보면, 1930년대 말까지 영국의 전력공급은 주로 개별 산업체나 공장을 위한 전용 발전소에 의해 산발적으로 이루어졌으며, 10개 미만의 지역 발전회사들이 공장에 공급한 후 남는 전기를 대중에게 판매하였다.[29] 중소 규모의 발전회사들간의 경쟁으로 인해 일관된 전기 공급을 기대하기 어려웠기에, 1925년에 영국 의회는 국가 주도의 일관된 전력망 구축을 결의하였고, 이에 따라 설립된 런던전력회사[30]는 대형 발전소 건설계획을 수립하였다.[31]

배터시발전소는 이 계획에 따라 영국에서 최초로 건설된 대형 발전

---

[29] Emilie Koefoed, 2009 "Battersea Power Station- A disturbing post-industrial landscape", https://www.spectacle.co.uk/projects_page.php?id=401, p.6 (검색일: 2024년 5월 9일)
[30] 런던전력회사는 10개의 소형 전력회사들이 합병하여 1925년 설립되었으며, 영국의 1947년 전기법(Electricity Act 1947)의 제정에 따라 1948년 영국 전기청(British Electricity Authority)에 흡수되었다.
[31] 원즈원스구 홈페이지 참조.
https://www.wandsworth.gov.uk/business-and-licensing/regeneration projects/nine-elms/history-of-battersea-power-station/ (검색일: 2024년 5월 12일)

소였다. 1927년에 작성된 배터시발전소의 사업 제안서에 따르면, 이 발전소는 400MW의 전력 공급을 목표로 하여 템즈강에 인접한 61,000㎡ 크기의 저수지부지를 사업부지로 선정하였다.

배터시발전소의 건설 계획 발표 당시, 대중들은 주변 경관이 미적으로 침해될 것을 우려하였다. 이러한 우려를 불식시키기 위해 1929년에 자일스 길버트 스콧(Sir Giles Gilbert Scott)이 섭외되었으며, 그의 참여로 건물의 시각적 매력이 강화되었다.[32] 스콧은 런던의 붉은 전화박스, 워털루 다리, 리버풀 대성당을 디자인한 저명한 건축가이자 산업 디자이너로,[33] 현재 테이트 모던 미술관으로 사용되는 뱅크사이드 발전소도 그의 작품이다.

〈사진 1〉 자일스 스콧과 런던의 빨간 전화박스
출처: National Portrait Gallary, 본인 촬영 2024년 9월 1일

---

32 Whittick, A. 1974. *European architecture in the twentieth century*, Aylesbury : L. Hill, p.254(Emilie Koefoed, 2007 앞의 논문, p.9에서 재인용)
33 앞의 원즈워스구 홈페이지

배터시발전소는 그 규모와 굴뚝의 높이 때문에 매연과 황산가스로 인한 지역 주민들과 언론의 우려도 컸다. 배터시 지역뿐만 아니라 강 건너 부촌인 웨스트민스터와 첼시 지역의 주민들까지 민원을 제기할 정도였다.[34] 1929년 4월 10일자 더타임즈(The Times) 신문에 게재된 그림은[35] 배터시발전소가 설치될 경우 주변에 퍼지는 매연과 가스를 시각적으로 보여주며, 발전소 설립 반대 여론이 상당했음을 보여준다.

〈사진 2〉 배터시발전소가 건립되었을 경우 환경오염물질을 대량 배출한다는 예측을 그림
출처: The Times 1929년 4월 10일

1929년부터 1935년까지 건설된 A 발전소의 건설 비용은 총 2,141,550 파운드였으며, 1933년에 처음으로 전기가 생산되었다. 배터시발전소

---

34 New Power Station At Battersea, The Times, 1928년 12월 10일
35 Proposed Battersea Power Station, The Times, 1929년 4월 10일

의 외관 중 가장 인상적인 굴뚝은 길이가 50m에 달해, 건물 높이 51m를 더하면 전체 높이가 101m에 이른다.[36] 두 번째 단계인 B 발전소는 제2차 세계대전이 종료될 무렵 건설되었으며, 1953년부터 1955년까지 점진적으로 운영을 시작했다. B 발전소는 A 발전소와 거의 동일한 외관을 가지며, 기존의 두 개 굴뚝에 새로운 두 개의 굴뚝이 추가되어 현재의 모습을 갖추게 되었다. B 발전소의 건설은 발전 용량을 509MW로 증가시켰으며, 배터시발전소는 당시 영국에서 세 번째로 큰 발전소로 런던 전기 수요의 5분의 1을 공급하기에 이르렀다.[37] A 발전소는 런던전력회사에 의해 운영되었으나, B 발전소가 완공된 시점에는 영국의 전기 공급 산업이 국유화됨에 따라, 1948년 두 발전소의 소유권은 영국 전기청(British Electricty Authority, BEA)으로 모두 이전되었다.

〈사진 3〉 가동 중인 배터시발전소

출처: *The Architectural Review*, 2022년 10월 13일

배터시발전소는 두 차례 점진적인 가동중단과정을 거쳐 최종적으로

---

36 앞의 신문
37 헤절 스테이너 블로그 참조
    https://hazelstainer.wordpress.com/2023/02/17/battersea-power-station/ (검색일: 2024년 5월 15일)

전력공급 기능을 중단하고 폐쇄되었다. 먼저 A 발전소는 40년 가까이 운영되다가 1975년에 폐쇄되었고, B 발전소는 1983년에 폐쇄되었다. 발전소가 폐쇄된 주요 원인으로는 운영비용의 증가와 노후화로 인한 출력 감소를 들 수 있다. 발전장비의 노후화와 전력생산을 위한 연료가 석탄에서 석유, 가스, 원자력으로 이동함에 따라 경제성이 떨어졌기 때문이다.

배터시발전소는 1980년을 기점으로 산업유산으로서 주목받기 시작했다. 1980년, 환경부장관 마이클 헤젤타인(Michael Heseltine)은 이 발전소를 문화유산으로 지정하고, 건물에 II 등급의 보호지위를 부여하였다. 이 지위는 2007년에 II* 등급으로 상향조정되어 법적으로 더욱 강력한 보호를 받게 되었다.

그러나 산업화 시대의 이미지에서 산업 부문의 유산이라는 이미지로 전환되고, 널리 인식되기까지는 시간이 필요했다. 아무리 유명한 건축가가 설계했더라도, 전력을 생산하는 발전소 건물은 보는 사람에 따라 '거꾸로 놓인 탁자' 혹은 템즈강 경관을 해치는 '흉물스러운 거대한 괴물'로 여겨지기도 했다.[38] 실제로, 1990년대에 법적으로 문화유산으로 인정된 후에도, 이미 완전히 폐업한 이 건물에 대해 보존할 가치가 없다고 판단하여 철거하고 녹지 공간으로 바꾸자는 의견이 있었다.[39] 이는 지역민들이 민간 개발업자의 실패한 개발사업으로 인해 더 이상 이 '끔찍한 랜드마크'를 보존하기 위해 돈과 노력을 낭비하지 않게 하자는 취지였다.

한편, 1980년대부터 배터시 지역민들이 조직한 단체와 지역 언론은

---

[38] 영국의회 (상원/귀족원)의사록 1995년 3월 13일
[39] Industrial ruin, *The Times* 1992년 7월 14일 ; Battersea reborn? *The Times* 2005년 7월 16일

배터시발전소를 랜드마크로 인정하고 보존해야 한다는 입장에서 꾸준히 산업'유산' 이미지를 형성하기 위해 노력해왔다.[40] 이와 동시에, 해당 단체에 직접적으로 참여하지는 않았지만, 발전소를 산업유산으로 잘 보존해야 한다는 시각도 공존하고 있었다.[41]

뱅크사이드 발전소가 테이트 모던 미술관으로 성공적으로 변신한 2000년 이후 배터시발전소 역시 보존하고 재활용할 산업유산으로 성공할 수 있도록 다양한 아이디어가 제시되었으며, 여기에는 공공의 이익을 강조하는 분위기가 강하게 담기고 지지받기 시작하였다.[42]

이처럼 배터시발전소는 처음부터 런던의 대표적인 랜드마크로서 긍정적인 존재감을 가졌던 것은 아니지만, 배터시발전소는 탈산업화 직전 시대의 건축물로서 점차 보존해야 할 유산으로 인정받게 되었음을 알 수 있다.

2) 문화계에 영감을 준 배터시발전소

배터시발전소는 그 규모와 아르 데코 스타일의 디자인으로 인해 완공 전부터 현대건축의 주목할 만한 랜드마크로 자리 잡았다.[43] 아르 데코 방식은 시각예술디자인 양식 중 하나로, 제1차 세계대전 이후 프랑스에서 출현하여 제2차 세계대전 종전까지, 1930년대부터 1940년대

---

40 영국의회 (상원/귀족원)의사록 1995년 3월 13일
41 Industrial Ruin, *The Times* 1992년 7월 8일
42 Battersea Power Station, *The Times* 2000년 5월 15일 ; Battersea a site for design centre? *The Times* 2000년 5월 22일 ; More power to the riverside giants, *The Times* 2001년 4월 7일 ; John Darlington, The Rise, Fall and Rise of Battersea Power Station. *World Monuments Fund* 2016년 11월 17일
43 Rowan Moore and Raymund Ryan, 2000, *Building Tate Modern: Herzog & De Meuron Transforming Giles Gilbert Scott*, London: Tate Publishing, p.181 (Emilie Koefoed, 2007 앞의 논문, p.11에서 재인용)

에 걸쳐 전 세계 디자인계에 큰 영향을 미쳤다. 아르 데코는 전통적 수공예양식과 기계 시대의 대량생산방식을 절충한 스타일로, 풍부한 색감과 기하학적 문양, 그리고 호화로운 장식성으로 대표된다.

〈사진 4〉 배터시발전소 통제실　　〈사진 5〉 미국 필라델피아 30번가역
아르 데코 인테리어
출처: 배터시발전소 홈페이지, The Encyclopedia of Greater Philadelphia

배터시발전소는 B 발전소가 완공되기 전인 1936년 알프레드 히치콕의 영화 '사보타주'에 등장했으며, 1977년 발매된 영국의 록밴드, 핑크 플로이드의 열 번째 정규앨범 "애니멀즈(Animals)"의 커버사진에 활용되면서 대중문화의 아이콘으로 평가받았다.[44] 한편 2006년 개봉한 "인류의 아이들(Children of Men)"에서는 2027년 디스토피아적 미래를 배경으로 배터시발전소가 대칭적이고 권위적인 건물로 묘사되었으며, 현대 도시의 황폐함에 비유되었다. 이러한 묘사는 현대 사회의 불안정성과 역사적 무의미함을 비판적으로 반영하며, 발전소의 시각적 이미지와 상징성을 통해 관객에게 깊은 인상을 남겼다고 평가받았다.[45]

---

[44] Emilie Koetoed, 2007 앞의 논문, p.22
[45] 위의 논문, p.25

그밖에도 2008년 영화 배트맨 시리즈 중 "다크 나이트(Dark Night)"에서 배터시발전소의 내부가 고담시의 오래된 창고로 등장하기도 했다. 배터시발전소가 '황폐하게 버려진 산업물'로 자주 등장한 이유는 오랫동안 방치된 결과 폐허로 변한 실제 모습이 그러한 분위기를 충분히 자아냈기 때문일 거라 생각된다. 그 외에도 배터시발전소는 몇 차례의 록 콘서트와 파티, 그리고 중국 미술품 전시회가 열리며[46] 재개발사업의 진행이 부진했던 것과 관계없이 대중음악과 미술계 모두의 관심을 끌며 문화를 전달하는 장소로 활용되었다.

3) 정권의 변화와 배터시발전소 재개발사업의 다양한 계획들

배터시발전소는 1933년에 A 발전소가 가동을 시작으로 1983년에 B 발전소의 기능 종료까지 50년 동안 런던의 전력 공급을 담당했다. 1983년 이후 다양한 재개발 계획이 제시되었으나, 모두 무산되었고, 최종적으로 2012년 에른스트 앤드 영(Ernst & Young)이 수립한 계획이 승인되어 현재의 모습에 이르게 되었다. 배터시발전소가 재개장되기까지 거의 반세기의 시간이 흘렀고, 그동안 영국의 총리는 총 6명이 거쳐갔다.[47] 보수당, 노동당, 보수당-자유민주당 연합정부, 그리고 다시 보수당 단독정부 등 영국 정치권의 변화는 재개발사업에 영향을 미쳤다. 지금까지 진행된 배터시발전소 재개발사업의 추진 경과를 정

---

[46] Music, *The Times* 1997년 12월 13일 ; Battersea's great haul of China, *The Times* 2006년 8월 15일

[47] 마가렛 대처 총리(보수당, 1979~1990), 존 메이저 총리(보수당, 1997~2010), 토니 블레어 및 고든 브라운 총리(노동당, 1997~2007, 2007~2010), 데이비드 캐머론 총리(보수당-자유민주당 연합정부, 2010~2015), 테레사 메이 총리(보수당, 2016~2019), 보리스 존슨 총리(보수당, 2019~2022), 리즈 트러스 총리(보수당, 2022.09.06.~2002.10.25. 50일)

권변화와 함께 살펴보면 다음과 같다.[48]

(1) 테마파크 사업계획

배터시발전소의 재개발 프로젝트는 마가렛 대처가 총리로 재임시 강력하게 추진되었던 신자유주의 경제정책의 대표적인 사례로 볼 수 있다. 이 정책의 중요한 특징은 규제 완화, 민영화, 그리고 경제에 있어서 국가의 역할을 줄이는 것인데, 배터시발전소 재개발사업의 논의가 시작되었던 1980년대는 이미 영국에서 전통적인 산업들이 쇠퇴하거나 민영화되는 탈산업화 시기였다. 민영화와 시장주도의 해결책에 대한 초점은 배터시발전소 재개발의 방향을 상업적인 목적으로 재개발하려는 아이디어로 이어진 것으로 생각된다. 중앙전력생산위원회(The Central Electricity Generating Board, CEGB)는 발전소를 철거한 후 그 부지를 주택 용도로 판매하려 했으나, 발전소가 당시 II 등급 보호건물로 지정되어 있어 높은 비용을 들여 보존해야 했다. 1983년 중앙전력생산위원회는 배터시발전소 부지의 재개발 아이디어를 공모하는 대회를 열었고, 개발사업자 데이비드 로슈(David Roche)가 이끄는 컨소시엄이 선정되었다.[49] 이로써 배터시발전소는 소유권이 민간 개발업자에게 넘어가면서 민영화의 길을 걷기 시작했다.

이 컨소시엄은 상점과 레스토랑이 포함된 실내 테마파크를 제안했으며, 예상 사업비는 3,500만 파운드로, 수익을 내기 위해서는 매년 200만 명 이상의 방문객이 필요했다. 이 계획은 배터시발전소를 '산업유산'으로 보존하기보다는, 폐업한 발전소 부지를 상업적으로 재생시

---

[48] 언노운월드 홈페이지 참조
https://www.unknownworld.co.uk/battersea-power-station (검색일: 2024년 5월 15일)
[49] 영국의회 (상원/귀족원)의사록 1995년 3월 13일

키는 것이 재개발사업의 성공 여부를 결정짓는 중요한 요소로 간주되었던 것을 보인다.

〈사진 6〉 테마파크 계획안

출처: 본인 촬영 2024년 5월 14일

왜 런던의 랜드마크인 배터시발전소 재개발사업에서 테마파크 계획안이 선정되었을까? 이 질문에 대한 답은 1980년대 영국의 레저산업의 흐름과 연결지어 생각해 보면 쉽게 추측된다. 1980년대 영국은 테마파크와 다양한 레저산업의 급속한 발전을 경험하였다. 특히 1980년에 런던 북쪽에 지어진 알톤 타워스(Alton Towers) 테마파크가 큰 성공을 거두었다.[50] 이러한 성공은 대처 정부에게 방치되어 황폐해진 도심지역을 재생시키는 데 있어 하나의 해결책으로 여겨졌다. 당시 보수당 정권에 의해 배터시발전소가 민간기업에 매각된 것에 대해 지역주민들의 비판적인 목소리가 나왔음에도[51] 불구하고 이는 대처 정권에게는 들리지 않는 외침이었다. 이 재개발계획에서 산업유산으로서의 특색을 살리거나 지역사회와의 교류나 연계를 고려한 방안 없이

---

50 Edited by Jason Wood, 2017 *The Amusement Part: History, Culture and the Heritage of Pleasure*, London and New York: Routledge, pp.57~59
51 Battersea generates a controversy, *The Times* 1989년 11월 17일 ; Still a purpose for Battersea?, *The Times* 1989년 11월 22일

오직 상업적 이익만을 추구한 테마파크 계획은 대처 정권의 도시재생 사업의 특징을 여실히 보여주었다.52 이 제안을 반영한 사업계획은 1986년 5월에 인가되었고, 1987년에는 알톤 타워스 테마파크 개발업자이자 소유주인 존 브룸(John Broome)이 150만 파운드에 부지를 매입했다.

또한 테마파크는 런던의 중심에 위치했으나 발전소 부지로 교통이 불편했기 때문에, 영국 철도청은 외국인 관광객을 유치를 위해 런던 개트윅 공항으로부터 런던 빅토리아역을 거쳐 테마파크를 연결하는 초고속 열차를 운영하려는 계획도 세웠다.53 1988년 6월 8일 배터시발전소 재개발프로젝트 명명식(命名式)에서 대처는 "오늘 우리는 과거를 보았습니다. 우리는 2년 후 다시 이곳에서 미래를 보게 될 것입니다."라며 이 재개발사업의 성공을 매우 자신있게 예측했다.54

그러나 이 프로젝트를 위해 당초 예상했던 사업비인 3,500만 파운드가 아닌 2억 3,000만 파운드가 필요하다는 사실이 확인되면서, 테마파크 계획은 1989년 3월에 중단되었다. 이 시점에서 발전소의 기계를 철거하기 위해 발전소 건물 지붕의 큰 부분이 제거되었고, 그 결과 건물의 강철 구조물이 외부에 노출되어 건물 기반이 홍수에 취약해졌다. 특히 주목할 점은 당시 제거된 건물 지붕이 30년 넘게 복구되지 않아 건물 내부가 오랜 기간 부식되었고, 이로 인해 나중에 산업유산으로 복구할 때 큰 비용이 발생하게 된 주요 원인 중 하나가 되었다는

---

52 Carpenter, Juliet, 2014 "Regeneration and the Legacy of Thatcherism" *Metropolitics* 15 October, pp.1~2
대처 정권의 대표적인 도심재생사업인 런던 동쪽의 도클랜드(Dockland)와 카나리워프 개발 역시 지역의 역사성을 무시하고 상업적인 이익만을 추구한 사례이다. (퀸 슬로보디언, 김승우 역, 2024 『크랙업 캐피털리즘』, 아르테, 76~81쪽 참조)
53 In the Market, *The Times* 1989년 3월 22일
54 Thatcher's laser launch, *The Times* 1988년 6월 9일

것이다.

1990년 3월, 테마파크 사업계획은 사무실, 상점, 호텔이 혼합된 형태의 사업으로 수정되었다. 14개의 기관과 잉글리시 헤리티지의 반대에도 불구하고 수정된 사업계획은 1990년 8월 인가되었다. 그러나 1990년부터 1993년 사이에는 사업부지에 대한 추가 작업은 이루어지지 않았고, 결국 이 사업은 중단되었다.[55] 1988년에 "영국의 이익을 위해 협력하는 민간 기업과 지방정부(필자주: 원즈워스구)의 훌륭한 사례"로 배터시발전소 재개발사업을 홍보하던 대처는[56] 1990년에 존 메이저에게 정권을 넘겼고, 자신만만하던 재개발사업의 미래는 불투명해졌다.

〈사진 7〉 1988년 6월 배터시발전소 재개발사업 명명식에서 레이저건을 쏘고 있는 대처 총리
출처: The Times 1988년 6월 9일

[55] Peter Watts, 2016 Up in Smoke: The Failed Dreams of Battersea Power Station, London: Paradise Road, p.192
[56] Industrial Ruin, The Times 1992년 7월 8일

(2) 파크뷰(Park View)의 사업계획

1993년 홍콩 회사인 파크뷰 인터내셔널(Parkview International, 이하 "파크뷰")는 배터시발전소의 부지와 7천만 파운드의 막대한 부채를 미국 은행으로부터 1천만 파운드에 매입하였으며, 이후 기존 채무를 모두 변제한 후 1996년 5월 소유권을 취득했다. 이때부터 배터시발전소 재개발사업에 외국자본의 투자가 시작되었다. 파크뷰는 1996년 11월 배터시발전소 재개발을 위한 새로운 사업계획을 제출했고, 1997년 5월 실시계획을 승인받았다. 존 메이저 정권시기(1990~1997) 역시 대처의 신자유주의 정책을 이어갔지만, 1990년 초반의 경기침체 등 경제적 어려움에 직면하게 되었다. 이 기간 동안 발전소 부지는 메이저 정권의 무관심 속에서 수차례 실패한 계획들로 인해 여전히 방치된 상태로 남아 있었다.

특히 1995년 3월 13일, 영국 의회(상원/귀족원)는 이 문제를 심각하게 논의하기에 이르렀다.[57] 이날 배터시발전소 재개발사업에 대한 다양한 건의와 비판, 그리고 정부 측 인사의 반박이 오갔다.

먼저 노동당 소속 알프레드 덥스(Alfred Dubs, Baron Dubs) 의원은 1983년 당시 배터시 지역구 의원으로서, 중앙전력생산위원회가 배터시발전소를 민간기업에 처분한 상황과 현재의 황폐한 상태에 대한 조사가 필요하다고 주장했다. 그는 런던 동쪽의 카나리 워프(Canary Wharf) 개발 사례를 유감스럽게 여기며, 이러한 잘못이 반복되지 않기를 바라는 마음으로 런던과 런던 시민들에게 중요한 주요 부지인 배터시발전소 재개발에 대해 신중하게 접근해야 한다고 강조했다. 특히 그는 발전소 선물이 안전상의 이유로 철거될 가능성에 대해 우려를 표명하며,

---
[57] 영국의회 (상원/귀족원)의사록 1995년 3월 13일

신중한 재개발 접근이 필요하다고 강조했다. 그는 대처 정부가 테마파크 계획을 적극 지지했으나 이후 무관심한 태도를 보였다고 비판했다. 또한 그는 배터시발전소 문제가 책임행정기관인 윈즈워스구가 처리하기에는 너무 큰 사안이므로, 잉글리시 헤리티지의 책임 있는 개입이 필요하다고 주장했다.

덥스가 지적한 문제는 이미 지역민 단체인 배터시발전소 커뮤니티 그룹과 지역신문사 『South London Press』를 통해 계속 제기되어 왔던 것이다. 덥스는 이들이 발전소 부지에서 무슨 일이 일어나고 있는지 대중의 관심을 끌기 위해 용감하게 싸우고 있다고 이들을 지지했다.

특히 그는 단순히 개발업자의 이익을 위한 물리적인 공간이 아닌, 지역사회의 이익을 위해 활용될 수 있는 창의적인 방법이 필요하다고 주장했다. 덥스는 새롭고 흥미로운 아이디어를 도입하기 위해 단일 개발이 아닌 혼합된 개발이 필요하다는 인식의 전환을 촉구했다. 배터시발전소 부지는 35에이커 규모의 대형건물과 기회와 가능성을 완성할 수 있는 인접 부지로 구성되어 있으므로, 혼합된 민간 및 공공 개발이 필요하다고 주장했다.

또한 그는 부지에서 상업적 이익이 발생할 수 있도록 해야 함은 물론이고, 사회적, 지역적, 여가적 이익이 발생할 수 있도록 부지개발이 되어야 한다고 강조했다. 덥스는 정부가 민간부문(개발업자 파크뷰)와 잉글리시 헤리티지, 그리고 윈즈워스구를 하나로 모아야 한다고 제안했다. 그는 전 세계의 건축가들이 이 부지의 잠재력을 개발할 수 있는 흥미로운 방법을 찾도록 초대한다면, 개발업자와 지역민 모두의 이해를 덜 상하게 하는 좋은 방안이 나올 것이라고 보았다. 그의 주장의 핵심은 당시 메이저 정부의 무관심한 태도를 바꾸고 유산관리국인 잉글리시 헤리티지의 적극적인 행정 지원이 있어야 배터시발전소 재개발사업이 성공적으로 진행될 수 있을 것이라는 점이었다.

노동당 소속이자 엔지니어 출신인 프레드릭 폰존비(Baron Frederick Ponsonby) 의원 역시 뎁스와 같은 견해를 표명하며, 이 재개발사업은 대처 정권의 민간부문에 대한 잘못된 신뢰를 보여준다고 지적했다. 또한 그는 발전소 시설물 방치를 방지하기 위한 계획수립 없이 12년 동안 아무런 조치를 취하지 않은 원즈워스구의 리더십 부재를 비판했다. 그는 법적으로 정한 법정기관으로서 원즈워스구는 부지개발에 대한 공공 및 민간투자를 주도해야 했으나, 이러한 리더십이 부재했다는 점을 꼬집었다.

노동당 소속이자 저명한 마르크스주의 경제학자인 메그나드 데사이(Baron Meghnad Desai) 의원은 배터시발전소는 런던의 유산이자 국가유산임을 강조하며 산업유산으로서의 배터시발전소의 가치를 높이 평가했다. 그는 민간기업이 공공장소를 위해 재개발에 성공한 사례로, 런던 이즐링턴의 왕립농업홀을 비지니스 센터로 전환한 사례를 제시하며 민간부문의 개입을 반대하지 않았다. 데사이는 재개발사업에 원즈워스구, 민간부문 또는 중앙정부에 책임을 전가하기보다는, 잉글리시 헤리티지나 밀레니엄 위원회(Millennium Commission)와 같은 별도의 기관이 공공건물에 대한 관리와 보존에 적극적으로 나설 필요성을 제기했다. 그는 또한 수익성 문제도 언급하며, 건물 소유주가 건물을 방치하고 위험에 처하게 만든 다음 파괴하여 부지를 재개발하기보다는, 소유주와 개발업자가 협동전략을 채택하는 것이 더 수익성이 높을 수 있음을 전달할 방법을 고안해야 한다고 주장했다. 데사이는 약간의 상상력만 있다면 잉글리시 헤리티지나 다른 기관들이 건물을 보존하면서도 민간회사의 수익을 창출하고 대중의 이익을 위해 활용할 수 있을 것이라고 믿었으며, 정부 역시 이런 방향으로 산업유산의 재활용을 고려해야 한다고 촉구했다. 그렇게 된다면, 건물을 보존하여 파괴하는 것보다 더 수익성 있고 유용하게 만들 수 있을 것이라고 강조했다.

1983년, 데릭 에즈라(Baron Derek Ezra)[58]는 중앙전력생산위원회로부터 배터시발전소 개발프로젝트를 추진할 계획을 선정하는 기관의 의장을 맡아달라는 요청을 받고 참여하게 되었다고 밝혔다. 전술한 덥스 의원도 여기에 참여했다. 에즈라는 이 조사가 매우 공정하게 이루어졌으며, 총 6개의 경쟁프로젝트가 선정되었지만 이름은 공개되지 않은 상태에서 그들이 제안한 내용을 면밀히 검토했다고 말했다. 이 과정에서 재정적, 환경적, 교통적 영향을 모두 고려했으며, 최종적으로 알톤 타워스(Alton Towers) 그룹이 참여한 신디케이트가 선정되었고 전하였다. 그러나 결국 1989년에 재정적인 어려움으로 인해 프로젝트작업이 중단되었고 발전소는 매각되었다. 덥스, 폰즌비, 데사이 의원들이 지적한 것처럼 부채 또한 함께 매각되었고, 그 이후로 모든 개발프로젝트는 중단되었다.

에즈라는 배터시발전소 개발문제를 제기해 준 덥스, 엔지니어로서 이 건물의 가치를 옳게 평가해준 폰슨비, 그리고 실용적인 방식으로 이 문제를 다룬 데사이의 견해에 동의한다고 밝혔다. 에즈라는 배터시발전소 재개발사업에 대한 정부의 관심이 필요하다고 강조했다.

노동협동조합당 소속 테드 그레이엄(Baron Ted Graham) 의원은 배터시발전소가 단순한 산업시설을 넘어 런던의 스카이라인과 템즈강변 경관을 구성하는 중요한 요소로, 지역의 정체성을 형성하는 데 기여해

---

58 데릭 에즈라는 1936년부터 자유당에 가입하여 1945년부터 국가석탄위원회에 합류하여 가장 오랫동안 이 위원회의 의장직을 맡았고, 철도 민영화에 반대하는 활동을 벌이기도 하였으며, 1998년부터 2005년까지 자유민주당 에너지 담당 대변인을 역임하기도 하였다.

왔다고 강조했다. 이처럼 귀중한 산업유산이 방치로 인해 붕괴될 위험에 노출되었다는 점을 염려했다. 60년 전, 이 발전소 구조물이 처음 등장하였을 때 런던시민들이 받았던 충격에서 벗어나 이제는 역사문화적 가치를 지닌 귀중한 유산으로 자리 잡았다고 말했다. 그는 런던광역시의회(Greater London Council, GLC)[59]의 부재 속에서 원즈워스 자치구 의회가 배터시발전소 개발의 주도권을 잡고 권력과 권한을 행사해야 하는 정부기관으로서의 책임을 맡고 있는 상황이 어려움을 수반하고 있을 것이라고 지적했다. 런던광역시의회는 런던의 최고행정기관으로 책임을 맡고 필요한 자금을 조달하는 데 이상적인 지방정부였기 때문이다.[60] 그는 국가유산부(Department of National Heritage)가 이를 정리해야 한다고 주장했다. 그는 국가유산부와 환경부가 런던시민들을 돕기 위해 나서 줄 것을 요청했다.

---

59 런던광역시의회(Greater London Council, GLC)는 1965년부터 1986년까지 존재했던 그레이터 런던(런던 광역권)의 최상위 지방정부 행정기관이었다. GLC는 그레이터 런던 지역의 광범위한 행정 업무를 담당했으며, 교통, 도시 계획, 주택, 그리고 공공 서비스 제공과 같은 다양한 기능을 수행했다. 이 기관은 런던 내 32개 자치구와 시티 오브 런던을 아우르는 광역 행정을 조정하는 역할을 했다.
GLC는 특히 1980년대 마거릿 대처 정부와의 정치적 갈등으로 유명한데, 대처 정부는 GLC를 과도한 권력을 가진 비효율적인 조직으로 간주했고, 결국 1986년에 해체되었다. GLC의 해체 이후, 그 기능은 런던의 자치구들로 분산되었으며, 이후 2000년에 런던시장을 중심으로 하는 그레이터 런던 행정청(Greater London Authority)이 새로 설립되었다.
60 노동당 소속의 정치인 켄 리빙스턴(Ken Livingstone)은 GLC의 마지막 지도자였으며, 이후 2000년에 런던의 첫 번째 민선 시장으로 선출되었다. 리빙스턴은 1981년부터 1986년까지 GLC의 의장(리더)을 역임하며, 런던의 좌파 정치의 상징적인 인물로 떠올랐다. 그는 GLC를 통해 다양한 사회복지 프로그램과 대중교통 개선정책을 추진했으며, 특히 교통요금 인하정책으로 대중의 큰 지지를 받았다. 그러나 그의 급진적인 정책과 마거릿 대처 정부와의 정치적 충돌로 인해, 대처는 GLC를 해체시켰다. GLC 해체 이후에도 리빙스턴은 런던의 정치에서 영향력을 유지했으며, 2000년에는 런던의 첫 번째 시장으로 당선되어 대중교통 시스템의 개선과 런던 교통 혼잡세(Congestion Charge) 도입 등 중요한 정책을 추진했다. 그는 2004년에 재선에 성공했지만, 2008년 선거에서 보리스 존슨에게 패배했다.

그레이엄은 현재 파크뷰 컨소시엄의 수장인 빅터 황이 말한 "배터시발전소는 런던의 상징이며, 우리는 이를 사용하여 아르 데코 시대의 정신을 재창조하고자 합니다."라고 말한 것에 전적으로 동의했다. 또한 그는 지역사회단체인 배터시발전소 커뮤니티그룹의 리더인 브라이언 반즈(Brian Barnes)가 원즈원스구에 발전소 부지에 대한 새로운 개발계획서를 발표할 것을 요청한 것을 전적으로 지지했다. 반즈는 지역언론에 "원즈원스구는 계획과정에서 더 적극적인 역할을 하고, 개발업자인 파크뷰와 협력하여 배터시발전소의 재개발을 가속화해야 한다."고 주장하였다고 전하였는데, 이 시기 중앙정부는 물론 지방정부인 원즈워스구도 방관자였음을 알 수 있다.

보수당 정치인이자 영국여왕의 시종을 역임하였던 진 바커(Jean Barker, Baroness, Lady Trumpington)는 잉글리시 헤리티지가 발전소 상태를 정기적으로 점검하고 있으며, 현재 건물 상태는 걱정할 수준이 아니라고 보고했다. 또한 메이저 정부의 관리 부재를 인정하면서도 잉글리시 헤리티지의 노력을 강조했다.

1997년 총선에서 토니 블레어는 노동당을 이끌고 압승을 거두며, 2010년까지 13년간 이어지는 노동당 집권 시기를 열었다. 2007년에는 고든 브라운이 뒤를 이었다. 블레어와 브라운의 신노동당은 시장주도 경제와 사회적 불평등 감소를 목표로 하는 정책을 결합하였고, 도시재생은 중요한 초점이 되었으며 특히 노동당 정부는 산업유산 부지가 도시재생의 촉매제가 될 수 있는 가능성을 인식하고 방치된 산업부지를 혼합용도로 변모시키는 데 투자를 하였다. 그러나 배터시발전소의 재개발은 규모의 문제와 2008년 브라운 집권기 발생한 금융위기 때문에 여전히 어려움을 겪었다.

개발업자인 파크뷰 역시 투자한 만큼 성공을 위해 계획을 구체화하여 제출하였고, 상세한 계획의 일부는 2000년 8월, 나머지는 2001년 5월 승인되었다. 파크뷰는 2003년부터 배터시발전소를 복구하고 부지를 소매, 주택 및 레저 복합 단지로 재개발하는 11억 파운드 규모의 사업을 시작했다. 그러나 파크뷰가 배터시발전소 부지를 소유하는 동안 여러 건축가들이 다양한 마스터플랜을 준비했지만 모두 폐기되었다. 그 중 하나는 "파워 스테이션(The Power Station)"이라는 계획으로, 건축가 니콜라스 그림쇼(Nicholas Grimshaw)가 주도했다. 이 계획에 따르면 40~50개의 레스토랑, 카페 및 바, 180개의 상점을 갖춘 쇼핑몰이 세워질 예정이었다. A 발전소의 터빈 홀에는 국제적인 상점들이, B 발전소의 터빈 홀에는 유명 브랜드 상점들이 들어설 계획이었다. 또한, A 발전소와 B 발전소가 각각 있었던 보일러 하우스(boiler house)는 유리로 덮여 설치물과 전시회를 위한 공공 공간으로 사용되며, 강변을 따라 복도가 만들어져 인근 배터시공원까지 이어질 예정이었다. 파크뷰는 프로젝트 건설기간 동안 3천 개의 일자리를 창출하고, 완공 후에는 9천 명을 고용할 것이며, 지역 채용에 중점을 둘 것이라고 주장했다.

〈사진 8〉 파크뷰 계획안

출처: 본인 촬영 2024년 5월 14일

파크뷰의 계획안들이 새로 마련되고 변경되는 기간 동안 발전소건물의 상태는 점점 악화되어갔다. 1983년에 설립되어 배터시발전소에 대한 상업적, 사적 이익추구에 저항해왔던 배터시발전소 커뮤니티 그룹(Battersea Power Station Community Group)은 파크뷰의 계획에 반대하며 대안적인 지역사회 기반 계획을 마련할 것을 주장했다.[61] 이 그룹은 파크뷰의 계획을 "38에이커(150,000m²)의 부지에 저소득층을 위한 주택공급계획이 전혀 없고, 지역 주민들에게 적절한 일자리를 제공하지 않으며, 믿을 만한 대중교통 전략이 없는 매우 매력 없는 프로젝트"라고 비판했다.

한편 파크뷰, 잉글리시 헤리티지 및 원즈워스구는 2005년 굴뚝 내부의 보강재가 부식되어 더 이상 수리가 불가능하다고 밝혔다. 1995년 상원의원들이 우려하였던 것이 현실화된 셈이다. 원즈워스구 의회는 굴뚝을 철거하고 재건축하는 것을 허가했지만, 20세기협회(Twentieth Century Society), 세계기념물기금(World Monuments Fund) 및 배터시발전소 회사(Battersea Power Station Company Ltd)가 의뢰한 감정서에서는 기존 굴뚝의 수리가 가능하다는 결론이 나왔다. 이에 대해 파크뷰는 굴뚝을 잉글리시 헤리티지와 계획 당국의 요구 사항에 따라 "똑같이" 교체할 것을 법적으로 약속하였다.

(3) 'REO'의 사업계획

2006년 11월, 아일랜드 사업가인 리처드 배럿(Richard Barrett)과 트레저리 홀딩스(Treasury Holdings)의 조니 로넌(Johny Ronan)이 이끄는 부동산 투자 회사 리얼 에스테이트 어퍼츄니티즈(Real Estate Opportunities,

---

[61] 배터시발전소 커뮤니티 그룹 운영사이트, 스펙타클 참조
https://www.spectacle.co.uk/projects_page.php?id=289 (검색일: 2024년 5월 12일)

이하 "REO")가 배터시발전소와 주변 부지를 4억 파운드에 매입했다. REO는 이전 파크뷰의 계획을 폐기하고, 뉴욕의 우루과이 출신 건축가 라파엘 비뇰리(Rafael Viñoly)를 새로운 마스터 플래너로 임명했다. 비뇰리는 배터시발전소의 문화적 가치를 인식하고 건물 보존의 필요성을 강조하였다.[62]

비뇰리 마스터플랜의 핵심은 기존 배터시발전소보다 더 높은 약 300m 높이의 "에코돔(ecodome)"을 발전소 동쪽에 설치하는 것이었다. 비뇰리는 에코돔을 "거대한 오븐과 같다"고 설명하였다. 그는 투명한 ETFE 소재와 에코돔의 내부 구조가 태양열을 사용하여 대류 흐름을 만들어내며, 공기는 거대한 굴뚝을 통해 배출된다고 했다. 이를 통해 자연적으로 통제된 환기 환경이 조성되어 밀폐된 건물의 에어컨 에너지 수요를 최대 67% 줄이고, 연간 약 16,000톤의 이산화탄소 배출 절감 효과가 있을 것으로 예상했다.[63] 에코돔은 사무실 공간으로 활용될 예정이며, 에코돔의 굴뚝을 통해 건물 내부로 시원한 공기를 유입시켜 기존 사무실 건물에 비해 에너지 소비를 67% 줄이는 것을 목표로 했다. 이 사업계획에는 바이오매스와 폐기물을 연료로 사용하는 발전소 구축을 위해 기존 발전소 건물의 일부를 재활용하는 내용도 포함되었다. 이에 따라 발전소의 기존 굴뚝은 증기를 배출하는 데 사용되고, 터빈 홀은 쇼핑 공간으로 개조되며, 지붕이 없는 보일러 하우스는 공원으로 조성될 예정이었다. 또한, 전력박물관이 옛 발전소 건물 안에 세워질 예정이었으며, 발전소 건물의 복원 비용은 1억 5천만 파운드에 이를 것으로 예상되었다. 이 사업계획은 대기오염 문제를 초래했던 발전소를 환경친화적인 요소를 장착한 산업유산으로 탈바꿈시키려는

---

[62] Latest plans for Battersea power station revealed, *The Guardian*, 2009년 8월 2일
[63] Pop Goes the Bubble, *The Architec's Newspaper*, 2008년 7월 27일

의도를 담고 있었다고 생각된다.

〈사진 9〉 REO 계획안과 에코돔(사진의 왼쪽에 위치)
출처: 본인 촬영 2024년 5월 14일

　당시 런던 시장이었던 전 영국총리 보리스 존슨은 이 에코돔을 "거꾸로 된 화장지 홀더"라고 비판했으며,[64] 다른 건축가들 사이에서도 많은 비판을 받았다. 이후 계획은 여러 개의 작은 타워를 짓는 것으로 변경되었다. 물론 2008년 6월에 시작된 공청회 과정에서 일반 대중의 66%가 이 계획을 지지하기도 하였다. 2009년 3월 23일 발전소에서 열린 행사에서 REO는 이 사업계획 제안서를 원즈워스구 의회에 제출한다고 발표하였다. 이후 구의회는 2010년 11월 11일 사업계획을 인가했다. 사업계획에 따르면 2011년 착공, 2020년 준공을 목표로 하며, 3,400개의 아파트와 330,000㎡의 사무실 공간을 건설하여 완공 후에는 약 28,000명의 주민과 25,000명의 근로자를 수용할 수 있을 것으로 예

[64] Peter Watts, 2016 앞의 책, p.192

상했다. 그러나 REO는 55억 파운드에 달하는 사업자금을 조달할 파트너를 찾는 데 실패했고, 로이드(Lloyds)은행을 비롯한 대출 기관들에 부채를 상환하지 못해 2011년 11월 파산절차에 들어가면서 REO의 사업계획은 무산되었다.[65]

(4) 도시공원 사업계획

2012년 2월 테리 패럴(Sir Terry Farrell)의 건축 회사는 발전소부지를 "도시공원(urban park)"으로 전환하고 나중에 주택을 개발할 수 있는 옵션을 포함한 제안을 제출하였다. 이 구상에서 패럴은 중앙 보일러 홀과 굴뚝을 제외한 모든 것을 철거하고, 제어실의 스위칭 장비를 '포드'에 전시할 것이라고 하였다. 그러나 이 계획은 건물이 II 등급으로 등재된 상태였기 때문에 실현 가능성 자체가 낮았다.[66]

(5) 말레이시아 컨소시엄의 사업계획 (최종)

REO의 사업 실패 후, 2012년 2월에 배터시발전소는 공개 시장에 매물로 처음 등장했다. 이 시기는 데이비드 캐머런(2010~2015)이 보수당-자유민주당 연합정부를 이끌었던 시기와 맞물린다. 연합정부 정권기에는 긴축 재정이 주요 화두였으며, 공공지출의 대폭 삭감이 이루어졌지만, 외국인 투자를 유치하고 대규모 도시 재개발프로젝트를 추진하는 데 중점을 두었다. 특히 캐머런 집권기에 배터시의 재개발이 가속화되었으며, 말레이시아 개발자들의 대규모 투자가 이루어졌다.[67]

---

[65] Battersea Power Station calls in administrators, *The Guardian*, 2011년 11월 30일
[66] Battersea Power Station the latest attempt to save the crumbling landmark, *Daily Telegraph*, 2012년 2월 28일
[67] Battersea Power Station work opened by David Cameron and Malaysian PM, *BBC*

이 매각은 REO의 채권자들을 대리하여 상업 부동산 중개회사인 나이트 프랭크(Knight Frank)에 의해 진행되었으며, 파산절차의 관리인(administrator)[68]은 컨설팅 회사인 에른스트 앤드 영(Ernst & Young)이었다. 2012년 5월 배터시발전소에 대한 여러 입찰이 접수되었다. 첼시 축구단(Chelsea F.C.),[69] 말레이시아 부동산 회사인 에스 피 세티아(S P Setia), 런던 회사인 런던 앤드 리저널(London & Regional), 그리고 주택 건설업체인 버클리(Berkeley) 등이 입찰에 참여하였다.[70] 입찰가격은 총 4억 파운드로, REO의 채권자인 나마(National Asset Management Agency, 'NAMA')와 로이드은행이 보유한 3억 2천5백만 파운드의 부채를 충당하고 런던 지하철 노던라인을 배터시발전소까지 연장하기 위한 1억 파운드의 기여금을 포함하였다.

2012년 6월 관리자인 에른스트 앤드 영은 배터시발전소의 재개발을 위해 말레이시아의 부동산회사인 에스 피 세티아(S P Setia, 지분율 40%), 무역재벌인 사임 다비 프로퍼티(Sime Darby Property, 지분율 40%) 및 말레이시아 최대 연기금인 임플로이스 프로비던트 펀드(Employees Provident Fund, 지분율 20%)로 구성된 말레이시아 컨소시엄과 우선협상계약을 체결하였다.[71] 이후 실사와 계약의 최종 조건을 합의하고 2012년 9월에야 매각이 완료되었다.[72]

  News 2013년 7월 4일
68 법정 관리 절차에서 관리인(administrator)은 파산회사를 운영하고 채권자들의 이익을 보호하는 역할을 한다.
69 Chelsea's goal is to be a football power in Battersea, *The Times*, 2012년 5월 5일
70 Battersea Power Station in London on sale, *BBC News*, 2012년 2월 14일
71 Malaysians win where Bayern Munich failed, *The Times*, 2012년 7월 5일
72 Need to know, *The Times*, 2012년 9월 6일

〈사진 10〉 배터시발전소 재개발계획 최종안
출처: 배터시발전소 공식홈페이지

말레이시아 컨소시엄은 앞서 REO가 준비했던 비놀리의 마스터플랜을 활용하여 배터시발전소 사업부지를 재개발하기로 하였다. 이를 통해 배터시발전소를 재개발 사업부지의 중심에 두고, 상점, 카페, 레스토랑, 예술 및 레저시설, 사무공간 및 주거시설이 혼합된 공간으로 조성하기로 하였다. 또 이 계획에는 역사적인 발전소 자체의 복원, 발전소 북쪽에 새로운 강변 공원의 조성, 그리고 배터시발전소 지하철 역의 입구와 발전소를 연결하는 새로운 도로의 조성도 포함되었다. 총사업비는 약 90억 파운드(약 15조 5,800억 원)가 소요되었다. 전체 재개발은 8개의 주요 단계로 구성되었으며, 그 중 일부는 동시에 진행되었고, 현재 3단계까지 마무리가 된 상태이다.[73]

---

73 배터시발전소 홈페이지 참조
   https://batterseapowerstation.co.uk/about/building-battersea-the-masterplan/#:~:text=The%20overall%20project%20is%20divided,a%20range%20of%20specialist%20architects.
   (검색일: 2024년 5월 18일)

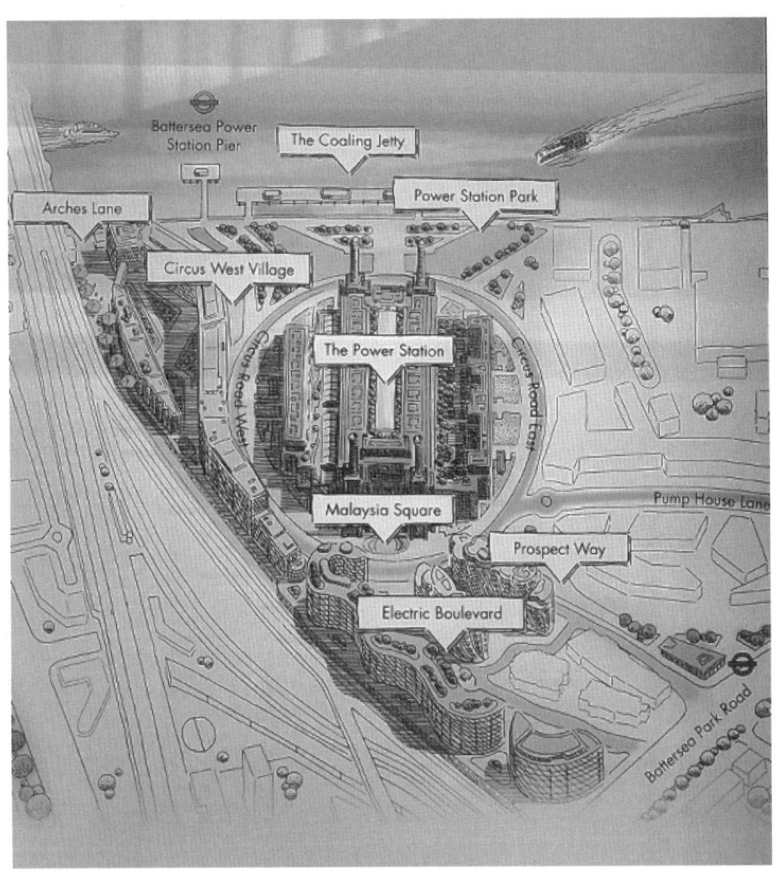

〈사진 11〉 배터시발전소 재개발계획 최종안, 발전소를 중심으로 주변 지역까지 개발
출처: 본인 촬영 2024년 5월 14일

먼저 1단계 사업은 발전소의 서쪽에 위치한 서커스 웨스트 빌리지(Circus West Village)라고 불리는 근린생활시설을 개발하는 것으로, 23개의 레스토랑과 카페, 소매점, 그리고 1,800가구의 아파트로 구성된다. 1단계의 착공은 2013년 개시되었고 2017년 완공되었다. 배터시발전소 건물 자체를 개발하는 2단계 사업은 2013년 시작되었으며,

2022년 10월 14일 준공 후 대중에 공개되었다. 발전소 건물에는 레스토랑과 바, 상점들 외에도 254개의 아파트와 극장이 들어섰다. 애플을 비롯한 다양한 전자제품 매장과 패션관련 매장, 그리고 한국 제과제빵 브랜드인 파리바게트도 입점해 있다. 그리고 배터시발전소의 가장 큰 특징 중 하나인 높이 109미터의 굴뚝 4개 중 북서쪽 굴뚝은 360도 방향으로 런던 시내를 감상할 수 있는 전망대로 개조되었다. 3단계 사업을 통해 배터시발전소 남단에 일렉트릭 블러바드(Electric Boulevard)라고 불리는 근린생활시설이 세워지는데, 현재 1,300실의 아파트와 명품 상점 및 식당들이 들어서 있다. 한국 식료품점인 오세요(Oseyo)도 이곳에 입점해 있다.

〈사진 12〉 산업유산으로 재탄생한 배터시발전소의 외관과 내부
출처: 본인 촬영, 2024년 5월 26일

또한, 배터시 발전소의 접근성을 높이기 위해 1.9마일 길이의 지하철 노선이 연장되어 나인 엘름역과 배터시 파워스테이션역이 신설되었다. 이 프로젝트에는 11억 파운드(약 1조 9천억 원)가 투입되었으며, 지하철은 2021년 9월 20일부터 운행 중이다.

캐머런 집권기에 탄력받아 재개발이 가속화된 배터시발전소 재개발

사업은 연합정부시기에 이어 보수당 단독정부시기에도 재개발사업이 진행되었다. 이 시기 도시재생에 대한 초점은 유지되었지만, 재개발 계획에 상업적인 개발과 지역민과 공공의 이익을 위하는 계획안—커뮤니티 시설이나 저렴한 주택공급 등—이 포함되어 혼합형 재개발안이었지만 부유한 외국인 투자자 대상의 고급개발이라는 비판은 피할 수 없게 되었다. 2022년 10월, 재개장 축하 행사에 노동당 소속 런던 시장 사디드 칸(Sadiq Khan)이 참석하였다.[74] 칸은 저렴한 주택 공급이 대폭 줄어든 점을 비판했지만[75] 그의 참석은 불가피했던 것으로 보인다.

3. 배터시발전소 재개발 사업이 극복해야 했던 다양한 문제와 성과

배터시발전소는 1983년에 폐쇄된 후 2012년에 개발이 진행되기까지 29년간 방치되어 있었다. 세이브 브리튼스 헤리티지(Save Britain's Heritage)[76]의 마리앤 왓슨-스미스(Marianne Watson-Smyth)은 배터시발전소 건물은 보존을 위해 극복해야 하는 모든 문제점들을 다 안고 있다며, 이 총체적 난국을 에베레스트산에 비유하였다.[77] 또한 거의

---

74 Sadiq Khan: Kwasi Kwarteng not the only problem with Liz Truss' Government, *Evening Standard* 2022년 10월 14일
75 Sadiq Khan attacks Battersea affordable homes decision, *BBC News* 2017년 7월 10일
76 Save Britain's Heritage는 1975년에 설립된 영국의 비영리 단체로, 영국 전역의 역사적 건축물과 유산을 보호하고 보존하기 위해 설립되었다. 이 단체는 정부, 지방 당국, 개발자들이 계획 중인 건축물 철거에 반대하며, 중요한 역사적 건축물의 보존을 촉구하고, 건축물의 복원과 재사용을 장려하며, 역사적 유산의 중요성에 대한 인식을 높이기 위한 다양한 캠페인 활동과 연구를 하고 있다.
77 Powerless to stop the rot, *The Times* 1993년 2월 25일

반세기 가까이 재개발사업의 진행이 어려웠었기에 이에 대해 런던 시장이었던 켄 리빙스턴(Ken Livingstone)은 2009년에 "지난 20년간 런던에서 가장 큰 계획상의 치욕"이라고 표현하였다.[78] 이처럼 배터시발전소가 현재의 모습으로 다시 활용되기까지 오랜 기간 방치될 수밖에 없었던 데에는 다음과 같은 점들을 들 수 있다.

1) 막대한 사업비 조달의 어려움

배터시발전소를 실질적으로 활용할 수 있는 형태로 바꾸기 위해서는 막대한 사업비용이 요구되었고, 이를 현실적으로 조달하는 데는 상당한 어려움이 있었다. 1980년대에 최초로 추진된 테마파크 사업의 경우 당초 사업비를 3천 5백만 파운드(현재 환율 기준 약 605억 원)로 예상했으나 사업 개시 후 실제 2억 3천만 파운드(현재 환율 기준 약 4천억 원)로 확인되었고, 1990년대 파크뷰가 추진한 사업계획에 따른 사업비는 11억 파운드(현재 환율 기준 약 1조 9천억 원), 2000년대 REO가 추진한 사업의 경우 55억 파운드(현재 환율 기준 약 9조 5천억 원)로 증가하였다. 현재 진행 중인 사업도 총 15조 원 이상의 비용이 들 것으로 예상되며, 초기 사업비만 해도 8억 파운드(현재 환율 기준 약 1조 2,800억 원)가 필요해, 이는 사업 추진의 가장 큰 난관이 되었다.[79]

---

[78] Exclusive: Can the plans for Battersea Power Station really succeed?, *The Wandsworth Guardian*, 2009년 6월 3일
[79] How London's Battersea Power Station Problmen Was Solved, *CoStar News*, 2022년 10월 14일

〈사진 13〉 지붕과 외벽 하나가 철거된 배터시발전소의 전경 및 내부
출처: 배터시발전소 커뮤니티 그룹 운영사이트

    오랜 기간이 경과됨에 따른 물가상승률을 고려하더라도 사업비의 증가는 천문학적인 수준에 이르렀는데, 이는 배터시발전소의 규모 자체가 운영 당시 화력발전소 중 유럽 최대 수준이었던 점,[80] 배터시발전소가 런던 중심지에 위치하여 인근 부동산 가격이 애초에 높게 형성된 점,[81] 교통접근성이 떨어지는 부분 때문에 지하철 노선을 연장하는 내용이 사업에 추가된 점, 1980년대 테마파크 사업이 개시되다가 중단되면서 건물 천장 부분이 철거되었고 이로 인해 건물 내부 부식이 빨라졌으며 또한 사업 중단으로 오랜 기간 건물이 방치되면서 복구비용이 대폭 증가한 점 등의 사유들 때문이었던 것으로 보인다.

---

[80] 국내에 잘 알려진 산업유산의 활용 사례인 테이트 모던 미술관(뱅크사이드 발전소)은 배터시발전소의 1/3 규모이다.
[81] 테러위협의 이유로 미국대사관은 배터시발전소와 매우 가까운 부지를 매입하여 새로 건물을 짓고 2017년에 이전하였다. 이전계획발표 이후 배터시발전소 인근지역의 부동산가격은 빠르게 급등하였고 그 주변도 고급아파트들이 대거 건설되었고 일부 건설이 진행 중이다.(Terrorism fears force US to move London embassy, *The Times*, 2008년 10월 3일; US embassy move is 'investment magnet', *The Times*, 2012년 9월 21일 ; America unveils its Thames fortress, *The Times*, 2017년 12월 14일 참조).

2) 배터시발전소의 역사·문화적 가치 보존

배터시발전소는 1980년 건물 전체가 II 등급으로 지정되었으며 2007년에는 II* 등급으로 상향 지정되었지만,[82] 1991년에도 위험유산(HAR)으로 등록되어, 보존을 위한 추가적인 조치가 요구되었다. 또한, 세계문화유산을 보존하기 위한 비영리 독립단체인 세계유산 기금(World Monument Fund, WMF)[83]에 의해 2004년과 2014년 두 차례 세계유산 감시목록(World Monuments Watch)에 등재되었으며,[84] 2008년에는 잉글리시 헤리티지에 의하여 관리상태 "매우 나쁨"으로 분류되는 등 보존문제가 시급하다는 신호들이 나타났다. 따라서 배터시발전소가 역사 · 문화적 가치로 II* 등급 상향 등록된 사실은 사업의 진행 속도를 더디게 하는 데 영향을 미쳤던 것으로 보인다.

배터시발전소가 관리 부실로 보존하기에 너무 위험한 수준에 이른 것은, 전술하였듯이 초기 재개발계획 중 철거된 지붕과 한쪽 벽을 허물었기 때문에 장기간 비바람에 노출된 것도 컸지만, 침하가 쉬운 런던 점토 위에 템즈강의 범람으로 건물의 토대와 부지 자체를 괴롭히고 있던 것도 건물의 원형보존을 위태롭게 만들었다.[85] 이는 건물부지만을 재활용하고자 하는 목소리에 힘을 실어줄 수 있는 난관 요소였다.

---

[82] 히스토릭 잉글랜드 홈페이지 참조
https://historicengland.org.uk/listing/the-list/list-entry/1357620 (검색일: 2024년 5월 22일)
[83] 세계유산기금(WMF)의 본사는 미국 뉴욕에 있으며, 영국을 비롯한 캄보디아, 프랑스, 인도 등에 지사를 두고 있다.
[84] 세계유산기금 홈페이지 참조
https://www.wmf.org/project/battersca power-station (검색일: 2024년 5월 22일)
[85] Powerless to stop the rot, *The Times* 1993년 2월 25일

그럼에도 불구하고 배터시발전소의 문화적 가치와 역사성이 상당하였기에 지역주민뿐만 아니라 여러 단체나 기관에서도 배터시발전소의 재개발을 반대하거나 재개발 자체에는 찬성하더라도 그 내용에 대해 다양한 의견을 제시해 왔다. 경청과 협의, 그리고 참여라는 세 가지 요소는 성공적인 재개발사업의 열쇠라 생각한다. 1983년부터 민간개발업체가 선정되어 여러 계획안들이 제출되는 동안, 지역신문 『The South London Press』를 비롯한 지역민이 세운 압력단체는 원즈워스구에 편지를 보내, 재개발사업이 개발업자의 상업적 이익뿐만 아니라 지역민과 공익을 위한 계획을 중요한 요소로 고려해야 한다고 주장했다. 또한, 발전소 건물 보존을 위해 대중의 관심을 끌기 위한 캠페인을 벌이며, 원즈워스구에 개발업자의 노력을 촉구하고 필요한 행정조치를 취할 것을 요구했다.[86] 1990년대까지 유일한 책임행정기관이지만 수수방관하였던 원즈워스구 역시 2000년대 들어서면서 주민들의 의견을 수렴하고 반대를 최소화하기 위해 공청회를 여는 등[87] 다양한 의견을 수렴하며 소통을 위한 노력을 기울였다.

2005년 배터시발전소회사와 WMF 영국지사의 자금지원으로 이루어진 공학보고서에서는 굴뚝을 철거할 필요가 없다는 증거를 찾지 못했음에도 불구하고 철근 콘크리트 굴뚝은 수리가 불가능하다는 결론이 나와, 결국 역사적인 굴뚝의 해체는 2014년 8월에 시작되었다.[88]

---

[86] 영국의회 (상원/귀족원)의사록 1995년 3월 13일
[87] 원즈워스구 홈페이지 참조
https://www.wandsworth.gov.uk/the-council/council-decision-making/full-council-executive-and-committee-meetings/ (검색일: 2024년 5월 28일)
[88] 세계유산기금 홈페이지 참조 https://www.wmf.org/project/battersea-power-station (검색일: 2024년 5월 28일)

〈사진 14〉 굴뚝 보호를 위한 등급상향시위, 보존가치를 주장한 다큐멘터리
출처: 배터시발전소 커뮤니티 그룹 운영사이트

부분적이지만 해체의 수순을 밟게 된 발전소의 보존을 위해 2014년 아메리칸 익스프레스는 스펙타클 프로덕션과 베터시발전소 커뮤니티 그룹과 협력하여 배터시발전소와 그 보존문제에 대한 인식을 높이기 위한 다큐멘터리 영화 제작을 지원하게 되었고, 그 결과물인 "베터시 발전소: 아이콘을 팔다(Battersea Power Station: Selling an Icon)"는 2015년 10월에 제작을 마쳤다.[89] 이 영상에는 지역 주민, 배터시 발전소 커뮤니티 그룹 창립 멤버이자 예술가, 건축사 전공 역사가, 히스토릭 잉글랜드의 런던 지역 계획 및 보존 팀장, 전직 WMF 영국 지사 책임자, 그리고 배터시발전소의 보존과 올바른 개발 방향을 제시하기 위해 오랫동안 헌신해 온 정치인, 엔지니어가 등장한다. 이들은 발전소 건물의 역사적·문화적 중요성과 런던에서 가장 큰 재개발 프로젝트 중 하나로서의 현재 역할, 발전소 부지의 미래를 둘러싼 논쟁을 자세히 다루며, 런던의 가장 상징적인 건물 중 하나인 발전소의 원형을 최대한 보존하기 위해 지역사회의 지지를 얻는 것을 목표로 하였다. 특

---

89 배터시발전소 커뮤니티 그룹 운영사이트, 스펙타클 참조
https://www.spectacle.co.uk/distribution/filmdetail/battersea-power-station-selling-an-icon/ (검색일: 2024년 5월 28일)

히 배터시발전소 커뮤니티그룹은 지역민들의 지지를 얻기 위한 행사들을 자주 열고 공청회나 간담회에 출석하여 제도적 협력과 지역사회의 연대를 모으는 노력 모두를 게을리 하지 않았다.[90]

이에 사업시행자는 배터시 전역의 광범위한 도움을 받아 발전소 건물의 역사적 특징을 보존하고 강화하기 위한 조치들을 실행하였다.[91] 구체적으로, 굴뚝이 가장 중요하게 복원되어야 하는 대상이었기 때문에 가장 섬세하게 작업이 이루어졌다. 조사 결과, 건물의 상징적인 네 개의 굴뚝이 안전하지 않다고 판단되어, 원래의 건설 방법을 사용해 정교하게 재건되었으며, 이를 위해 25,000대 이상의 손수레 분량의 콘크리트를 한 층씩 손으로 부어야 했다. 또한, 배터시발전소 건립 당시의 페인트 샘플을 채취하여 정밀하게 색상을 맞춰 각 굴뚝에 375리터의 페인트를 사용하였다.

〈사진 15〉 굴뚝 보호를 위한 등급상향시위, 보존가치를 주장한 다큐멘터리
출처: 배터시발전소 커뮤니티 그룹 운영사이트

---

90 위의 블로그
91 배터시발전소 공식홈페이지 참조
https://batterseapowerstation.co.uk/news/battersea-power-station-removed-from-historic-englands-heritage-at-risk-register/ (검색일: 2024년 5월 22일)

또한 1993년에 실시된 검사에서 건물을 감싸고 있던 벽돌 역시 그대로 사용하기에는 석탄을 이용한 발전소였던 터라 800만 개의 벽돌 안으로 유황과 석면이 침투되었다는 건물의 결함이 보고되었다.[92] 이후 2013년부터 1차 착공공사를 시작할 때 800만 개의 벽돌 모두를 복원하기보다는 건물 외관복원을 위해 필요한 벽돌을 다시 똑같이 제작, 교체하는 것으로 결론을 내린 것으로 보인다. 발전소 건물의 외관을 복원하기 위해 사용된 약 175만 개의 수제 벽돌 역시 원래의 것과 일치하도록 주문 제작되었다. 가족경영 기업인 노스코트 브릭(Northcot Brick)이 1930년대와 1940년대에 지어진 발전소 부분을 복원하기 위해 130만 개의 벽돌을 제작하였고, 1950년대에 지어진 마지막 부분에는 미첼머쉬 브릭 홀딩스 그룹(Michelmersh Brick Holdings Group)이 소유한 블록클레이즈(Blockleys)에서 44만 개의 벽돌을 제공했다.

〈사진 16〉 굴뚝 하나가 전망대로 바뀜, 통제실 하나가 식당 겸 바로 바뀜
출처: 배터시발전소 공식홈페이지

또한 발전소 운영 당시 런던 전기의 20%를 공급한 배터시발전소의

---

[92] Powerless to stop the rot, *The Times* 1993년 2월 25일

통제실 두 곳도 완전히 복원되어 배터시발전소는 과거의 역사 모습을 재현할 수 있게 되었다. 한 곳은 견학장소로 활용되고 다른 한 곳은 식당 겸 바(Bar)로 활용되고 있다. 수리와 복원과정을 거친 네 개의 굴뚝 중 하나는 전술한 바와 같이 전망대로 활용되고 있다. 건물 안 곳곳에는 도르레, 커다란 파이프관, 내벽 등을 잘 보존하여 실내장식의 효과와 더불어 발전소시설이었음을 실감하게 하였다.

〈사진 17〉 과거의 발전소 역사를 보여주는 전시공간,
그동안 거쳐갔던 산업유산 재개발 계획안들을 보여주는 전시공간
출처: 본인 촬영 2024년 5월 14일

그밖에 개발회사는 전시공간 두 곳을 마련하였다. 하나는 전력공급을 하던 발전소의 역사를 보여주는 공간과 다른 하나는 산업유산으로 재활용하는 여정을 보여주는 공간이다. 후자의 경우 초기 개발제안부터 최종 개발제안까지 각 제안마다 가진 특징과 실행으로 이어지지 못하게 된 요인들을 자세히 설명하여 방문자들이 산업유산으로 재탄생하게 된 경위를 잘 이해할 수 있는 길라잡이 역할을 하고 있다.

이러한 일련의 노력을 거친 결과, 배터시발전소는 2021년에 잉글랜드 헤리티지의 유산 위험 등록장부(HAR)에서 완전히 제외되었다. 배터시발전소 개발 회사의 CEO인 사이먼 머피(Simon Murphy)는 이에 대해 다음과 같이 소회를 밝혔다.

> "수년간의 신중하고 복잡한 복원 작업 끝에 배터시발전소가 잉글랜드 헤리티지의 유산 위험 등록부에서 제외되어 매우 기쁩니다. Grade II* 지정 건물과 작업하는 것은 도전이 따르지만, 주주들과 팀은 런던의 위대한 아이콘 중 하나를 되살리고 미래 세대를 위해 보존한 것에 대해 매우 자랑스럽게 생각합니다.
> 우리는 히스토릭 잉글랜드, 윈즈워스구 의회, 유산 건축가 퍼셀(Purcell) 및 윌킨슨에이어(WilkinsonEyre)와 긴밀히 협력하여 복원 과정 내내 건물을 신중하고 존중하는 방식으로 다루었습니다. 이러한 중요한 이정표를 기념할 수 있게 된 것은 우리 주주들의 비전과 중요한 협력 덕분입니다. 2022년에는 발전소가 역사상 처음으로 대중에게 개방될 예정입니다."[93]

3) 주택난과 환경문제를 둘러싼 다양한 견해

배터시발전소의 개발을 둘러싸고 유산보호, 지역공동체와의 상생, 주택공급, 환경보호와 관련하여 지역주민과 관련 이해관계자들은 사업계획안에 대해 다양한 문제들을 제기하였다. 그리고 많은 논란과 협의 과정을 거쳐 배터시발전소 개발 사업은 여러 의견을 수렴하여 진행되었다는 점에서도 큰 의미를 찾을 수 있다.

특히 배터시발전소 커뮤니티 그룹은 발전소가 영구폐쇄되었던 1983년에 설립되었으며, 오랫동안 배터시발전소의 개발을 둘러싼 지역사회의 목소리를 반영하기 위해 적극적으로 의견을 개진해 왔다. 예컨대 배터시발전소 커뮤니티 그룹은 최초의 사업계획인 테마파크 사업이 지역주민의 일자리 확보 필요성을 현실석으로 반영하지 못하고 있는

---

[93] Battersea Power Station CEO Steps Down, *CoStar News*, 2024년 1월 23일

점을 지적하였고,[94] 1989년 최초 사업계획인 테마파크 사업계획이 중단되어 배터시발전소가 지붕이 없는 채 방치되어 내부가 이미 상당 부분 파손되었음을 우려하며 이러한 문제점을 유럽 전역에 알리는 캠페인을 기획하기도 하였다.[95]

뿐만 아니라 배터시발전소 커뮤니티 그룹은 잉글리시 헤리티지와 긴밀하게 의사소통하며 사업의 구체적인 내용에 대해 적극적으로 의견을 개진했다. 예를 들어, 배터시발전소 커뮤니티 그룹은 2012년 6월 12일, 배터시발전소의 재개발과 관련하여 잉글리시 헤리티지가 충분히 관여하지 않고 있다는 우려를 제기하며, 적극적인 개입을 요청하는 서신을 보냈다.[96] 이 서신에서는 당시 예상 사업비가 건물 복원 비용을 과도하게 부풀렸으며, 이는 주변 부지의 과잉 개발로 이어질 수 있다고 지적했다. 또한, 지하철 노던 라인의 연장이 인근 교통 상황을 고려했을 때 불필요하다고 판단하며, 만약 연장을 하더라도 그 비용은 사업시행자가 부담해서는 안 된다는 의견을 제시했다.

다양한 문제들이 지역 주민들로부터 제기되자, 개발 회사는 배터시발전소 부지의 거의 절반을 공공 공간으로 할애하도록 설계했다.[97] 이는 개발초기부터 지속적으로 지역민을 포함하여 공공의 이익을 고려

---

[94] Power struggle at Battersea, *The Times*, 1986년 3월 6일
[95] Fight over Battersea, *The Times*, 1989년 11월 16일 ; Battersea generates a controversy, *The Times*, 1989년 11월 17일 (동 기사에 따르면 배터시발전소 커뮤니티 그룹의 브라이언 반스(Brian Barnes)는 "배터시 발전소는 전력의 성지로 불렸지만 지금은 그 명성을 상실한 것과 다름없다"고 하였다.)
[96] 배터시발전소 커뮤니티 그룹 운영사이트, 스펙타클 참조
https://www.spectacle.co.uk/spectacleblog/battersea-power-station/letter-to-english-heritage-from-battersea-power-station-community-on-future-plans/ (검색일: 2024년 5월 31일)
[97] 엘디에이 디자인 (LDA Design) 홈페이지 참조
https://www.lda-design.co.uk/kindling/short-read/battersea-power-station-the-landscape-story/ (검색일: 2024년 5월 31일)

영국의 산업유산 활용과 성과 211

〈사진 18〉 앞으로 건설 예정인 지역민을 위한 공간들
출처: 배터시발전소 공식홈페이지

해야 한다는 재개발사업에 대한 요구가 어느 정도 받아들여진 결과라고 볼 수 있다. 이에 따라 약 6에이커(약 7,220평)에 달하는 강변 공원, 발전소 공원, 말레이시아 광장, 정원, 다양한 놀이 공간 등이 마련되었으며, 일부는 이미 완성되었고 일부는 아직 건설 중이다. 또한 발전소 지하층에는 '커뮤니티 허브'라는 공간을 계획하여 각종 모임과

영유아 놀이 공간으로 꾸밀 예정이다.98

 전술하였듯이 배터시발전소 개발프로젝트는 아직 완료되지 않았다. 개발회사는 매 분기마다 인근 주민들과 지역의 이해관계자들과 직접 대화할 수 있는 창구로 화상회의를 열고 있다.99

 한편 당시 런던은 부지 부족으로 인해 심각한 주택 공급난을 겪고 있었기 때문에, 배터시발전소 사업부지를 주택 공급 문제해결에 활용하자는 목소리가 높았다. 당시 런던 시장이었던 보수당 소속의 보리스 존슨(Boris Johnson)은 다음과 같이 언급하였다.

> "우리의 야심찬 주택 건설 계획은 개발에 적합한 부지를 신속히 확보하는 데 달려 있으며, 이번 새로운 주택 용량 연구는 런던의 오랜 역사에서 중요한 시점에 완료될 것입니다. 런던의 인구가 전례 없이 빠르게 증가하고 있을 뿐만 아니라, 우리는 심각한 주택공급 위기에 직면해 있으며 심각한 경제 침체로 향하고 있습니다. 지금이야말로 런던 시민들을 위해 절실히 필요한 주택을 제공하고 건설 부문을 지원하기 위한 부지를 살피는 작업이 중요합니다"100

 이러한 주택공급 요청이 반영되어, 현재 진행 중인 사업계획의 원안에 따르면 전체 사업 중 15%를 중저소득층이 경제적으로 감당할 수 있는 '저렴한 주택'을 제공하는 것이었다.101 그러나 건설시장의 악화,

---

98 배터시발전소개발회사 보고서 Phase-3C-Public-Consultation-Boards, 11쪽
99 배터시발전소 공식홈페이지 참조
 https://batterseapowerstation.co.uk/about/sustainability-and-environment/ (검색일: 2024년 5월 29일)
100 Boris Johnson vows to 'jump-start' London housing market, *The Guardian*, 2008년 11월 20일
101 Planning report PDU/1732/02, Battersea Power Station in the London Borough of Wandsworth, 2010년 12월 22일, 7쪽

유럽 물가 인상으로 인한 자재비 급등, 굴뚝 재건축과 관련한 설계문제로 인한 비용 증가, 석면 처리 비용 증가 등 다양한 문제로 인해 당초 예상된 7억 5천만 파운드의 사업비가 11억 5천만 파운드를 초과하게 되었다. 이로 인해 배터시발전소 개발회사는 4,000채 규모의 주택 프로젝트의 예상 수익률(IRR)이 사업 시작 시점의 20%에서 8%로 절반 이상 감소한 것으로 보고하였다. 이에 따라 저렴한 주택 공급 비율을 15%(686채)에서 9%(386채)로 줄이는 것으로 사업계획이 수정되었고, 2017년에 원즈워스구도 이 수정된 계획을 결국 승인하였다.[102] 이 결정에 대해 노동당 소속의 런던 시장 사디크 칸은 원즈워스구가 90억 파운드 규모의 부동산개발에서 저렴한 주택 수를 대폭 줄이는 결정을 "무턱대고 승인했다"고 비난하였다.[103] 또한, 44년 동안 보수당이 집권하던 원스워스구에서 처음으로 노동당 의원이 당선되는 이변이 일어났는데, 그 노동당 의원 또한 2022년 10월 7일에 배터시발전소 개장을 반대하는 보이콧을 벌였다.[104] 그가 반대운동을 벌인 이유는 원즈워스구에 주거를 확보하지 못한 가구가 3,500가구에 달하는 상황에서 배터시발전소 개발이 주택난 해결보다 상업적 이익을 추구했다고 판단했기 때문이다.

한편, 환경문제와 관련된 내용은 생물 다양성 보호 관련 문제와 개발과정에서 산업폐기물 처리문제로 구분된다. 오랫동안 방치되어 인적이 드문 강가에 위치한 배터시발전소는 송골매와 검은딱새에게 좋은 서식지가 되었으며, 이 두 종의 조류 한 쌍이 2000년에 발견되었

---

102 Battersea: 'The toughest project in the world', *Building*, 2017년 7월 21일
103 Sadiq Khan attacks Battersea affordable homes decision, *BBC News* 2017년 7월 10일
104 Wandsworth councillors boycott opening of Battersea Power Station, *South London Press*, 2022년 10월 7일 ; How London's Battersea Power Station Problmen Was Solved, *CoStar News*, 2022년 10월 14일

다.[105] 영국에서 송골매는 1981년 개정된 '야생 동식물 보호와 시골지역의 자연보존을 위한 법률'에 따라 1종 번식 보호종으로 분류되었고, 1979년 '유럽 야생 동식물 및 자연 서식지 보호에 관한 베른 협약'의 부록 II, 1979년 '이동 종의 보호에 관한 본 협약'의 부록 II, 1979년 '유럽연합 야생 조류 보호 지침'의 부록 I에 특별 보호 조치가 필요한 종으로 포함되었다. 배터시발전소가 본격적으로 개발을 시작한 2013년부터 2022년까지 22마리의 새끼 매가 성장하였다.[106] 개발회사는 송골매가 원래 둥지를 틀었던 장소를 개발하기 위해 2013년에 임시 둥지 타워를 설치하여 송골매가 18마리의 새끼들을 성공적으로 임시거처로 이동할 수 있게 조치한 후 개발작업을 진행하였다. 발전소 개발이 완료된 후 새로운 둥지는 세척탑 중 한 곳에 영구히 마련되었다.[107]

〈사진 19〉 보호종, 갈색지붕, 보호종을 위한 생태공간

출처: 배터시발전소 공식홈페이지

---

105 배터시발전소 공식홈페이지 참조
 https://batterseapowerstation.co.uk/about/sustainability-and-environment/ (검색일: 2024년 5월 29일)
106 Peregrine falcons at home in luxury Battersea Power Station suite, *The Times*, 2022년 8월 20일
107 배터시발전소 공식홈페이지 참조
 https://batterseapowerstation.co.uk/about/sustainability-and-environment/ (검색일: 2024년 5월 29일)

역시 1종 번식 보호종인 검은딱새 역시 송골매 둥지타워 아래와 서커스 웨스트 빌리지 지역의 갈색지붕에 수렵구역이 할당되어 서식지가 안전하게 보장받게 되었다.[108] 서커스 웨스트 빌리지에는 벌레와 새 개체군이 야외공간의 사용하도록 장려하는 설계가 이루어졌으며, 다양한 벌레들이 살 수 있는 공간도 마련되었다. 특히 겨울에 무당벌레가 동면할 수 있는 공간이 설계되었다. 1,000㎡ 이상의 규모를 가진 갈색지붕에는 가뭄에 강한 돌나물과 이끼를 심어 무척추동물과 식물에 이상적인 서식지를 제공하여 검은딱새에게 적합한 채집 서식지로 꾸며졌으며, 흰색 할미새와 회색 할미새 같은 딱새 종류의 새들도 먹이를 찾기 위해 이 지붕을 자주 방문하고 있다.[109]

또한, 발전소 개발과정에서 발생한 산업폐기물 처리방법 중 하나로 대규모 토양을 굴착하여 일부 폐기물를 제거하였고, 이 과정에서 발생한 150,000㎡ 이상의 토양을 강 바지선으로 운반함으로써 인근 도로에서 3,500대의 대형트럭 운행을 줄였다.[110] 또한, 발전소 내부에 새로운 철골 구조물을 설치하는 과정에서는 기존 구조물을 보호하기 위해 임시 작업 및 지지대를 설치하며 작업을 진행하였고, 이러한 작업은 건설 현장의 안전성과 효율성을 높이는 데 중요한 역할을 했다고 평가받았다.[111] 건물 복원 과정에서 기존 자재를 최대한 재사용하려고 노력하여 자원의 낭비를 줄였으며, 새로운 자재를 생산하는 데 필요한 에너지를 절약할 수 있었다.[112]

---

108 위의 홈페이지
109 위의 홈페이지
110 SSDA 2023: Battersea Power Station, *Contruction Management*, 2023년 10월 2일
111 발전소개발 건설회사 홈페이지 참조
https://www.macegroup.com/projects/battersea-power-station (검색일: 2024년 5월 29일)
112 배터시발전소 공식홈페이지 참조

마지막으로, 배터시발전소 개발계획에는 부지 내 새롭게 조성된 강변공원의 10m 아래에 올림픽 수영장 60개 크기의 지하 에너지센터 건립이 포함되었다.

〈사진 20〉 발전소 지하공간에 위치한 에너지센터

출처: 바이탈 에너지회사 홈페이지

이 에너지센터는 최대 2MW의 열과 추가로 2MW의 전기를 생산할 수 있는 10MW 보일러 3대와 3개의 결합 열병합발전 엔진을 갖추고 있어, 이 설비는 고효율 가스를 사용해 증기를 생성하며, 생성된 증기는 새로 재건된 두 개의 굴뚝을 통해 배출된다.[113] 이를 통해 2020년부터 발전소 내 냉난방 및 전기를 공급할 뿐만 아니라 인근 지역 4,000㎡

---

https://batterseapowerstation.co.uk/about/sustainability-and-environment/ (검색일: 2024년 5월 29일)
113 Battersea Power Station set to start energy production after 37 dormant years, *City A.M.*, 2019년 1월 7일

이상의 주거공간과 200,000㎡ 이상의 비주거공간에 지속 가능한 열과 전력을 공급하고 있다.[114]

맺음말

배터시발전소는 건립 전부터 그 거대한 규모와 템즈강과 가까운 런던 중심부에 위치한 것만으로도 큰 우려의 대상이었다. 시작부터 이미 랜드마크로 여겨졌으며, 이러한 이유로 아이러니하게도 제2차 세계대전 동안 나치의 맹렬한 폭격을 피할 수 있었다.[115] 1983년에 발전소가 완전히 가동을 중단한 후, 이 시설은 오랫동안 '산업의 폐허'로 남아 있었다. 시간이 흐름에 따라 이 발전소를 산업유산으로 보존하려는 의견과 산업폐기물로 간주하여 철거를 원하는 목소리가 공존하게 되었다. 배터시발전소의 중심적인 위치와 템즈강과의 근접성으로 인해 이 부지는 부동산 가치가 높은 보물창고가 되었지만, 방치되어 노후화된 구조물은 개발업자에게 큰 어려움을 안겨주었다. 여러 정권이 교체하는 동안 재개발 계획에는 상업적인 이익 외에도 지역민과

---

[114] 배터시발전소 공식홈페이지 참조
https://batterseapowerstation.co.uk/about/sustainability-and-environment/ (검색일: 2024년 5월 29일) ; 바이탈 에너지회사 홈페이지 참조
https://www.vitalenergi.co.uk/our-work/battersea-power-station/ (검색일: 2024년 5월 29일)

[115] 1940년 9월부터 1941년 5월까지 독일 공군의 폭격으로 영국의 도시들이 파괴되었고, 43,500명 이상의 민간인이 사망했다. 런던은 다른 지역들보다 더 자주 폭격을 당했지만, 배터시발전소는 의도적으로 폭격에서 제외되었다. 아이러니하게도, 이 큰 발전소의 높은 굴뚝은 독일군이 런던 상공에서 폭격할 때 위치를 가늠하는 네비게이션이었기 때문에, 전쟁 중에도 무사히 보존될 수 있었나.(Hitler's plans to destroy London: Rare mare map revealing Germany's WWII bombing targets is discovered after 75 years in an attic, *Daily Mail* 2017년 2월 24일)

공공의 이익을 포함해야 한다는 요구가 점차 힘을 얻게 되었고, 이후 정권의 지지를 얻은 해외자본투자자가 최종 개발업자가 되어 여러 우여곡절 끝에 배터시발전소는 지금의 모습에 이르게 되었다.

현재까지는 이 사업이 성공적인 결과를 보이고 있는 듯하다. 배터시발전소 개발프로젝트는 2023년 코스타 임팩트 어워드(CoStar Impact Awards)[116]에 만장일치로 선정되었다. 오랜 기간 동안 런던의 아이콘이자 지역의 랜드마크로 기능하던 배터시발전소는 30년 가까이 방치되며 골칫거리로 전락했으나, 이제는 새롭게 재탄생하여 주말마다 방문객들로 활기가 넘치는 장소가 되었다. 총 7단계 사업 중 2단계인 배터시발전소 건물이 대중에 공개된 2022년 10월 14일부터 1년간 방문객은 1,120만 명에 이른다.[117] 또한 발전소 건물의 주요 모습이 그대로 보존되면서도 새로운 공간들이 조화롭게 들어선 것에 대해 지역 주민들도 긍정적인 반응을 보이고 있다. 애플 영국 본사의 입주[118]와 지하철 노선의 배터시발전소 지역 연장도 중요한 성과로 인정받고 있다.[119] 그러나 서민을 위한 주택공급량이 계획보다 대폭 줄어든 점과 고소득층을 대상으로 하는 상점과 식당이 많은 부분이 배터시발전소가

---

[116] 코스타 임팩트 어워드(CoStar Impact Awards)는 영국, 미국, 캐나다의 128개 주요 시장 전역에서 지역사회나 서브마켓에 중요한 영향을 미친 모범적인 상업부동산 프로젝트에 수여하는 상이다.

[117] 배터시발전소 홈페이지 참조
https://batterseapowerstation.co.uk/news/battersea-power-station-celebrates-strong-second-christmas-with-30-year-on-year-increase-in-december-visitors/#:~:text=In%20total%2C%20over%2011.2%20million,the%20first%20time%20in%20history. (검색일: 2024년 5월 22일)

[118] Apple moves UK HQ to Battersea power station boiler room in London, *The Guardian*, 2016년 9월 28일 ; Apple Battersea: Apple's Latest Store Opens In Stylish London Location, *Forbes*, 2023년 6월 15일

[119] How London's Battersea Power Station Problmen Was Solved, *CoStar News*, 2022년 10월 14일

진정한 대중의 사랑을 받는 데 걸림돌이 될 수 있다는 지적도 있다.[120]

이와 같은 비판에도 불구하고, 배터시발전소의 개발과 활용은 다음과 같은 이유로 전반적으로 성공적이며 한국의 산업유산 재활용에도 중요한 시사점을 제공한다고 생각한다. 우선, 배터시발전소 개발프로젝트가 도시 재생계획의 일환임이 분명하지만, 단순한 '도시재생'을 넘어 '산업유산보호'라는 중요한 요소를 개발과정에서 강조하며 '소프트웨어이자 하드웨어'로서의 가치를 담아냈기 때문이다. 아래에 제시된 세 가지 시사점으로 이 글을 마무리하겠다.

첫째, 배터시발전소는 특유의 외관을 그대로 보존하면서 내부 주요 시설을 복구하여 발전소의 정체성을 유지하였고, 상업시설을 유치하여 경제적 활성화도 도모한 것으로 평가된다. 배터시발전소 개발회사 대표 사이먼 머피는 이 프로젝트를 '헤라클라스의 과업'이라 부르며,[121] 그만큼 어려운 도전이었음을 강조했다. 10년 동안 프로젝트를 진행하면서 가장 신경 쓴 부분은 보존해야 하는 산업유산의 복구였으며, 외관과 내부는 성공적으로 보존되었다. 또한, 상업 및 주거공간으로 기능을 전환한 배터시발전소에는 발전소의 역사를 보여주는 전시장이 설치되어 있으며, 발전소의 통제실 중 한 곳을 그대로 보존하여 관람객에게 공개하고 있다. 이를 통해 배터시발전소의 정체성을 미래 세대에게 전달하고 있다.

둘째, 과거의 무산된 계획들이 단순히 실패로 남지 않고 중요한 참고서 역할을 했다는 점이다. 1980년대부터 제안된 다양한 개발계획안들은 2012년 최종 결정된 개발자의 계획안에 이르기까지 실패 가능성

---

[120] Luxury penthouse in Battersea Power Station goes on market for £8.2MILLION - but it only has five rooms and you'll have to fork out £150k for a parking space, *Daily Mail*, 2021년 4월 29일

[121] Battersea Power Station opens after decades of decay, *BBC News*, 2022년 10월 14일

을 줄이는 데 중요한 참고자료로 작용했다. 이 모든 계획안들은 배터시발전소의 역사를 보여주는 전시공간에서 잘 보존되고 있으며, 각 계획이 목표로 했던 바와 한계점을 순차적으로 설명하고 있다. 이러한 접근은 배터시발전소의 개발이 최종적으로 실현되기까지의 고민과 어려움을 보여주며, 한국의 산업유산 개발프로젝트에서도 중요한 참고자료로 활용될 수 있다.

셋째, 배터시발전소의 개발은 지역주민과 이해관계자들과의 끊임없는 소통과 다양한 의견 수렴을 통해 일방적인 방향으로 사업이 진행되지 않았다는 점이다. 배터시발전소가 산업유산으로 재활용되어 2022년 10월에 개장하기까지 약 40년의 시간이 걸렸지만, 계획단계부터 실행까지 중요한 의사결정 과정에서 다양한 요소들을 고려하였다. 이 과정은 산업유산 재활용의 성공으로 이어졌다. 방치된 산업용 건물을 완전히 철거하지 않고 재사용한 사례는 지역주민의 협력과 참여가 얼마나 중요한지를[122] 다시 한번 확인시켜 주었다.

---

122 김정후, 2013 「해외동향 유럽의 산업유산 재활용과 지속가능성」 『건축과 도시공간』 12, 95쪽

참고문헌

문화, 미디어, 체육부 보고서(Department for Culture Media & Sport) (2013년) Scheduled Monuments & nationally important but non-scheduled monuments
배터시발전소개발회사 보고서 Phase-3C-Public-Consultation-Boards
원즈워스구 Planning report PDU/1732/02
영국의회 (상원/귀족원)의사록
잉글리시 헤리티지 보고서 (2011년 10월) Encouraging Investment in Industrial Heritage at Risk

BBC News, Building, City A.M., Contruction Management, CoStar News, Daily Mail, Daily Telegraph, Forbes, South London Press, The Architect's Newspaper, The Architectural Review, The Guardian, The Times, The Vibes, The Wandsworth Guardian

퀸 슬로보디언, 김승우 역, 2024 『크랙업 캐피털리즘』, 아르테
Edited by Jason Wood, 2017 *The Amusement Part: History, Culture and the Heritage of Pleasure*, London and New York: Routledge
Edited by Sonja Ifko and Marko Stokin, 2018 *Protection and Reuse of Industrial Heritage: Dilemmas, Problems, Examples*, ICOMOS Slovenia
Peter Watts, 2016 *Up in Smoke: The Failed Dreams of Battersea Power Station*, London: Paradise Road

김정후, 2013 「해외동향 - 유럽의 산업유산 재활용과 지속가능성」『건축과 도시공간』 12, 건축도시공간연구소
염운옥, 2022 「산업혁명의 요람 아이언브리지 세계유산의 박물관화에 관한 연구」『역사비평』 141, 역사문제연구소
정용숙, 2017 「산업화 시대의 기록으로서 산업유산」『서양사론』 132, 한국서양사학회

Buchanan, R. Angus, 2014 "ICOHTEC Reviewed" *Symposia Anniversary Edition* 20(1), International Committee for the History of Technology (ICOHTEC)

Carpenter, Juliet, 2014 "Regeneration and the Legacy of Thatcherism" *Metropolitics* 15 October, Métropolitiques

Falconer, Keith, 2006 "The industrial heritage in Britain - the first fifty years" *La revue pour l'histoire du CNRS* 14, Dossier : Le patrimoine scientifique

Koefoed, Emilie, 2009 "Battersea Power Station- A disturbing post-industrial landscape", Spectacle Productions, https://www.spectacle.co.uk/projects_page.php?id=401

Trinder, Barrie, 2000 "From FICCIM to TICCIH 2000: reflections on 27 years" *TICCIH Bulletin* October 2000, The International Committee for the Conservation of the Industrial Heritage

바이탈 에너지회사 홈페이지 https://www.vitalenergi.co.uk
발전소개발 건설회사 홈페이지 https://www.macegroup.com
배터시발전소 홈페이지 https://batterseapowerstation.co.uk
언노운 홈페이지 https://www.unknownworld.co.uk
엘디에이 디자인(LDA Design) 홈페이지 https://www.lda-design.co.uk
원즈워스구 홈페이지 https://www.wandsworth.gov.uk
영국정부 법령정보 홈페이지 https://www.legislation.gov.uk
유네스코 홈페이지 https://whc.unesco.org
세계유산기금 홈페이지 https://www.wmf.org
배터시발전소 커뮤니티 그룹 운영사이트, 스펙타클 https://www.spectacle.co.uk
헤젤 스테이너 블로그 https://hazelstainer.wordpress.com
히스토릭 잉글랜드(Historic England) 홈페이지 https://historicengland.org.uk

공업도시 영등포의 형성과 그 흔적
광복 이전 공업시설을 중심으로

• • •

김 하 나
이화여자대학교

김하나

공업도시 영등포의 형성과 그 흔적
광복 이전 공업시설을 중심으로

머리말

　영등포는 일제강점기 한반도에서 공도(工都), 즉 공업도시라는 별칭으로 불렸던 도시·지역 중 하나로, 특히 경성(京城), 나아가 경인지역의 공업지대로 그 이름을 날렸던 곳이다. 많은 중공업지역이 개발된 북한과 분단된 이후, 영등포는 1970년대 이후 임해공업지대가 본격적으로 개발되기 전까지 남한의 대표적 '공도'의 자리를 유지해 왔다. 그러나 서울시역 내라는 입지 탓에 1970년 말 이후에 점차 탈공업화가 진행되어 많은 공업 시설들이 재개발로 인해 사라져 왔고, 지금도 그 추세는 지속되고 있다. 이 연구는 20세기 초부터 광복 이전 시기까지의 영등포 지역의 공업화 과정과 그에 따라 형성된 다양한 공업 시설에 대해 살펴보고, 현재까지 남아 있는 그 흔적과 영향의 일단에 대해 고찰하는 것을 목적으로 한다.
　'영등포'라는 이름이 들어간 행정구역의 범위는 시대에 따라 크게 변화하지만,[1] 이 연구에서 다루는 '영등포 지역'의 범위는 광복 이전 영등포역의 영향권 하 공업 시설이 들어선 일대로 한정하도록 한다. 이는 대략적으로 1917년에 신설된 영등포면의 범위에 이 시기 도림리 일부를 포함한 영역이자 1937년부터 영등포지구라는 명칭으로 조선시가지계획령에 입각하여 토지구획정리사업이 시행된 영역이며, 현재 행정구역상으로는 영등포구 영등포동·문래동·당산동·양평동에 해당한다(<그림 1> 참조).

이 논문에서 말하는 '공업 시설'이란 단순히 공장 자체뿐 아니라, 공장의 입지와 가동을 위해 시설되는 각종 인프라와 지원 시설들, 나아가 공업 지역 조성을 위해 시행된 도시계획 등 공업지역화를 위한 건축적·도시적 인프라를 두루 포함하는 개념으로 정의하였다.[2] 이러한 개념의 공업 시설 중 본 논문에서는 공장, 철도인입선(산업선), 공장 노동자를 위해 조성된 주거 시설, 도시계획에 대해 중점적으로 살펴보았다.

1 영등포는 조선시대에 경기도 금천현(衿川縣) 하북면(下北面)에 속한 영등포리라는 한 마을의 이름이었다. 정조 19년에 금천현이 시흥현(始興縣)으로 바뀌면서 경기도 시흥현 하북면 소속의 영등포리가 되었고, 1896년 지방제도 개정에 따라 시흥현이 시흥군으로 바뀌었다. 1914년 지방제도 개혁 때에는 시흥, 과천, 안산의 3개 군이 통폐합되어 시흥군이 되면서 그 영역이 확장되었고, 더불어 기존의 상북면과 하북면이 합쳐서 북면(北面)이 되면서 영등포리는 경기도 시흥군 북면에 속하게 된다. 1917년 9월 14일에 시흥군 북면 중 영등포리, 당산리, 양평리만을 독립시켜 영등포면을 신설하면서 영등포는 면의 행정구역명이 되었으며, 이후 1931년 4월 읍제 시행으로 영등포읍으로 명칭이 변경된다. 1936년 4월 1일에 영등포읍이 경성부에 편입된 이후 소멸되면서 영등포정이라는 동명으로만 남다가, 1943년 6월 10일 구제(區制) 실시에 따라 경성부 영등포구가 신설된다. 이후 현재까지 서울시에 속한 구의 명칭으로 사용되고 있고, 여전히 기존의 영등포리(영등포정) 일대는 영등포동으로 존속함으로써 동의 명칭으로도 사용되고 있다. 한편 광복 이후 영등포구의 범위는 1949년과 1963년 서울시역 확장을 통해 점차 증가하였다. 특히 1963년에는 현재 강남 지역의 2/3가량에 이르는 광범위한 면적을 차지하였고, 이후 인구 증가에 따라 수차례의 분구 과정을 거쳐 1980년에 현재의 영등포구의 범위가 확정되어 오늘에 이르고 있다.

2 이러한 정의에 따라 일반적으로 사용되는 '산업유산' 등의 명칭 대신 '공업 시설'이라는 명칭을 사용하도록 하였다.

특히 1937년 3월에 시행명령이 떨어진 이후 사업이 진행되었던 영등포지구 토지구획정리사업은 이후 현재까지 이 지역의 도시조직의 근간이 되어 필지 및 건물의 형태 및 기능 변화에 적지 않은 영향을 미치고 있다는 점에서 이 지역을 이해하는 데 매우 중요한 사업이다. 이 사업은 광복 이전 서울(경성)에서 실제로 시행된 토지구획정리사업지구 중 유일하게 공업지역 조성이 주목적인 사업일 뿐 아니라, 한반도 내에서 조선시가지계획령에 의해 조성된 공업지역 중에서도 독자적인 성격을 지닌다. 먼저 시기적으로 중일전쟁 이전 시기에 계획이 입안되어 토지구획정리사업으로 공업 지역이 조성되었고,[3] 물자의 주요 운송 수단을 철도 산업선으로 계획한 드문 사례이다.[4] 그러나 가장 중요한 특징은 이미 어느 정도 시가화가 진행된 비교적 광범위한 지역에 계획된 탓에 기존 도시 조직이 사업 계획에 적지 않은 영향을 미쳤다는 점이다. 따라서 이 사업에 대해서 파악하기 위해서는 그에 선행하는 시가지의 발전, 특히 공장을 비롯한 산업선 등 공업 시설의 입지에 대해서 살펴볼 필요가 있다. 또한 광복 이전에 사업이 완성되어 상당수의 공장에 대한 분양이 이루어진 드문 사례이기도 하기에 이에 대한 분석 역시 이 지역의 특성을 파악하는 데 중요할 것이다. 현재 서울의 공업지역에 대한 연구는 영등포 외에도 구로공단, 성수동 등을 대상으로 한 것들이 있으나[5] 위와 같은 내용을 검토한 사례는 아

---

[3] 비슷한 시기에 토지구획정리사업으로 공업지역 조성을 계획한 도시에는 나진, 청진, 신의주, 평양, 함흥이 있다. 1939년 중반 이후의 공업지역 계획은 다사도와 대구의 일부 사업을 제외하고 대부분 '일단의공업용지조성사업'으로 진행되며, 또한 이들 대부분은 광복 이전에 사업을 완료하지 못하였다.

[4] 광복 이전에 실시계획까지 이루어진 공업지역 중 지구의 거의 전체를 아우르는 산업선이 계획된 곳은 영등포 지역이 유일하다.

[5] 최선호·김기호, 2014 「1960년대 토지구획정리사업으로 형성된 순공업지역 계획 특성 연구 -서울 뚝노지구를 중심으로」 『도시설계 : 한국도시설계학회지』 Vol.15 No.6, 한국도시설계학회 ; 이상철, 2012 「수출산업단지의 형성과 변모: 구로공단

직 없기에, 본 연구가 향후 공업 지역 연구에 있어 하나의 기준이 될 수 있을 것으로 생각한다.

본 연구는 세 장으로 구성된다. 먼저 1장에서 토지구획정리사업 이전에 영등포 지역에 들어선 공업 시설과 도시 변화에 대해 정리하였다. 이에 대해서는 이미 선행 연구에서 어느 정도 규명이 되어있어 주로 그 성과를 바탕으로 정리하였으나,[6] 업종을 비롯한 산업적 특징에 대한 분석은 충분하지 않으므로, 본 연구에서는 이 시기를 셋으로 나누어 각 시기의 산업적 특징을 함께 밝히도록 하였다. 2장에서는 토지구획정리사업의 내용과 사업 이후에 들어선 공업 시설들 및 그 특징에 대해서 고찰하였다. 특히 사업 이후 입지한 공업 시설에 대해서는 그간 상세한 연구가 진행되지 않았기에 새로 자료를 수집·분석하여 그 특성에 대한 고찰을 시도하였다. 마지막으로 3장에서는 현재 남아 있는 이 시기 공업 시설들의 흔적과 그 영향 등에 대해 1) 공장 부지, 2) 주거지역 소형 필지, 3) 철도인입선(산업선)이라는 공업 시설 유형별로 살펴보도록 하였다.

1. 1930년대 중반 이전 영등포 지역의 공업 시설 입지

1) 1900년대~1910년대 : 철도 부설과 원료기반형 요업

영등포 지역에서는 근대 이전부터 토기나 옹기 등이 많이 제작되었

(1963~1987년)」『동향과 전망』, 한국사회과학연구회 등.
6 김하나, 2011「20세기 초 영등포의 도시 변화 및 위상」『서울학연구』 45, 서울학연구소, 32~48쪽.

다. '시흥(始興) 특산하면 영등포 토기라고 누구나 시인할만치 재래부터 토기 만드는 사람이 만헛스며'[7]라고 하는 신문기사의 내용이라던가, 연대는 불명하지만 대략 4백 년 전부터 대대로 전습되어 영등포의 조선인들이 옹병(瓮甁)을 만들어 오고 있다는 기술[8] 등을 통해서 이 사실을 확인할 수 있다.

이렇게 요업이 발달한 이유는 영등포의 토질이 요업에 적당하였기 때문이다. 이와 더불어 1900년을 전후한 경인선·경부선의 부설에 힘입어 1900년대 이래 기와나 근대의 새로운 요업 제품인 벽돌·토관 등을 제조하는 비교적 대규모의 공장들이 영등포에 입지하기 시작한다.

벽돌은 벽돌 공장에서 생산하여 공사장으로 운반하기도 하지만, 큰 공사의 경우에는 운임을 절약하기 위해 현장 부근의 원료토 채취가 가능한 곳에 가마를 설치하여 직접 굽는 방식을 취하기도 한다. 경부선의 부설이 기존 경인선의 영등포역을 북측 시발점으로 하여 진행되자, 영등포역에는 경부선 공사사무소와 철도사택 등이 들어섰고, 더불어 경부선 부설에 사용되는 벽돌을 굽는 가마가 지기조(志岐組)에 의해 축조되었다. 경부선 공사 완료 후 이 가마를 일본에서 벽돌제조업을 운영하다 1900년 조선으로 건너온 일본인 나가시마 츠나키치[長嶋綱吉]가 인수하여 동년 벽돌공장[長島煉瓦工場]을 설립하였고, 그는 1904년에는 기와공장[長島瓦工場]도 설립하였다.[9] 한편 대한제국 정부에는 관공건축과 하수배구 등의 공사에 사용할 토관와(土管瓦)를 생산하기 위하여 1907년에 당산리 마을 남측의 여의도 사이 샛강변에

---

7 「永登浦土器組合」『동아일보』 1926년 10월 3일
8 朝鮮総督府, 1926 『朝鮮の窯業』, 163쪽
9 朝鮮総督府, 1926 앞의 책, 150쪽 ; 中村資良, 1921 『朝鮮銀行會社要錄』, 東洋經濟新報社, 60쪽

토관제조소를 지었다.[10] 나가시마의 벽돌공장은 1920년 일본인 토마베치[苫米地造酒彌]가 설립한 경성요업주식회사로 인수되었고, 그 전년인 1919년에는 야마구치[山口太兵衛]가 영등포역 서측에 조선요업주식회사 공장을 설립하였다. (위치는 <그림1>을 참조)

근대기 벽돌이나 토관 등의 토목·건축 재료의 주요 소비처는 도시였기 때문에 이들을 생산하기 위한 공장은 도시 근교에 지어지는 것이 일반적이었다. 특히 벽돌의 경우 1924년 현재 전조선 생산량의 46%를 경기도가 차지하고 있는데,[11] 이는 조선 수부였던 경성에서 그만큼 그 수요가 컸다는 사실을 뒷받침하는 것이라 할 수 있다. 또한 경기도에 소재하는 10개의 벽돌공장 중 3개, 즉 경성요업·조선요업·영등포형무소공장이 영등포에 있었고, 이 셋이 경기도 벽돌 총 생산량의 약 67%를 차지하고 있다.[12] 이러한 사실을 종합하면 1900~1920년대 영등포의 요업, 특히 벽돌제조업의 발달은 수부 경성의 근교라는 입지에 걸맞게 원료에 기반한 도시근교형 공업이 발달하는 양상을 보여주는 것이라 할 수 있다.

2) 1910년대~1920년대 : 산업선 설치와 국책기업 및 노동력기반 경공업

1910년대 이후에는 영등포에 요업 외의 새로운 업종의 공장들도 들

---

10 이와 함께 마포 도화동(桃花洞)의 전환국(典圜局) 터에는 벽돌제조소[煉瓦製造所]가 설치되었다. 벽돌제조소와 토관제조소는 1908년 임시 세관공사부가 탁지부(度支部) 소속 건축소와 병합되었을 때 함께 건축소 관리로 이관되었으며, 이후 1913년 4월에는 연와제조소는 경성감옥, 토관제조소는 경성감옥 영등포분감 관할로 이관되어 수감자 작업장으로 사용되었다.(朝鮮治刑協會, 1924 『朝鮮刑務所寫眞帖』 참조)
11 朝鮮総督府, 1926 앞의 책, 6~7쪽의 표를 통해 산출하였다.
12 朝鮮総督府, 1926 앞의 책, 46쪽의 표를 통해 산출하였다.

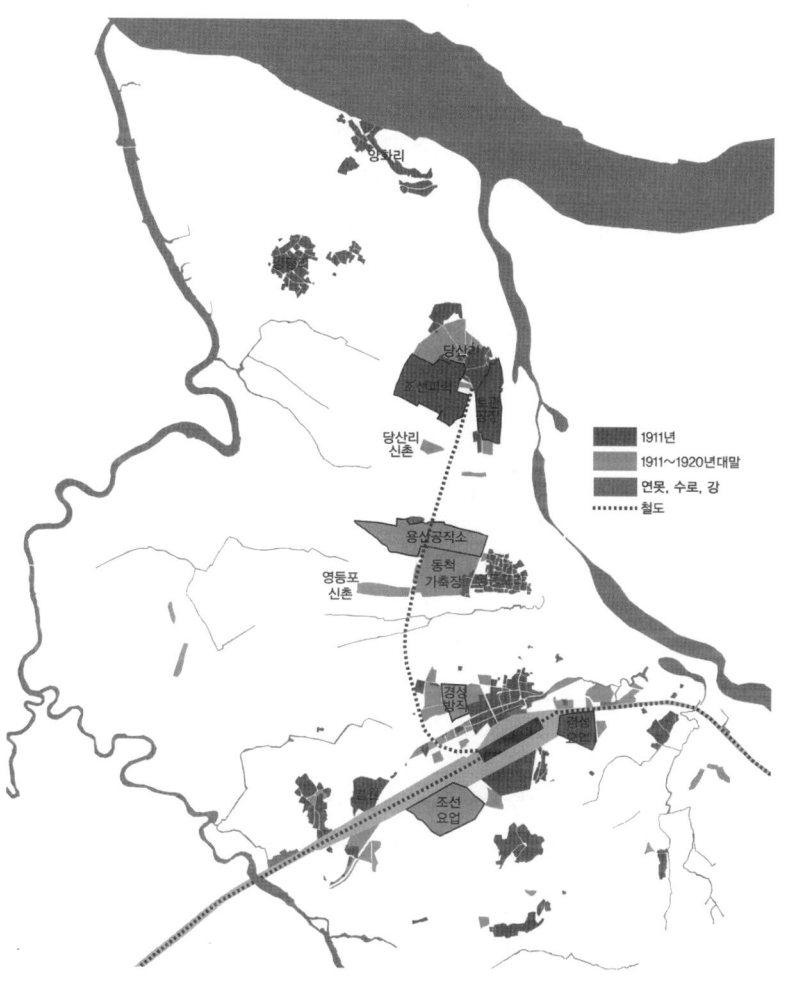

〈그림 1〉 1920년대 이전 영등포 지역 주요 공장의 입지

어서기 시작한다. 특히 1911년 영등포 당산리의 조선피혁주식회사 공장의 입지는 그 의미에 있어서도, 이후 영등포 지역의 공업지역의 물리적 확장이라는 점에 있어서도 중요한 사건이었다. 조선피혁주식회사는 일제의 국책에 의해 설립된 것으로 조선에 풍부한 우피(牛皮)를

활용하여 당시 청일·러일 전쟁을 계기로 급증하던 군수용 피혁제품의 수요를 충족시키기 위한 것이었다.13 동 공장이 경성 근교에 설립된 이유는 확실치 않으나, 우피는 특정 지역에서만 구할 수 있는 원료가 아니기에 한반도 제일의 대도시인 경성 일대로 입지를 결정한 것으로 보인다. 구체적으로 영등포 지역에 입지한 이유는 한강 수리의 편이 있고, 양질의 지하수가 풍부하고, 철도편이 있으며, 하항(河港)과의 인접성이 있기 때문이었다.14 단 영등포 일대는 지대가 낮아 수해가 잦았는데, 이를 위해 동 공장은 영등포 평야 안에서 가장 높고 건조한 당산리 부근에 자리를 잡았다. 그러나 당산리는 영등포역과 약 1.6km나 떨어져 있어 교통의 문제가 있었기에, 테라우치[寺內] 총독은 영등포역에서 분기시킨 철도인입선(鐵道引込線), 즉 산업선을 시설하는 조치를 취하도록 하였는데, 이를 통해서도 국책 회사로서의 위상을 짐작할 수 있다. 이 공장의 영등포 입지는 비교적 공해 유발이 큰 공장에 대한 경성부의 자세 또한 보여주는 것이다. 대한제국기 이래 서울의 주요 공업지역은 한강변 용산 일대였다. 그러나 용산역 주변으로 일본인 시가지가 들어서자 공해를 유발하는 공장 설치를 꺼리는 분위기가 형성되었고, 이러한 상황에서 새롭게 부각된 경성의 교외 공업지대가 바로 영등포 일대였다.

조선피혁주식회사를 위한 철도인입선의 설치는 이후 영등포리에서 당산리 사이 인입선변의 공장 입지를 촉진하게 된다. 이러한 공장에

---

13 '내지(內地)'에 비해서 소가 많은 조선에서 국산적(國産的)으로 보아도, 또 군수상으로 보아도, 꼭 신식 대규모 피혁공장을 세워야 한다고, '내지' 유식자, 특히 일본의 피혁계에 열력(閱歷)있는 사람들 간에 기도(企圖)되었는데, 당시 총독 테라우치[寺內] 대장각하는 크게 찬동의 뜻을 나타내어, 당사의 창립을 보기에 이른 것이다.(朝鮮皮革株式會社, 1936 앞의 책 참조)
14 朝鮮皮革株式會社, 1936 앞의 책 참조.

는 1919년에 일본인 타가와 츠네지로[田川常治郎]가 설립한 용산공작소(龍山工作所) 영등포공장이 있다.[15] 이 공장에서는 객차, 화차, 기관차 등의 철도차량을 제작하였으며, 공장은 구 영등포리[16] 서측의 철도인입선변에 자리잡았다. 1923년에는 영등포 신시가지에 김성수(金性洙)가 설립한 경성방직주식회사의 공장이 들어섰다.[17] 최초 공장 부지는 철도인입선에 접해 있지 않았으나, 이후 인접한 소학교 부지를 매입하여 공장을 확장하면서 철도인입선에 접하게 되었다. 또한 비록 실현되지는 않았으나 1924년에는 영등포역 부근 철도인입선 서측에는 대일본맥주회사가 공장 설치를 계획하여 땅을 구입하였다.

이 시기 영등포에 입지한 공장들은 요업공장들의 입지와 마찬가지로 대도시 근교형 공업들이지만, 원료에 기반하고 있지 않다는 점에서 차이를 보인다. 즉 경성 교외 중 공업 입지에 적합하면서 비교적 저렴한 토지를 찾아 영등포에 입지하였다는 것을 알 수 있다.

3) 1930년대 : 대형 내지 대자본계 소비재 경공업

1930년대에는 조선공업화정책 등 여러 사회 변화의 영향[18]으로 일

---

15 이는 타가와 츠네지로가 개인적으로 경영하면서 철도용품을 제작하던 철공소가 철도국 어용공장(御用工場)화되어 주식회사 조직으로 개편되어 용산에 있는 철도공장의 분공장 형식으로 발족한 것이다.(「鮮産獎勵工場巡り(五) 龍山工作會社永登浦工場」『朝鮮新聞』1930년 4월 17일)
16 영등포 역전에 신시가지가 생성되고 이 지역이 영등포를 대표하게 되자, 원래 있던 영등포리는 구 영등포로 불리게 된다.
17 김성수는 1917년 경성직뉴주식회사(京城織紐株式會社)를 인수 후 기반을 다지고 1919년에 경성방직을 설립하였다. 1920년에 공장 부지로 영등포에 5천여 평의 땅을 매입하여 공장 건립에 착수하고, 1923년에 공장을 완성하고 가동을 시작하였다.(경성방직주식회사, 1989 『경방 70년사』참조)
18 세계대공황 타개를 위한 조선총독부의 산업 정책 전환, 일본 내지에서의 '중요산업의 통제에 관한 법률[重要産業ノ統制ニ關スル法律]' 발포에 기인한 일본 기업의 대

본 내지의 대기업들이 대거 조선에 진출하게 되는데, 영등포도 이러한 지역 중 하나였다. 이 시기 영등포에 공장을 지은 회사들에는 조선맥주주식회사(대일본맥주주식회사의 현지법인, 1933년 기공, 1934년 준공)·소화기린맥주[昭和麒麟ビール]주식회사(기린맥주주식회사의 현지법인, 1933년 기공, 1934년 준공)·종연(鐘淵)방적주식회사(1935년 기공, 1936년 준공)·동양방적주식회사(1936년 기공, 1937년 준공)·대일본방적회사(1938년 기공, 1939년 준공)·조선제분주식회사(일청(日淸)제분주식회사의 현지법인, 1936년 기공, 1937년 준공)가 있다.[19] 이 외에 일본 중소기업의 조선 내 방계회사로 창립된 인견(人絹) 염색을 위한 창화(昌和)공업주식회사(십[辻]합자회사의 방계 회사, 1934년 준공),[20] 조선인에 의해 설립된 경기염직주식회사(1936년 설립), 재조일본인에 의해 설립된 회사인 경성피치연탄공장(1935년 공장 건설)[21]·경성코르크공업주식회사(1937년 설립)[22]의 공장도 비슷한 시기에 영등포에 입지하였다. 업종을 보면 맥주·제분 등의 식료품 공업, 방직·방적·염직 등의 섬유공업이 대다수를 차지하고 있음을 알 수 있다.

식료품 공업, 섬유공업 등의 소비재 경공업은 교통의 편리성, 저렴한 노동력의 확보 가능성, 소비지와의 인접성 등을 중요시하기에 도시

    류 진출, 만주국 건국으로 인한 대륙의 충분한 시장 형성, 한반도의 수력발전 자원의 재발견, 값싼 노동력의 존재 등의 요인이 복합적으로 작용하였다.
19 김하나, 2014『근대 서울 공업지역 영등포의 도시 성격 변화와 공간 구성 특징』, 서울대학교 건축학과 박사학위논문 참조.
20 조선 내 인견직물 수요가 증가하고, 총독부 정책으로 색의 착용이 권장되자, 조선 내 염색공장 설치를 결정, 1934년 7월 자본금 5만 엔으로 창화공업주식회사를 설립하고 영등포에 토지를 매수하여 공장을 지었다.(辻新三郞, 1963『辻久の七十年』, 94~95쪽)
21 1935년 재조일본인 니시다[西田小太郞]가 설립한 연탄 제조 공장이다.(共同通信社 開發局, 1968『日本の礎』, 777쪽)
22 1936년 재조일본인 호리에[堀江慶一]가 설립하였다.(京城商工會議所, 1943『京城に於ける工場調査 昭和18年版』, 65쪽)

근교 입지를 선호하는 특징을 가지는데, 조선 수부 경성 근교의 영등포는 이러한 요건을 충분히 만족시키는 입지였을 것이다. 그중 맥주공장의 경우 양호한 수질 역시 중요한 조건이 되는데, 1939년의 조사에 따르면 영등포의 수질은 전반적으로 모든 업종의 공업에 적합하다는 결과가 나왔기에,[23] 이 역시 영등포의 맥주 공장 입지 결정에 큰 영향을 준 것으로 생각된다.[24]

이들 중 주요 공장의 입지는 다음과 같다. 두 맥주공장의 경우 마침 원료토 고갈로 새로운 부지를 모색하고 있던 경성요업주식회사와 조선요업주식회사 부지를 구입하여 입지하였다. 종연방적주식회사는 철도인입선 서측의 기존 대일본맥주회사 소유 부지 및 인접지 약 8만여 평에, 동양방적주식회사는 그 서측의 땅 2만여 평에, 또 대일본방적주식회사는 조선피혁주식회사 남측의 조선권농주식회사 토지 약 2만 3천여 평을 매입하여 입지하였고, 경기염직은 동양방적의 북측의 약 2만 5천여 평의 부지에 자리하였다. 일청제분주식회사 공장은 종연방적 부지 중 동쪽 땅 5천여 평을 양도받아 건설되었다.[25] (<그림 3> 참조) 이를 종합해 보면 새로운 공장의 입지 역시 기존의 경인·경부선을 따라 동서 방향으로 자리하거나, 조선피혁주식회사를 위해 시설된 철도인입선을 따라 남북 방향으로 자리한 것을 확인할 수 있다.

---

23 京城府, 1939 『躍進京城に於ける工業の概貌と將來』, 41~42쪽
24 1920년대 중반 대일본맥주회사 공장 건설이 불발된 원인에는 1925년의 을축년대홍수로 인한 영등포 지역의 수해와 충분한 시장 확보에 대한 염려 등이 있다. 1930년대에 들어서 맥주공장이 실현된 배경에는 1930년경의 강변 제방의 완공과 만주국 설립으로 인한 배후 시장의 확장 등이 있다 (김하나, 2014 앞의 책 참조)
25 김하나, 2014 앞의 책 참조.

2. 1930년대 말~1945년 영등포 지역 도시계획과 공업 시설의 입지

1) 영등포 지역의 토지구획정리사업

1934년 제정된 조선시가지계획령에 기반하여 1936년에 확장된 경성부 영역에 대해 순차적으로 토지구획정리사업이 계획·실행되는데, 영등포지구는 돈암지구와 함께 경성부에서 가장 먼저 사업이 진행되었다. 이는 앞장에서 살펴보았듯이 1930년대 이래 영등포 지역에 여러 내지 대기업의 분공장 입지가 결정되자 "영등포 부근은 최근 각종 대공장이 건설되는 부근지 일대에 해당되어 시가화의 경향이 현저하여 현상(現狀) 그대로 방치하는 것을 허락할 수 없"[26]고, "본 지구 내는 주로서 장래의 공업지역이 될 것이나 기(既)히 일부는 시가화한 부분이 잇으므로써 차등(此等)을 정리하야 상업, 공업지로서 지장이 없게 하기 위한"[27] 것이었다. 즉 향후 지속될 것으로 보이는 공장 입지에 따른 난개발이 이루어지기 전에 조속히 가구(街區)와 인프라 등을 정비하여 체계를 갖춘 공업지역을 조성하기 위함이었다.

영등포 지구의 총 사업면적은 약 159만 1천 평(약 5.3㎢)으로 경성에서 계획되었던 약 30개의 토지구획정리사업지구 중 가장 컸으며, 청진의 제2토지구획정리사업지구를 제외하고는 한반도 전체에서 계획된 공업용도를 포함하는 토지구획정리사업지구 중에서도 가장 큰 것이었다.[28] 또한 계획 이전에 이미 일부 지역에서 시가지화가 이루어져 있

---

26 「京城新市街地計劃及土地區劃整理決定關係綴」, 1936년.(국가기록원 자료 CJA0022534)
27 「永登浦土地區劃整理」『동아일보』1937년 9월 8일 ; 「이상적공장지대건설 영등포 토지구획정리 계획내용 전모발표」『매일신보』1937년 11월 26일 ; 「永登浦土地區劃整理」『朝鮮と建築』1937년 5월호 참조.
28 일단의공업용지조성지구의 경우 경인의 부평·서곶·구로 지구, 나진의 웅상 지구 등

공업도시 영등포의 형성과 그 흔적 237

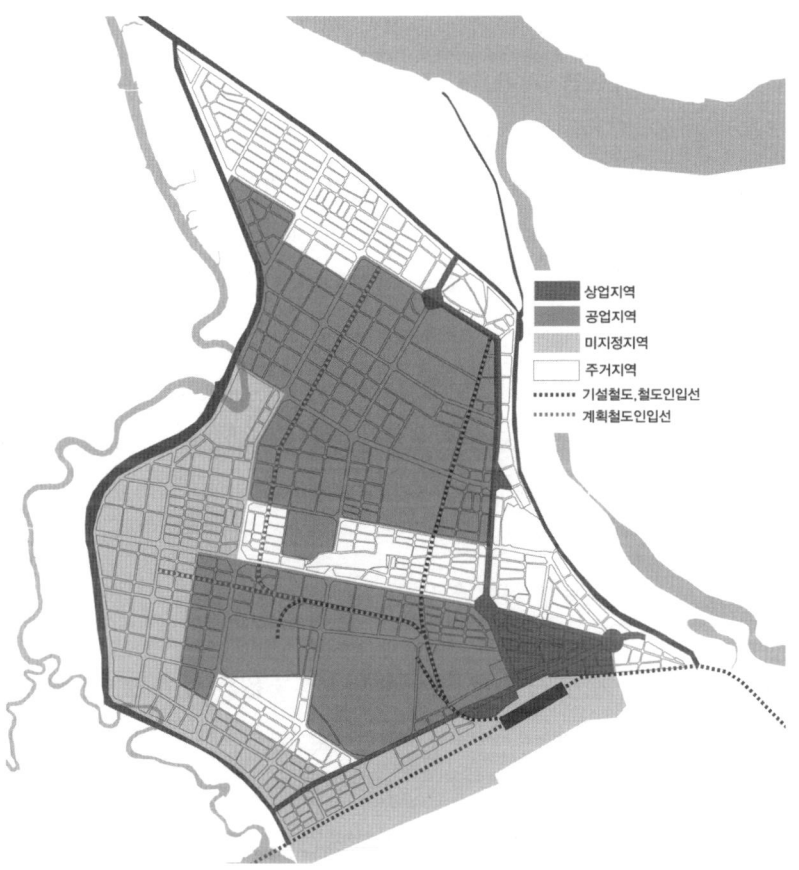

〈그림 2〉 영등포 토지구획정리사업지구 계획

어 기존의 용도를 어느 정도 존중하면서 지역제를 설정하였기에, 상업지역·주거지역·공업지역·미지정지역(경공업지역)의 네 지역제가 모두 적용되는 드문 사례가 되었다. 블록 계획에서는 주거지역의 경우 대체로 100m×40m를, 공업지역의 경우에는 100m×100m를 기준으로 하였으며, 지역의 형상에 따라 블록 형태 및 규모에 다소의 변형과 가감이

영등포 지구보다 큰 면적의 사업지구도 있었다.

이루어졌다. 토지구획정리사업 계획도 및 용도지역제를 함께 표시한 〈그림2〉를 살펴보면, 기존 대규모 공장 등의 필지는 새로운 도로망과 블록에 맞춰 그 형상이 정비된 것을 알 수 있으며, 그 외 미개발지에 대해서는 앞서 살펴본 용도지구별 블록 크기의 기준이 대체로 적용되고 있는 것을 확인할 수 있다.

영등포지구 내에는 주거지역이 포함되어 있기 때문에 일반적으로 주거지역 토지구획정리사업지구에 마련되는 학교·시장·공원 시설이 계획되었고, 이 외에 안양천변에 유수지가 마련되었다. 주요 운송 수단으로는 경인·경부선철도에서 분기시킨 철도인입선을 새로 계획하여 물자 수송을 지원하고자 하였음을 알 수 있다.[29]

2) 토지구획정리사업 이후 입지한 공업 시설과 성격

토지구획정리사업 시행 후에는 공장지 분양을 위하여 토지 소유자 140명이 1938년 8월에 토지분양조합을 결성하였고 이후 토지 분양이 시작되었으나, 이와 관련된 공식 기록이 남아 있지 않아 정확한 분양 사항을 파악할 수 없다. 1940년대에 발행된 공장명부 등의 자료를 통해 토지구획정리사업 이후 영등포 지역에 입지하였던 공장의 목록을 확인할 수는 있으나, 이들을 통해서는 공장이 차지하는 정확한 범위와 부지 면적까지 확인하기는 어려우며,[30] 1944년 이후에 간행된 자료는 존재하지 않는다. 따라서 본 연구에서는 이러한 명부 자료들을 포함

---

29 김하나, 2014 앞의 책 참조.
30 본사의 주소만 있고 공장의 주소는 없는 경우 혹은 상세주소가 기입되어 있지 않는 경우가 많다. 또한 상세 주소까지 기입되어 있더라도 모두 토지구획정리사업 이전의 구주소로 기입되어 있는데, 구획정리 후 환지처분을 통해 주소가 일신되었기 때문에, 구주소를 통해서는 실제로 공장이 지어진 정확한 위치 및 필지를 확인할 수 없다.

공업도시 영등포의 형성과 그 흔적 **239**

한 일제강점기 말기의 공장·기업과 관련된 각종 자료,[31] 토지대장, 토지구획정리사업 환지기록 등을 종합하여 실제로 해당 지역에 입지하였던 기업의 목록을 정리하고, 또 각 기업의 설립 시기, 의도, 제조한 제품, 위치 및 면적 등을 최대한 확인하도록 하였다. 이러한 작업을 통해 확인한 1930년대 말 이후에 영등포 지역에 입지한 비교적 규모가 큰 공장 총 42건의 목록 및 위치는 다음 〈표 1〉 및 〈그림 3〉과 같다.[32]

---

[31] 東海通信社, 1935 『滿洲及日本外地会社要覽 昭和10年版』; 經濟新聞社調査部, 1937 『經濟新聞社, 会社早わかり 昭和13年度版』; 東京ゴム同業組合護謨時報出版部, 1939 『護謨時報 20(3月號)』; 東亞經濟時報社, 1940 『朝鮮銀行会社組合要錄』; 京城府, 1940 『京城府産業要覽 昭和14年版』; 化学工芸社, 1940 『化学工芸』 24(2)(265); 絹業会, 1940 『絹業時報』 1(9); 商業興信所, 1940 『日本全國銀行會社錄 第48回』; 實業往来社, 1941 『東亞經濟現勢 昭和16年度版』; 東京電報通信社, 1941 『事業及人物 : 記念號』; 帝国興信所, 1941 『帝国銀行会社要錄 昭和16年(29版)』; 日本工業新聞社, 1941 『工業取引案内 昭和16年度』; 大阪經濟評論社, 1942 『大阪經濟評論』 25(7); 帝国興信所, 1942 『帝国銀行会社要錄 昭和17年(30版)』; 京城商工會議所, 1943 『京城に於ける工場調査』; 帝国興信所, 1943 『帝国銀行会社要錄 昭和18年(31版)』; 產業經濟新聞社, 1943 『產業生産配給總覽 昭和18年度』; 全国經濟調査機關聯合會朝鮮支部, 1943 『朝鮮經濟年報 昭和16·17年版』; 朝鮮織物協會, 1943 『朝鮮繊維要覽 昭和18年版』; 中川以良, 1943 『南方派遣殉難六烈士追憶誌』; 生産と配給社, 1943 『日本代用品工業總覽 昭和17年版』, 92~93쪽.; 日本瓦斯技術協會, 1944 『日本瓦斯技術協會誌』 14(5); 朝鮮總督府, 1944 『朝鮮』 (346); 東京電報通信社, 1944 『戦時體制下に於ける事業及人物』; 綜合通信社出版部, 1948 『全国皮革産業名鑑 1948年版』; 日本電信電話公社, 1956 『外地海外電気通信史資料 13』; 日本乾電池工業会, 1960 『日本乾電池工業史』; 在鮮日本人薬業回顧史編纂会, 1961 『在鮮日本人薬業回顧史』; 辻新三郎, 1963 『辻久の七十年』; 日本經濟新報社, 1963 『週刊日本經濟』 16(26) (606); 秋山龍三, 1967 『日本硝子細工夜話』; 現代日本産業發達史研究会, 1967 『現代日本産業發達史 12』; 江商, 1967 『江商六十年史』; 松下電器産業, 1968 『松下電器五十年の略史』; ヒューム管協会20年史編集委員会, 1969 『ヒューム管協会20年史 昭和23年-43年』; 高橋荒太郎, 1979 『松下幸之助に学んだもの:人をつくる事業經營』, 實業之日本社 참조.

[32] 연구 대상 지역에 선립되었던 사실을 정확하게 확인힐 수 없거나, 소규모일 것으로 추정되는 기업·공장을 제외한 목록이다.

〈표 1〉 1939년 이후 영등포지구에 들어선 주요 공장 목록

설립연도[33]	공장명(한글)	공장명(일본어/한자)	주요 생산품	공장 소재지 (현재동명)	부지 면적 (㎡)[34]	본사 소재지[35]	비고
1939	코우라이트공업 주식회사	コウライト工業株式會社	건자재	영등포동8가	10,800	영등포	용산공작소 자회사
	선산제재주식회사	鮮産製材株式會社	제재, 목제품	양평동4가	2,950	동일	
	조선미곡창고	朝鮮米穀倉庫	곡물보관	당산동4가	40,000	남대문통	
	조선탄닌공업 주식회사	朝鮮タンニン工業株式會社	피혁	당산동5가	37,400	영등포	조선피혁 자회사
	조선공업주식회사 (조선복조족대주식회사)	朝鮮工業株式會社 (朝鮮福助足袋株式會社)	고무화	문래동6가	-	동일	
	조선자동차공업 주식회사	朝鮮自動車工業株式會社	자동차 부품	문래동6가	15,000	남대문통	
	조선공작주식회사	朝鮮工作株式會社	광산 용기계	문래동6가	15,000	종로2정목	한국인 기업인 설립
	제국산소주식회사	帝國酸素株式會社	산소가스	문래동5가	10,000	일본	주우(住友) 계열
	소화산소주식회사	昭和酸素株式会社	산소가스	양평동1가	-	동일	
	대일본니코틴공업 주식회사	大日本ニコチン工業株式會社	농약	양평동3가	-	신당정	
1940	재생공업주식회사	再生工業株式會社	피혁	당산동4가	5,000	영등포	조선피혁 계열사
	주식회사 북공업소	株式會社北工業所	기계기구	문래동6가	-	고시정	
	풍림주강주식회사	豊林鑄鋼株式會社	기계기구	당산동3가	8,000	종로1정목	
	조선내연기공업 주식회사	朝鮮內燃機工業株式會社	기계	문래동5가	10,000	고시정	
	일본정공주식회사	日本精工株式會社	광산 용기계	양평동2가	20,000	남대문통	
	조선로공업주식회사	朝鮮鑪工業株式會社	로	양평동3가	-	한강통	
	소림광업주식회사 경성제련소	小林鑛業株式会社京城精鍊所	제련	문래동3가	-	명치정	
	조선운송주식회사	朝鮮運送株式會社	운송업	양평동2가	7,770	고시정	
	조선섬유재제공업 주식회사	朝鮮纖維再製工業株式會社	섬유	당산동1가 (창화공업내)	-	영등포	창화공업 자회사

공업도시 영등포의 형성과 그 흔적 **241**

설립 연도[33]	공장명(한글)	공장명(일본어/한자)	주요 생산품	공장 소재지 (현재동명)	부지 면적 (㎡)[34]	본사 소재지[35]	비고
	조선해태가공판매 주식회사	朝鮮海苔加工販売株式会社	맛김	당산동3가	1,210	부산	
1941	조선고무화제조 주식회사	朝鮮ゴム靴製造株式會社	고무화	문래동4가	15,000	동일	
	조선송하건전지	朝鮮松下乾電池	건전지	양평동4가	13,000	일본	
	조선초자공업주식회사	朝鮮硝子工業株式會社	유리병	양평동3가	6,900	용문정	
	조선잉크주식회사	朝鮮インク株式會社	잉크	양평동3가	10,000	부산	
1942	조선재생고무공업 주식회사	朝鮮再生ゴム工業株式會社	고무	양평동1가	5,000	정동	
	소화정공주식회사	昭和精工株式會社	기계	양평동4가	15,400	동일	
	조선송하무선	朝鮮松下無線	무선기	양평동4가	7,000	일본	
	조선강관주식회사	朝鮮鋼管株式會社	철관	양평동1가	5,000	남대문통	
	주식회사조선펌프 제작소	朝鮮ポンプ製作所	터빈펌프	당산동1가	10,000	일본	일본 상사 강상(江商)의 자회사
1943	조선강판공업주식회사	朝鮮鋼板工業株式會社	강판	문래동6가	20,000	영등포	조선피혁 계열사
	조선판지공업주식회사	朝鮮板紙工業株式會社	제지	양평동5가	30,000	남대문통	
1944	조선금속계기주식회사	朝鮮金屬計器株式會社	기계	문래동6가	5,000	원정이 정목	
미상	연합지기주식회사 (조선지업주식회사)	聯合紙器株式會社 (朝鮮紙業株式會社)	제지	당산동3가	1,500	일본	
	순안사금	順安砂金	광업	문래동5가	10,000	평남	
	환복공업주식회사	丸福工業株式會社	합성피혁, 기모고무	문래동6가	10,000	일본	일본 본사 1938년 설립
	조선계기주식회사	朝鮮計器株式會社	기계	양평동3가	3,650	일본	
	조선금속공업주식회사	朝鮮金屬工業株式會社	철공	문래동6가	10,000	부산	
	청목화학제유회사	青木化学製油会社	제유	문래동3가	10,000	일본	
	조선계측초자공업회사	朝鮮計測硝子工業會社	유리기구	문래동6가	5,000	한강통2 정목	
	조선견사공업주식회사	朝鮮絹絲工業株式會社	견사	양평동1가	2,200	경성	

설립 연도[33]	공장명(한글)	공장명(일본어/한자)	주요 생산품	공장 소재지 (현재동명)	부지 면적 (㎡)[34]	본사 소재 지[35]	비고
	대동제충국주식회사	大同除虫菊株式會社	농약	양평동1가	2,200	일본	
	조선삼공제약주식 회사	朝鮮三共製藥株式會社	농약	양평동3가	10,000	일본	

　　표를 통해 토지구획정리사업 및 분양이 실시된 1939년 이후에는 그 이전에 비해 상당히 많은 수의 공장들이 이 지역에 입지하였음을 알 수 있다. 또한 이들의 부지 면적은 대략 1,500㎡에서 40,000㎡이며, 10,000㎡ 전후의 것이 많은 것을 알 수 있는데, 1930년대 중반 이전에 들어섰던 대규모 공장들이 대부분 2만여 평(약 66,000㎡)에서 8만여 평(약 264,000㎡)의 큰 부지를 차지하고 있던 것에 비하면 그 규모가 많이 축소되었음을 확인할 수 있다. 이는 토지구획정리사업 실시 이후 이 지역의 지가가 상승하였기에, 비교적 작은 부지에 설립 가능한 공장들 위주로 진출했기 때문이다. 이 시기 경성 근처에서 넓은 부지가 필요한 공장들은 동시기 결정·고시되었던 경인시가지계획구역 중 구로·안양·부평의 일단의 공업용지 조성지구나 인천부의 해안부에 주로 입지하였다.[36]

　　또한 이들 총 42건 중 조선에서 설립된 회사의 공장은 32개이고 일본 내지의 분공장 혹은 자회사의 공장은 10개이다. 조선에서 설립된

33　영등포에 공장이 건립된 시기가 확실한 경우 공장 건립 시기를 기준으로 분류하였다. 그러나 대부분의 공장들은 준공 시기를 확인할 수 있는 자료를 찾을 수 없었기 때문에 회사 설립 시기를 기준으로 분류하였다.
34　주소 확인만 가능하고 면적을 확인할 수 없는 경우에는 '-'로 표기하였다. 또한 기입된 면적은 토지대장, 혹은 웹지도 등을 통해 추정한 대략적인 수치임을 밝힌다.
35　본사 소재지가 공장 소재지와 동일한 경우 '동일'로 표기하였다.
36　김하나, 2014 앞의 책 참조.

공업도시 영등포의 형성과 그 흔적 243

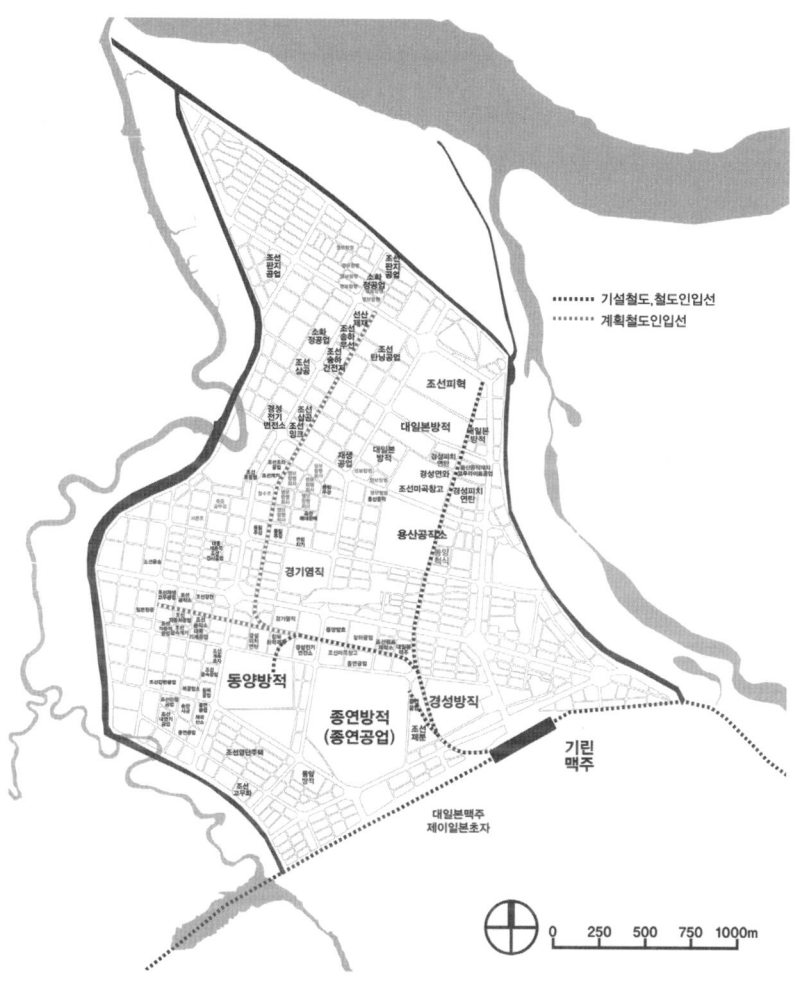

〈그림 3〉 광복 이전 입지한 주요 공장 및 기업의 위치

회사 중 7개는 공장 부지와 본사 부지가 동일하며, 3개는 영등포 내에 이미 설립된 다른 회사의 자회사이다. 나머지 22개 중 19건은 경성에 본사기 위치히고 있다. 즉 조선에서 설립된 회사의 대략 2/3는 경성에, 1/3은 영등포에 본사가 자리하고 있다. 또한 조선에서 설립된 회

사는 조선미곡창고, 소림광업주식회사 등 일부를 제외하고 대부분 1930년대 말 이후에 회사가 설립되었다. 이를 통해 회사 설립과 동시기에 영등포의 공장 입지가 계획되었다는 사실을 짐작할 수 있다.

〈표 2〉 업종별 비율

업종	개수	비율	업종	개수	비율
기계	13	31.0%	운송	2	4.8%
철공	3	7.1%	건재	1	2.4%
피혁	3	7.1%	제재	1	2.4%
고무	3	7.1%	철강	1	2.4%
농약	3	7.1%	제유	1	2.4%
섬유	2	4.8%	잉크	1	2.4%
산소가스	2	4.8%	식료품	1	2.4%
유리	2	4.8%	광업	1	2.4%
제지	2	4.8%	합계	42	100.0%

〈표 2〉에서 제시한 업종별 비율을 살펴보면 기계 제조업이 42건 중 13건으로 31.0%의 압도적으로 큰 비율을 차지하며, 그 외의 업종들은 1-3건으로 2.4%에서 7.1%의 비율을 차지하고 있다. 구체적으로는 철공·피혁·고무·농약 관련 공장이 각 7.1%, 섬유·산소가스·유리·제지 제조업 및 운송 관련 공장·회사가 각 4.8%, 그리고 건재·제재·철강·잉크·식료품·광업 관련 공장이 각 2.4%를 차지하고 있다.

기계 제조업은 일반적으로 도시 부근에서 발달하는 공업 형태이기에 영등포의 지역적 특징을 잘 반영하고 있는 업종이라 할 수 있다. 생산 물품을 좀 더 상세히 살펴보면 착암기, 펌프 등 광산용 기계(일본정공·조선공작·조선펌프제작소), 자동차 부품(조선자동차공업주식회사·조선계기주식회사), 계측기 (조선금속계기주식회사, 조선계기주식회사), 내연기(조선내연기공업주식회사), 절삭공구(소화정공업), 건전지(조선송하건전지), 라디오수신기(조선송하무선) 등이 주로 생산되고 있다. 이들 공장이 영등포에 들어선 시기는 중일전쟁 발발 후의 전시기에 해당하며, 따라서 이 시기에 설립된 회사·공장들은 전쟁 수행을 위한 물품 제작을 주요 목적으로 하고 있다. 광산용 기계는 부족한 철강 제조를 위해 북한 지역에서 광산 채굴이 활발히 진행되자 그 수요가 증가하였으며, 자동차 부품은 병참기지화로 인해 증가한 자동차 수요를 감당하기 위한 것이었다. 내지 기업인 송하(松下, 마츠시타)무선과 송하건전지는 1941년경 군부·조선총독부가 군사용 라디오 및 그를 위한 건전지 부품을 조선·만주 등지에서 현지생산할 것을 요구하면서 조선에 자회사를 건설하게 되었으며, 이 공장이 바로 영등포에 들어서게 되었다.[37]

한편 기존에 영등포에 입지하였던 기업들의 관련 업종 자회사 건설도 눈에 띈다. 조선탄닌공업주식회사와 재생공업주식회사는 조선피혁주식회사의 자회사인데, 탄닌은 피혁 제조에 필요한 재료이며, 재생공업주식회사는 피혁 재생을 하기 위한 기업이다. 피혁은 군화 등에 사용되는 주요 군수품이기에, 이 시기 조선피혁주식회사 역시 군수품을 주로 제작하는 공장으로 가동하고 있었다. 용산공작소에서는 불연판과 벽판과 같은 건자재를 생산하는 코우라이트공업주식회사를 자회사로 건립하였고, 창화공업주식회사에서는 섬유 재정(再整)을 목적으로 창화공업과 동일 부지 안에 조선섬유재제공업주식회사를 설립하였다.[38] 직전 시기와 달리 1930년대 말 이후에는 섬유 관련 공장의 신설

---

[37] 조선송하건전지 및 조선송하무선은 경성 양평정에 7000평의 부지를 매수하여 공장을 건실하고, 1942년 6월 15일에 조업식을 개최하였다.(大阪経済評論社, 1942 앞의 책 ; 日本電信電話公社, 1956 앞의 책 ; 日本乾電池工業会, 1960 앞의 책 참조)
[38] 辻新三郎, 1963 『辻久の七十年』 참조.

이 크게 줄어드는데, 이 역시 전시체제기의 상황을 반영한 결과라 할 수 있을 것이다. 또 눈에 띄는 업종에 농약 제조업이 있다. 농약은 농산물 증산을 위해 1930년대 이후 사용이 증가하였는데, 이 시기 조선 내에서 농약을 자체 제조하기 위한 공장들이 들어선 것이다. 한 자료에 의하면 일본의 농약 제조업체 중 조선에 공장을 가지고 있던 것은 10개에 미치지 않는데, 이 중 3개가 영등포에 자리하고 있었던 셈이다.[39]

이상을 정리하면 공업지역 조성을 위한 영등포 지역의 토지구획정리사업은 마침 중일전쟁 발발과 뒤이은 전시체제기와 맞물려 전쟁 수행에 필요한 물자 생산을 조선에서 수행하기 위해 설립된 조선 내 회사 및 내지 기업의 자회사 등의 수용처가 되었다. 이는 이 시기 병참기지화정책으로 개발된 한반도 공업지역의 일반적 특성을 보이는 것이다. 한편 토지구획정리사업을 통한 지가 상승으로 인해 기존과 같은 대규모 부지를 필요로 하는 공장 대신, 대략 5,000~30,000㎡의 중규모로 자체 인프라 구축이 어려워 지역 인프라를 활용해야 하는 공장들이 주로 입지하였다. 또한 업종에서는 기존의 비교적 노동집약적인 섬유 관련 업종을 대신하여 비교적 전문성을 요하는 기계공업 등이 주를 차지하게 되었다.

또한 공장의 입지는 <그림 3>을 통해 확인할 수 있듯이 주로 기존에 공장이 들어서지 않았던 서쪽 일대에 집중되어 있는 것을 알 수 있다. 특히 새로 계획된 철도인입선(회색 점선) 변에 우선적으로 공장들이 입지하고 있는 사실을 확인할 수 있다. 한편 제조업이나 운수업 외

---

[39] 농약제조업체 중 조선에 공장을 가지고 있던 것은 삼공 영등포공장, 일본농약 인천공장, 진남포 북촌유황합제공장, 대일본니코틴주식회사의 유산니코틴, 연초분(삼공합동), 이리의 장강제충국제제공장 정도였다고 한다.(在鮮日本人薬業回顧史編纂会, 1961 『在鮮日本人薬業回顧史』 참조)

의 기업의 필지 취득 상황도 일부 확인이 가능한데, 이는 <그림 3>에 회색 글씨로 표시된 것들이다. 이들 중 특히 민규식(閔奎植)의 부동산 회사인 영보합명회사(永保合名會社)에서 새로 계획된 남북 철도인입선 동측 등에 상당수의 토지를 소유하고 있었던 사실을 확인할 수 있는데, 해당 필지를 추후 판매하거나 혹은 임대하려던 계획이었던 것으로 보인다. 또한 유수지 주변에 자리하는 청수조(淸水組), 죽중공무점(竹中工務店), 서본조(西本組) 등은 건설회사인데, 아마도 영등포 지역에서 활발히 진행되는 건설사업을 진행하기 위해 사무소 건설을 위한 부지를 확보하였던 것으로 생각된다.[40] 안양천 주변으로는 기업들의 소유 토지가 거의 확인되지 않는데, 이 토지들은 광복 이후 1960년대까지도 대부분 농경지로 남아 있었던 사실로 미루어 광복 이전에는 기업체에 대한 분양이 이루어지지 않은 것으로 생각된다.

한편 영등포 지역에 많은 공장들이 입지하면서 노동자들을 위한 주거 개발도 이루어지는데, 이들은 그 건설 주체에 따라 크게 세 종류로 나누어 살펴볼 수 있다. 첫 번째는 회사에서 공장 부지 내에 직접 건설한 사택 혹은 기숙사이다. 두 번째는 공공 주택공급 기관인 조선주택영단에서 개발한 주택지로, 영등포 지역에도 동양방적의 남측에 자리하는 부지에 1942년 오백여 채가 건설되었다. 세 번째는 민간에서 개발한 주택지로 용도지역상 주거지역에 해당하는 지역에 주로 도시형 한옥의 유형으로 지어진 것으로 보이나 광복 이전의 정확한 건설 상황을 파악하기는 힘들다. 전술하였듯이 이들 노동자들을 위해 건설된 주택들 역시 공업 시설로 간주할 수 있다.

---

40 이 외의 철도인입선변의 주요 공업용지에 대해서는 광복 이전 소유자에 대한 정보를 확보하지 못하였다.

3. 광복 이전 공업 시설의 현황과 흔적

앞선 장들에서 살펴보았듯이 영등포에는 광복 이전에 많은 공장들이 들어섰을 뿐 아니라, 공업 지역으로서의 기능을 지원하기 위한 여러 시설이 정비되고, 토지구획정리사업을 통해 도시 조직의 개조가 이루어졌다. 이 장에서는 이러한 공업 시설들 중 공장 부지, 노동자 주거지역, 철도인입선(산업선)의 흔적들과 그것이 현재 영등포 지역에 남기고 있는 영향에 대해 살펴보도록 하겠다.

1) 공장 부지의 현황과 흔적

광복 이전에 영등포 지역에 입지한 공장들은 전술하였듯이 대부분 재개발로 인해 소실된 상황이다. 특히 토지구획정리사업 이전에 입지하였던 대규모 공장 중 현재까지 공장 건물이 남아 있는 것은 조선제분주식회사(현 대선제분주식회사) 공장이 유일하다. 토지구획정리사업 이후에 공장이 입지하였던 필지들의 경우 비교적 재개발의 속도가 더디며 현재까지도 공장 등 산업시설로 사용되는 필지가 존재하는데, 이는 비교적 부지의 규모가 작아 영세 기업체가 사용하였던 점, 또한 안양천변 등 일부 부지의 경우 지하철역 등의 교통 인프라 구축이 비교적 늦은 시기에 진행되어 개발 압력이 약하였던 점 등이 그 이유로 작용한 것으로 생각된다. 또한 토지구획정리사업 이전에 영등포 지역에 입지한 대규모 공장들의 경우에는 비교적 기록이 남아 있어 어느 정도 광복 전후에 걸친 변화 과정을 추적하는 것이 가능하지만, 토지구획정리사업 이후 영등포 지역에 들어선 것으로 파악되는 공장 부지에는 실제로 어떠한 건물과 시설들이 지어졌는지 파악하기 어렵다.

이는 전시체제기라는 시기적 상황에 더하여 대부분이 재조일본인들에 의해서 설립된 중소기업의 공장들이었기 때문에 기록이나 사진을 찾는 것이 매우 어렵기 때문이다. 따라서 이들 부지가 현재 여전히 공장으로 사용되고 있다고 하더라도 그 건물이 광복 이전에 건설된 것인지 그 이후에 지어진 것인지를 파악하는 것은 쉽지 않다.

대규모 공장 이전적지의 재개발은 1970년에 가동이 중지된 조선피혁주식회사 공장 부지에 1974년에 완공된 한강맨션아파트를 그 시초로 볼 수 있다. 그 이후 1970년대에는 대일본방적 부지(1976, 아파트 등), 1980년대에는 용산공작소 부지(1982, 아파트), 1990년대에는 경기염직 부지(1994, 아파트 등)·기린맥주 부지(1998, 공원), 2000년대에는 용산공작제지 부지(2001년, 마트)·대일본맥주 부지(2002, 아파트), 종연방적 부지(여러 필지로 분할되어 아파트, 오피스텔, 마트, 지식산업센터 등으로 순차적으로 개발)·경성방직 부지(2009년, 복합 상업업무시설) 등이 재개발되었다. 이들 민간 공장들은 단일 소유자가 거대한 부지를 가지고 있어 재개발이 결정되면 빠르게 진행이 되는 경향을 가진다. 재개발로 인해 새로 들어서는 시설의 기능으로는 위의 주요 사례를 통해서도 알 수 있듯이 아파트 단지 등의 주거 용도로의 전환이 가장 많은데, 토지구획정리사업 실시 이후 공장 부지로 개발되었던 블록들 역시 현재 대부분 아파트·오피스텔 등의 집합주택으로 재개발된 상황이다. 이외에 공장의 본사가 존속되는 경우 경성방직처럼 본사 오피스를 포함하는 복합업무상업시설 등으로 개발되기도 하고, 오피스빌딩이나 지식산업센터 등의 업무시설, 대형마트 등의 상업시설로 개발되는 사례도 늘어나고 있다. 또한 드문 사례이기는 하지만 서울시 등 관에서 매입한 후 공공시설로 개발된 사례도 있는데, 대표적인 것이 영등포공원으로 재정비된 기린맥주(해방 후 OB맥주) 공장 이전적지와 중학교 및 교육지청으로 개발된 조선미곡창고(해방 후 대한통운) 이전적지이다.

현재 광복 이전에 건설된 것이 확실한 것 중 현재까지 남아 있는 공장 시설로는, 이 시기 대규모 공장 중 유일하게 아직 재개발되지 않은 조선제분주식회사(현 대선제분주식회사) 공장과, 재개발하면서 한 동만을 보존한 경성방직주식회사 사무동이 있다. 조선제분주식회사 공장의 경우[41] 1936년 최초 건립 당시 도면 등은 전해지지 않으나 제분공장 본관·창고·펌프실·소방실·저수조 등의 많은 초창 건물들이 여전히 남아 있는 상황이다. 한편 광복 이후 1960년대부터 1990년대에 이르기까지 수차례에 걸쳐 건설된 사일로군은 현재 대선제분의 독특한 경관을 형성하는 데 주요한 역할을 하고 있다. 대선제분에서도 2002년에 영등포공장 이전 및 공장터 개발계획에 착수한 바 있으나 실현되지 않았고, 2019년에 이르러 서울시 우수건축자산으로 등록한 이후 건물의 대부분을 보존하면서 문화상업시설로 재정비하는 계획을 세우고 사업을 진행하고 있는 상황이다.

〈그림 4〉 행사장으로 활용되는 대선제분 외부 공간
2022년 필자 촬영

〈그림 5〉 행사장으로 활용되는 대선제분 창고 내부
2022년 필자 촬영

---

41 해방 후 동 공장은 귀속재산을 처리하던 관재청의 직할기업체로 남아 명목을 잇다가 1953년에 이르러 민간에 불하되어 다시 '조선제분'이라는 이름으로 새 출발을 하였다. 이후 1958년에 이르러 계동산업(啓東産業) 창업자들이 인수하여 새롭게 대선제분주식회사를 설립, 현재에 이르고 있다.(대선제분, 2000 『대선제분 50년』 참조)

경성방직은 1980년대 수도권 내 공장시설 지방 이전 유도 정책이 시작됨에 따라 지방 이전을 검토하기 시작하였고 이에 따라 전남 광주에 공장을 신설하였다. 1980년대 말에 영등포 공장 부지에 대한 재개발 구상에 착수하고, 1992년에는 직포공장을 철거한 뒤 경방필백화점(현 신세계 백화점)을 건설하였고, 2000년의 전체 공장 부지 재개발에 대한 계획 수립, 2003년의 공장 가동 중지, 2006년의 공장 철거 및 복합 쇼핑몰 착공 과정을 거쳐 2009년에 재개발이 완료되었다.[42] 공장 건물은 전면적으로 철거하였으나 1936년에 건축된 단층 벽돌조 사무동 건물 한 동에 대해서는 보존을 결정하였고, 이는 2004년에 등록문화재로 등록되었다. 그러나 동 건물은 지하 굴착 등의 이유로 원위치에 그대로 보존할 수 없어, 일단 해체한 후 재건축하는 방식을 채택하였다. 이 과정에서 벽돌 중 대부분은 신규 재료로 교체되었으나, 입구 포치의 아치 개구부, 원형 창, 출입문 등은 원형을 간직하고 있다. 내부는 재개발 이전에는 중앙에 복도를 두고 양측에 실이 배열되어 있는 구성을 가지고 있었으나, 수리하면서 내부 칸막이벽과 천장을 거의 헐어 벽돌조 외벽과 천장의 트러스가 그대로 노출되는 넓고 높은 공간으로 재구성하였고, 쇼핑몰 오픈 후 베이커리 까페로 활용하고 있다.

〈그림 6〉 2019년 대선제분 구내
2019년 필자 촬영

---

42 경방, 2009 『경방 90년사』

〈그림 7〉 1960년대 경성방직 주식회사　　〈그림 8〉 경성방직 사무동 2019년 필자 촬영　　〈그림 9〉 경성방직 사무동 2019년 필자 촬영

출전: 경성방직, 1969『경성방직 50년』

2) 주거지역 소형 필지의 현황과 흔적

앞장에서 언급하였듯이 광복 이전 영등포에서 노동자를 위해 조성된 주택지는 공장 부지 내에 건설된 사택 혹은 기숙사, 영단주택지, 민간 개발 주택지의 세 종류가 있다. 이 중 첫 번째는 공장과 함께 모두 재개발되어 현재 남아 있는 사례가 없다.

두 번째 영단주택지의 경우 문래동4가에 1942년에 건설된 것이 아직까지 재개발되지 않고 남아 있다. 이 소위 문래동(도림정) 주택지는 1941년 조선주택영단 설립 후 가장 먼저 시행한 사업 중 하나이며, 부지 규모는 약 7만 7천㎡, 준공 당시 호수는 553호, 위치는 동양방적 공장 남측에 자리하고 있다. 조선주택영단은 노동자 주택의 염가 대량생산을 목표로 세워졌기에 이를 위하여 갑(20평), 을(15평), 병(10평), 정(6평), 무(4평)의 다섯 개 평형의 표준 주택 평면을 계획하고 이에 따라 주택을 건설하였는데, 문래동의 주택지는 모든 평형의 주택이 고루 건설된 드문 사례였다. 한편 문래동 주택지 부근에도 노동자를 위한 것으로 생각되는 비슷한 주택지가 형성되었던 것으로 파악되고 있다.

〈그림 10〉 2019년 현재 조선주택영단 단지 일대
2019년 필자 촬영

〈그림 11〉 철공소로 변용되어 사용되고 있는 영단주택
2019년 필자 촬영

조선영단주택지 및 인근 노동자 주택지들은 광복 이후에도 근처 공장에서 근무하는 노동자들의 주거지역으로 그 기능을 이어오다가, 구도심의 재개발 사업 등에 의해 밀려온 철공소들이 점차 주거 기능을 대체하면서 들어서기 시작하였다.[43] 그러나 1980년대에 절정을 맞은 철강 산업이 1990년대에 들어 외환 위기로 침체되자 철공소들이 수도권 밖으로 빠져나가게 되고, 이로 인해 임대료가 하락하자 2000년대 이후 예술가들이 작업실로 임대하는 사례가 늘어나기 시작한다. 이들의 활동에 의해 이 일대가 문래동 예술촌·문래동 창작촌 등의 이름으로 대중에게도 알려지기 시작하자, 2010년대 이후에는 음식점을 비롯한 상업시설이 늘어나고 있는 추세이다.

세 번째 민간 개발의 경우 주거지역으로 지정된 지역들에서 광범위하게 확인되며, 광복 전후 시기에는 대부분 도시형 한옥들이 지어졌던 것으로 파악된다. 그들은 대부분 그 필지 구성을 유지하면서 1970년

---

43 철공소로 전용된 건물들은 비단 원기능이 주택이었던 건물뿐 아니라, 창고나 공장, 업무시설로 지어진 건물 등 실상은 다양한 건축 형식을 이루고 있다.

대 이후 다세대주택이나 빌라 등으로 재개발되는 추세를 보인다. 이러한 재개발 양상은 공장 이전적지가 주로 아파트 등의 대규모 시설로 재개발되는 양상과 더불어, 토지구획정리사업 이후 영등포 지역의 필지 구조가 큰 변동 없이 유지되는데 기여하고 있다.

3) 철도인입선(산업선)의 흔적

전술하였듯이 영등포에는 1911년 조선피혁주식회사를 위해 철도인입선이 시설되었고, 1930년대에는 종연방적, 동양방적 등을 위해 새로운 철도인입선이 분기된 바 있다. 또한 토지구획정리사업에서는 조선피혁주식회사를 위해 시설된 철도인입선과 평행하게 서쪽 지역을 남북으로 관통하는 철도인입선이 계획된 바 있다. 그러나 전시체제기 철재의 만성적인 부족으로 새로 계획된 철도인입선은 결국 시설되지 않았고, 한국전쟁 후에는 그 부지에 불법가설주택이 건설된 것을 항공사진 등을 통해서 확인할 수 있다. 1980년대 이후에 이러한 국공유지에 건설되었던 불법건축물이 철거된 이후에는 현재까지 자동차 도로로 사용되고 있다. 한편 광복 이전에 부설되었던 철도인입선은 계속 그 기능을 유지하다가, 1975년 조선피혁주식회사 재개발, 1980년 용산공작소 재개발 등에 의해 기능을 상실하자 1980년경 철거된 후 이 역시 현재는 차도로 사용되고 있다.

이 도로들은 처음부터 자동차 도로가 아니라 철도로 계획되었던 것이었기에 자동차 도로와 차별되는 몇 가지 특징들을 보인다. 가장 큰 특징은 방향을 틀 때 곡선을 그리는 점인데, 기존 철도인입선 부지에서는 이러한 곡선 도로의 흔적을 여전히 확인할 수 있다. 영등포역에서 분기하여 조선피혁주식회사로 향하는 철도인입선 부지 및 그 상부에 1996년에 시설된 고가도로(〈그림 12〉), 그리고 양평동1가와 당산동 2가 경계의 철도인입선 회전 구간 등에서 여전히 그 흔적을 확인할 수 있다. 후자의 경우 커브 구간 동측 필지의 건물이 커브를 따른 디자인으로 건설되어 그 흔적을 더욱 입체적으로 볼 수 있다.(〈그림 13〉)

〈그림 12〉 영등포역에서 분기한 조선피혁주식회사행 철도인입선 위에 시설된 곡선의 고가도로
2010년 필자 촬영

〈그림 13〉 양평동1가와 당산동2가 경계의 철도인입선 계획의 흔적

또한 영등포토지구획정리사업이 계획되었던 1930년대에는 현재처럼 자동차 교통이 활발하지 않아 철도가 차도보다 도시를 분단하는 성격을 강하게 가졌기 때문에 동 경계 구분이 철도인입선을 따라 이루어졌다. 이 동 경계는 현재까지 이어지고 있으며, 이로 인해 철도인입선이 모두 철거된 오늘날 주요 간선도로가 아니라 이면도로에 의해 각 동이 분절되는 독특한 상황을 초래하게 되었다(〈그림 14〉). 이러한 도시 조직의 흔적 역시 공업지역으로 도시계획이 이루어진 영등포 지역의 독특한 정체성을 보여주는 흔적이라는 점에서 의미를 가질 것이다.

〈그림 14〉 철도인입선과 영등포지역 동 경계

맺음말

　한강을 사이에 두고 서울의 근교에 자리하던 영등포 지역은 철도 교통, 풍부한 용수, 평탄한 지형, 한반도 수부 서울(경성)과 가까우면서도 적절히 떨어져 있는 입지적 조건 등에 의해 통감부 시기부터 장래 서울의 공업지역으로의 발전이 예상되었던 지역이었다. 실제로 철도가 개통된 1899년 이후 비교적 규모가 큰 근대적 공장들이 들어서게 되는데, 1900년대에서 1910년대에는 근대 이전부터 영등포 지역에서 활발하였던 요업 관련 공장들이 주로 입지한다. 이들 생산품 중 특히 벽돌은 근대기 이후 건축물 주요 재료이며, 주요 수요처인 도시 근교에 자리하는 경향을 가지는데, 토질이 적당하면서도 교통이 편리한 수부 서울 근교에 위치한 영등포는 이러한 조건에 적합한 지역이었을 것이다. 1910년대에서 1920년대에는 피혁, 기계제조, 방직 등 원료와는 상관없이 도시 근교로서의 입지를 중시하여 입지하는 공장들이 들어서게 된다. 또한 공장들의 입지에는 조선피혁주식회사를 위해 시설된 철도인입선의 존재가 적지 않은 역할을 하며, 영등포 지역 공업지역의 면적 확장을 뒷받침하였다. 영등포 지역의 공장 면적이 급격히 증가하는 것은 1930년대 중반인데, 이는 고작 5년 남짓한 기간 동안 맥주·방적·제분 업종의 일본 내지 대기업이 경쟁적으로 영등포에 진출하였기 때문이다. 용수가 중요한 맥주제조업을 제외하고는 이들 업종들 역시 도시 근교의 입지를 중시하는 것들이었다.
　이러한 대규모 공장들의 입지는 결과적으로 1936년 영등포가 경성부에 편입되는데 결정적인 역할을 하게 될 뿐 아니라, 1930년대 후반 경성에서 가장 먼저 토지구획정리사업이 실시되는 계기가 되었다. 토지구획정리사업으로 인해 공업지역화를 위한 여러 인프라는 갖추어졌지만 지가가 상승하여 사업 이후 영등포 지역에 입지한 공장들은 7만 여㎡에서 25만여㎡ 사이의 필지를 차지하였던 기존의 대규모 공장보 다 적은 대략 1,500㎡에서 4만㎡의 규모를 차지하게 된다. 이로 인해 결과적으로 영등포역 및 1911년에 부설된 철도인입선변에 대규모 공 장 필지들이, 토지구획정리사업 이후 정비된 서쪽 지역 일대에 비교적 소규모의 공장 필지들이 자리하는 구성을 이루게 되었다. 업종에 있 어서는 토지구획정리사업의 실시가 중일전쟁 발발과 시기를 같이 하 였던 탓에 이후 이 지역에 들어선 공장들은 1940년대 전후로 군수물 자 조달을 위해 신설된 것들이 주를 이루고 있다. 그중 가장 많은 비 율을 차지하는 것은 기계 제조업으로, 이 역시 전형적인 도시 근교형 공업으로 영등포의 입지적 특징을 잘 반영한 것이라 할 수 있다.

영등포 지역은 개발 압력이 큰 지역이기에, 광복 전에 들어선 이들 공장 시설들 중 거의 대부분은 1970년대 이후 순차적으로 아파트 단 지 등으로 재개발이 이루어져, 현재는 공업지역으로서의 영등포 지역의 모습이 거의 사라지고 있다. 한편 광복 전후에 주로 도시형 한옥 유형 으로 개발되었던 주거지역은 대부분 다세대주택이나 빌라 등으로 재 건축되면서 그 기능을 유지하는 추세를 보이지만, 일부 지역에서는 시 장이나 철공소 등으로 기능이 전환되는 사례도 나타나고 있다. 특히 조선주택영단에서 문래동에 개발한 영단주택 및 그 부근의 소규모 도 시조직은 광복 이후 대부분이 철공소로 기능이 변화하였고, 2000년대 이후에는 다시 예술가의 작업실이나 상업시설로의 기능 변화를 겪고 있는 상황이다.

이렇게 부지의 기능과 건축의 형태는 지속적으로 변화하고 있으나 그 도시 조직은 비교적 잘 유지되고 있는 것이 영등포 지역의 특징 중 하나이다. 이는 영등포 지역의 토지구획정리사업이 사업 이전에 기시가화된 지역의 용도를 답습하면서 다양한 용도 지역이 혼재되었고, 그 결과 다양한 도시적 요구를 수용할 수 있는 다양한 크기의 도시조직이 공존하게 되었기 때문으로 생각된다.

이러한 개별 부지들 외에 영등포 지역의 도시 구조에 큰 영향을 준 공업 시설에 철도인입선이 있다. 조선피혁주식회사를 위해 부설된 철도인입선은 간선도로망 계획시 주요 축으로 기능하였으며, 이 주변으로 대규모 공장이 입지하면서 영등포의 도시조직에 큰 영향을 주었다. 또한 토지구획정리사업 계획 당시 미개발 지역이었던 서측 일대의 공업지역화를 위해 새로 계획된 철도인입선은, 비록 실행되지는 않았으나 주변 부지의 규모와 기능에 영향을 주었고, 차도로 전환된 이후에도 원호 모양 코너부와 같은 독특한 물리적 흔적을 남겼을 뿐 아니라, 여전히 동 구분 경계로서의 역할을 함으로써 무형적으로도 그 흔적을 남기고 있다.

즉 탈공업화가 급격히 진행되고 있는 현재의 영등포 지역에는 여전히 이 지역의 공업화로 인해 형성되었던 도시 조직의 유무형의 흔적이 아직 진하게 남아 있는 것이다.

참고문헌

江商, 1967 『江商六十年史』
京城府, 1939 『躍進京城に於ける工業の概貌と將來』
京城府, 1940 『京城府産業要覽 昭和14年版』
경성방직주식회사, 1989 『경방 70년사』
京城商工会議所, 1943 『京城に於ける工場調査 昭和18年版』
絹業会, 1940 『絹業時報』 1(9)
経済新聞社調査部, 1937 『経済新聞社, 会社早わかり 昭和13年度版』
高橋荒太郎, 1979 『松下幸之助に学んだもの:人をつくる事業経営』, 実業之日本社
共同通信社開発局, 1968 『日本の礎』
김하나, 2013 『근대 서울 공업지역 영등포의 도시 성격 변화와 공간 구성 특징』, 서울대학교 건축학과 박사학위논문
김하나, 2011 「20세기 초 영등포의 도시 변화 및 위상」 『서울학연구』 45, 서울학연구소
대선제분, 2000 『대선제분 50년』
大阪経済評論社, 1942 『大阪経済評論』 25(7)
東京ゴム同業組合護謨時報出版部, 1939 『護謨時報 20(3月號)』
東京電報通信社, 1941 『事業及人物 : 記念号』
東京電報通信社, 1944 『戦時体制下に於ける事業及人物』
東亜経済時報社, 1940 『朝鮮銀行会社組合要録』
東海通信社, 1935 『満洲及日本外地会社要覽 昭和10年版』
産業経済新聞社, 1943 『産業生産配給総覽 昭和18年度』
商業興信所, 1940 『日本全國銀行會社録 第48回』
生産と配給社, 1943 『日本代用品工業総覽 昭和17年版』
松下電器産業, 1968 『松下電器五十年の略史』
実業往来社, 1941 『東亜経済現勢 昭和16年度版』
辻新三郎, 1963 『辻久の七十年』
이상철, 2012 「수출산업단지의 형성과 변모: 구로공단(1963~1987년)」 『동향과 전망』, 한국사회과학연구회

日本乾電池工業会, 1960 『日本乾電池工業史』
日本経済新報社, 1963 『週刊日本経済』 16(26)
日本工業新聞社, 1941 『工業取引案内 昭和16年度』
日本瓦斯技術協会, 1944 『日本瓦斯技術協会誌』 14(5)
日本電信電話公社, 1956 『外地海外電気通信史資料 13』
在鮮日本人薬業回顧史編纂会, 1961 『在鮮日本人薬業回顧史』
全国経済調査機関聯合会朝鮮支部, 1943 『朝鮮経済年報 昭和16·17年版』
帝国興信所, 1941 『帝国銀行会社要録 昭和16年(29版)』
帝国興信所, 1942 『帝国銀行会社要録 昭和17年(30版)』
帝国興信所, 1943 『帝国銀行会社要録 昭和18年(31版)』
朝鮮織物協会, 1943 『朝鮮繊維要覧 昭和18年版』
朝鮮総督府, 1944 『朝鮮』 (346)
朝鮮総督府, 1926 『朝鮮の窯業』
朝鮮治刑協會, 1924 『朝鮮刑務所寫眞帖』
綜合通信社出版部, 1948 『全国皮革産業名鑑 1948年版』
中川以良, 1943 『南方派遣殉難六烈士追憶誌』
中村資良, 1921 『朝鮮銀行會社要錄』, 東洋經濟新報社
秋山龍三, 1967 『日本硝子細工夜話』
최선호·김기호, 2014 「1960년대 토지구획정리사업으로 형성된 준공업지역 계획특성 연구 -서울 뚝도지구를 중심으로」 『도시설계 : 한국도시설계학회지』 Vol.15 No.6, 한국도시설계학회
現代日本産業発達史研究会, 1967 『現代日本産業発達史 12』
ヒューム管協会20年史編集委員会, 1969 『ヒューム管協会20年史 昭和23年-43年』
「京城新市街地計劃及土地區劃整理決定關係綴」, 1936년 (국가기록원 자료 CJA0022534)
「永登浦土地區劃整理」 『朝鮮と建築』 1937.05.
「永登浦土器組合」 『동아일보』 1926년 10월 3일
「鮮産獎勵工場巡リ(五) 龍山工作會社永登浦工場」 『朝鮮新聞』 1930년 4월 17일
「永登浦土地區劃整理」 『동아일보』 1937년 9월 8일
「이상적공장지대건설 영등포토지구획정리 계획내용 전모발표」 『매일신보』 1937년 11월 26일

【보론】
일제하 조선인 상인의 거리 싸리재의 사회상

•••

이 상 의

인천대학교

이상의

일제하 조선인 상인의 거리 싸리재의 사회상*

머리말

　싸리재는 인천의 중구(中區) 신포시장에서 동구(東區) 배다리시장으로 넘어가는 언덕길이다. 경동사거리 일대에 싸리나무가 많아 붙여진 이름이라고도 하고, 고개가 높아 '수릿재'라고 부르던 것이 '싸리재'가 되었다고도 한다.[1] 1883년 인천항이 개항된 이후 현재의 중구청 주변에는 일본조계와 청국조계, 각국조계가 설치되었고, 기존에 그 지역에 살던 사람들은 인근의 싸리재와 배다리 지역으로 옮겨가게 되었다.

---

* 본고의 작성과정에 도시디자인연구소 장회숙 대표와 겹겹프로젝트 안세홍 대표의 도움이 컸다. 지면을 빌려 감사드린다.
1　싸리나무가 많아 싸리재라고 불리는 곳은 전국에 여러 곳이 있으나 인천의 싸리재만큼 번화했던 곳은 드물다. 인천에서는 싸리재를 한동안 杻峴이라고 표기했고, 동인천역의 과거 이름도 축현역이었다. 현재의 용동, 경동, 율목동, 인현동, 유동, 답동을 둘러싼 지역으로, 옛 지명으로는 축현말, 바갓말 등이 있으며, 1903년 제물포지구에 府內面을 신설할 때 이 일대를 外里라고 하였다.
　싸리재는 지금은 널리 사용되지 않는 지명으로서, 1980년대 이미 인천 토박이 사이에서만 통용되고 이름이 잊혀지고 있었다고 기록되어 있다.(愼兌範, 1984 『仁川 한 世紀: 몸소 지켜본 이야기들』, 弘盛社, 96쪽)

경인철도가 개통되기 전에는 인천항에 내린 사람과 물자가 최단거리로 서울로 향하려면 모두 싸리재를 이용하였다.

행인의 왕래가 잦은 싸리재에 자리 잡은 조선인들은 포목점, 양조장 등을 열어 점차 상권을 확장해 나갔으며, 1920년을 기점으로 큰 상권을 형성하였다. 객주를 비롯한 인천지역 상인들은 자기 자본을 확대하기 위해서라도 조선인 자본의 이익을 지켜가는 한편, 상업에 관한 정보를 서로 교환하고, 지역 내에서 조선인의 여론을 형성하는 중심에 놓여 있기도 하였다.

인천항 개항 이후 일본에 의해 작성된 자료에서는 인천항으로 들어온 일본 자본과 일본 기업인의 동향에 대해 상세히 기록하고 있다. 이러한 자료를 활용해 그간 인천 내 일본인 자본가와 일본인의 활동에 관한 연구가 상당히 축적될 수 있었고,[2] 최근에는 인천의 중국인 자본에 관한 연구도 활발히 진행되고 있다.[3] 그에 비해 조선자본 전체의 성격에 대해 고찰한 글을 제외하면,[4] 인천의 일본인 공간과 조선인 공간의 중간에 위치하면서 조선인의 공간을 지켜낸 조선인 자본가의 삶

---

[2] 양준호, 2009 『식민지기 인천의 기업 및 기업가』 인천대학교 인천학연구원 ; 김윤희, 2013 「1883년~1905년 인천항 일본상인의 영업활동」 『사림』 44, 성균관대학교 수선사학회 ; 문영주, 2009 「20세기 전반기 인천 지역경제와 식민지 근대성 : 인천상업회의소(1916~1929)와 재조일본인」 『인천학연구』 10, 인천대학교 인천학연구원

[3] 김태웅, 2012 「日帝下 朝鮮 開港場 都市에서 華僑의 定住化」 『한국학연구』 26, 인하대 한국학연구소 ; 이정희·송승석, 2015 『근대 인천화교의 사회와 경제』, 학고방 ; 류상윤, 2022 「식민지기 인천 상업과 화교」 『경제사학』 80, 경제사학회. 이외에도 최근 인천대 중국연구원에서는 화교에 대한 연구를 집중적으로 진행하여 많은 성과를 내고 있다.

[4] 이병천, 1985 『개항기 외국상인의 침입과 한국상인의 대응』, 서울대학교 박사학위논문 ; 최용, 1992 『한국 개화기 객주 연구』, 성균관대학교 박사학위논문 ; 류승렬, 1996 『한말·일제초기 상업변동과 객주』, 서울대학교 박사학위논문 ; 오미일, 2008 「開港(場)과 移住商人」 『한국근현대사연구』 47, 한국근현대사학회 ; 이승렬, 2007 『제국과 상인-서울 개성 인천 지역 자본가들과 부르주아의 기원 1896~1945』, 역사비평사 등.

과 조선 자본의 변화상에 관한 연구는 아직 드문 편이다.[5]

인천항 개항 이전에도 조선인 자본은 성장해 왔을 터이고, 개항 이후 외래의 거대 자본이 밀려드는 상황에서도 기존의 상권을 지켜내고 새로이 확장하기 위한 조선인 상인들의 치열한 견제, 혹은 자본의 성장을 이어가기 위한 행위는 지속되었을 것이다. 본 연구에서는 일제하 인천의 싸리재를 중심으로 조선인 상업자본이 모여들고 이들이 새로운 자본의 유입과 변화된 환경에 맞서 어떻게 자기 자본을 지켜갔는지, 이 조선인 자본을 흡수하고 무력화하기 위해 조선총독부와 일본 자본은 꾸준히 어떠한 시도를 했는지 살펴보면서 조선인 자본의 부침(浮沈) 양상을 고찰하고자 한다. 이를 위해 당시의 지도와 통계자료, 『인천상공인명록』, 『仁川港戶籍大帳』, 신문과 잡지 등의 자료를 활용해 싸리재의 지리에 대해 검토하고, 주변의 조선인 상인을 비롯한 인물과 그들의 담당 업종 등 경제적 측면을 살펴본 후 싸리재 일대의 사회·문화적 특성을 파악하고자 한다.

이러한 작업이 제대로 이루어진다면, 한말 일제하 외국세력이 밀려드는 가운데 조선인 상인을 비롯한 조선 사회가 새로운 상황에서 어떻게 자신들의 영역을 지켜가고 있었는지, 또 그러한 사회는 어떻게 구성되어 있었는지 파악하는 한편, 각 지역사회가 가지는 역사적 정체성에 대해서도 고찰하는 계기가 될 것이다.

---

5 오성, 1991 「19世紀 末 仁川港의 戶와 戶主-光武戶籍의 검토-」 『歷史學報』 131, 역사학회 ; 이영호, 2004 「개항장 인천에서의 상권경쟁과 민족성」 『역사문화학회 학술대회 발표자료집』 ; 윤호, 2008 「개항기 인천의 민족성인 활동에 관한 연구」 『인천학연구』 8, 인천대학교 인천학연구원 ; 최새싱, 2019 「상공인명록을 통해 본 1930년대 초 인천지역 기업 활동」 『인천학연구』 30, 인천대학교 인천학연구원

1. 싸리재의 지리와 공간구성

인천 개항장 주변의 1884년 지도인 〈그림 1〉은 영문으로 제작되어 있고, 지도 상단에 'Plan of the Settlements at Chemulpo 1884'라는 메모가 제목처럼 적혀 있다. 이 지도에는 싸리재가 'Road to Seoul'로 표기되어 있어서 인천항 개항 직후 내국인만이 아니라 조선에 진출한 외국인들에게도 이 시기에 싸리재가 서울로 가는 길목으로 널리 활용되고 인식되었음이 드러난다. 또한 50년의 시차가 있는 〈그림 2〉의 1934년 인천시 조감도에도 인천항에서 서울로 가는 방향에 싸리재가 선명하게 표시되어 있다. 강점 후 일제가 이곳의 지명을 경정(京町)으로 바꾼 이유도 서울로 가는 길이라는 의미 때문이었다.[6] 이러한 싸리재의 지리적인 특징은 이후 이 지역의 사회상을 결정하는 중요한 요인이 되었다.

〈그림 1〉 1884년 제물포조계지도
자료: 김용하, 2013 『지도로 보는 인천의 변화』 인천발전연구원, 11~12쪽

---

6   인천광역시사편찬위원회, 2015 『인천의 지명』 상·하, 인천광역시

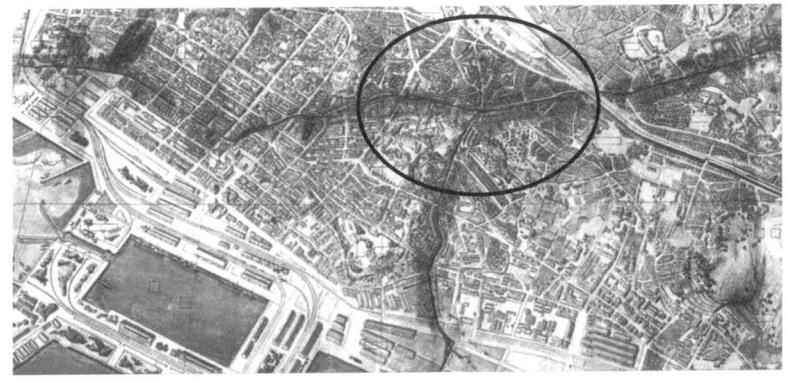

〈그림 2〉 1934년 인천시 조감도

자료: 김용하, 위의 책, 21~22쪽
비고: 小野正三 그림, 일본 교토대 지리학과 소장

싸리재 주변의 조선인 거주지는 현재 인천 중구의 경동과 용동, 율목동, 유동과 인현동, 답동의 일부 구역이다. 인천항 개항 후 항구에서 서울 방향으로 가는 길의 초입부에 위치한 인천감리서(仁川監理署)와 신포시장을 넘어서면서부터 배다리시장이 들어선 조선인 마을로 들어서기까지의 변화했던 공간이다. 1887년 이후 이 지역은 청국인 거주지역과 조선인 거주지역 간의 완충지대, 소위 잡거지로 존재하기도 하였고, 1907년 일본인들이 '긴담모퉁이길'을 개통하여 이 일대로 영역을 확장하고 경인가도의 접근성을 높이고자 하는 시도에 대항하면서 조선인 지역으로 자리 잡아 나갔다.[7] 이들 지역의 명칭을 시기별

---

[7] 1884년 인천에서 청국전관조계가 확정되었으나 인천의 성장으로 이내 청국인이 증가하면서 청국은 조계지의 확충을 요구하였다. 1887년 7월 인천감리서와 청국관헌 간의 '三里寨擴充華界章程' 체결로 청국의 새로운 조계가 설정되기에 이른다. 삼리채는 싸리재 경동 일대로서, 지금도 중국인이 거주한 흔적이 남아있다. 그러나 청일전쟁 발발 이후 청국과의 장정이 파기되면서 삼리채조계는 법적인 근거를 상실하고 조계가 아닌 '조계 밖 10리 이내'의 잡거지로 존재하게 되었다.(노영택, 1975 「開港地 仁川의 淸國人 跋扈」 『기전문화연구』 6 ; 이은자, 2012 「仁川 三里寨 中國

로 살펴보면 다음 〈표 1〉과 같다.

〈표 1〉 싸리재 지역의 시기별 행정구역명 변경

1946년 이전 행정명	1946년 이후 행정명	한말	1903년 부내면 설정	1914년 행정구역 통폐합	1936년 부역 확장	참고
外里 京町	경동	다소면 선창리	부내면 외리	1912년 내리 일부 합쳐 경정 1914년 경정은 없애고 외리	경정	별칭 京城通, 바깥말
龍里 龍雲町	용동	다소면 선창리	부내면 용동	용리	용운정	1881년 용동 큰 우물 설치
栗木里 栗木町	율목동	다소면 송림리	부내면	율목리	율목정	내동과 함께 부촌으로 유명
柳町	유동	다소면 송림리	부내면 우각리	1912년 우각리와 유동 분리 1914년 유정	유정	1906년 우각동 별칭 유목동, 버들골
龍岡町	인현동		부내면	1912년 용강정	용강정	대부분 1926년 매립으로 새로 확장된 지역
寺町 旭町	답동	다소면 선창리	부내면 답동	사정	욱정	

자료: 인천광역시사편찬위원회, 2015, 『인천의 지명』 상·하, 인천광역시
비고: 1977년 내동, 경동, 유동을 합쳐 행정동 내경동으로, 1998년에는 내경동과 인현동을 합쳐 동인천동으로 변경하였다. 답동은 1977년 행정구역상 신포동으로 변경하였다.

〈표 2〉는 1931년 인천상공회의소(仁川商工會議所)에서 작성한 「仁川商工人名錄」을 통해 '1931년도 영업세 연액 10원 이상'을 낸 중·상 규모의 인천지역 상공인을 지역별, 민족별로 살펴본 것이다. 이 표에 의하면 조선인이 많이 거주하는 리(里) 구역에서는 조선인의 기업이 일본인이나 여타 기업에 비해 숫자가 많은 것을 확인할 수 있다. 특히 외리와 내리, 용리는 조선인 기업이 월등히 많다. 이에 비해 과거 조

租界 韓民 가옥 철거 안건 연구」『東洋史學硏究』 118, 동양사학회 참조)

계가 있었고 일본인이 많이 거주하는 정(町) 구역에는 일본인 기업과 중국인 기업 등 여타 기업이 훨씬 많은 것이 확인된다. 다만 정 구역에서도 유정, 지나정, 용강정은 조선인 기업이 더 많고, 사정은 조선인 기업과 일본인 기업이 동수를 보인다.

〈표 2〉「인천상공인명록」으로 본 1931년 인천의 지역별 민족별 기업 수

지역구분	지역명	조선인 기업	일본인 기업	불명	총수
里 지역	외리	60	10	3	73
	내리	44	7	6	57
	용리	18	4	5	27
	화평리	11	3		14
	금곡리	10	2	1	13
	송림리	4	2	2	8
	율목리	5	2		7
	우각리	6	1		7
	신화수리	1		2	3
	다주면 장의리		1	1	2
	里 합계	159	32	20	211
町 지역	본정	1	70	39	110
	궁정	2	45	11	58
	빈정	8	35	14	57
	해안정	4	40	11	55
	신정	10	27	1	38
	항정	5	9	20	34
	화정	3	23	8	34
	중정	1	16	8	25
	유정	16	2	2	20
	화방정	6	10	2	18
	사정	8	8		16

	산수정	2	14		16
	지나정	9	3	3	15
	용강정	6	4	5	15
	만석정	3	5	2	10
	송판정		3	1	4
	도산정		1	2	3
	부도정			2	2
	支정			1	1
	산근정			1	1
	町 합계	84	319	129	532
총수		243	351	149	743

비고: 1. 「인천상공인명록」은 이영호 해제 역주, 2005 『譯註 仁川港』, 인천시 역사자료관, 114~152쪽에 재수록되어 있는 자료를 활용하였다.
2. 이 표는 최재성, 2019 「상공인명록을 통해 본 1930년대 초 인천지역 기업 활동」 『인천학연구』 30, 인천대학교 인천학연구원의 9~10쪽 표를 바탕으로 일부 오류를 수정하여 작성하였다. 최재성은 '支정'은 지나정의 오류일 것이라고 추정하였다.

이 표에서 음영을 표시한 부분이 싸리재 구역으로서, 사정과 용강정을 제외하면, 외리, 용리, 율목리, 유정 모두 조선인 기업의 비중이 압도적이었다. 또한 싸리재 인접 지역인 내리 역시 조선인 기업의 비중이 큰 것을 확인할 수 있다. 내리는 인천감리서가 있었던 지역으로서, 관청이 있다는 의미에서 내리라고 불렀고, 그 주변 지역을 외리라고 불렀다.[8] 감리서가 있는 지역에서는 조선 정부의 영향력이 클 수밖에 없었고, 따라서 조선인 거주자가 많았으며, 그들은 대개 세력을 유

---

[8] 인천항의 개항이 결정되면서 외국과의 통상 사무는 조선정부의 가장 시급한 업무 중 하나가 되었으므로 이를 해결하기 위해 1883년 조선정부에서 설립한 관청이 감리서다. 감리서에서는 통상관계 업무와 행정을 관장하였는데, 점차 그 역할이 확장되어 사법업무를 담당하는 인천항재판소가 설치되자 인천감리가 재판소의 판사를 겸직하여 재판권을 행사하게 되었다.(민회수, 2012 「조선 開港場 監理署의 성립 과정(1883~1886)」 『동북아역사논총』 36 참조)

지하는 경우가 많았다. 감리서가 있던 내리의 존재는 이후에도 주변의 싸리재와 배다리로 연결되는 구역에서 조선인 거주지와 조선인 상인의 거리가 형성되고 유지될 수 있게 한 배경이 되었다.

이러한 분위기는 이미 인천항 개항 이후 19세기 말에도 조성되어 있었음이 광무(光武) 2년에 작성된 『仁川港戶籍大帳(外洞二)』에서 확인된다.[9] 외리의 호적대장인 이 자료에 의하면 이 지역의 거주자는 대부분 조선인이었고,[10] 상업호가 다수를 차지하고 있었다. 호주의 직업을 살펴보면, 외리의 실거주 조선인 225호 중 호주 직업이 상민(商民), 객주(客主) 등인 상업종사자가 192명, 모군(募軍), 순검(巡檢) 등의 비상업 종사자가 26명, 불명이 7명으로 상업호(商業戶)의 비중이 매우 높았다.[11] 인천항이 개항장으로서 물품의 교역과 상품 유통이 활발했던 지역이었던 데 연유한 것이지만, 여느 지역과 다르게 조선인 상인의 비중이 압도적이었던 싸리재 일대의 특징이 잘 드러난다.

이하에서는 이러한 분포를 염두에 두고 싸리재의 주요 상인 세력의

---

[9] 『仁川港戶籍大帳』은 광무 2년(1898) 인천감리서(仁川監理署)에서 조사한 枾峴外洞(外里)의 호적대장으로서, 현재 규장각에 소장되어 있으며 표지에는 『仁川港戶籍大帳(外洞二)』이라고 적혀 있다.

[10] 전체 261호 중 조선인 호주가 225호, 공가(空家) 24호, 전방(廛房) 7호, 청국인 2호, 관가 1호, 불명 2호로, 중국인 소유가 2호이고, 공가 중 7호가 일본인 소유였다.(오성, 1991 「19世紀 末 仁川港의 戶와 戶主-光武戶籍의 검토-」 『歷史學報』 84쪽)

[11] 오성, 위의 글, 101쪽. 상업으로 분류한 192명의 '직업별 호주수'를 구체적으로 보면, 상민(商民) 100, 상업(商業) 19, 상(商) 16, 객주(客主) 13, 미상(米商) 10, 주상(酒商) 7, 식상(食商) 5, 상전(床廛) 3, 마방(馬房), 입상(笠商), 잡상(雜商) 각 2, 보행객주(步行客主), 은방(銀房), 객주상(客主商), 시민(市民), 당상(糖商), 유상(油商), 미곡상(米穀商), 주식상(酒食商), 거간(居間), 잡화상(雜物商), 시상(柴商), 객주협인(客主挾人), 창흥사원(昌興社員) 각 1명이다.
한편 싸리재의 일부인 답동(沓洞)의 경우도 같은 해에 작성된 호적에 의하면, 총 184호 중 상업이 165호, 비상업이 17호, 미기재 2호로 상업호의 비중이 매우 높아 외리와 같은 양상을 보였다.(김현진, 2014 「19世紀末 仁川港 기주민 양상과 대민통치방식-光武 2년(1898) 仁川港 沓洞·外洞 戶籍을 중심으로-」 『인천학연구』 20, 인천대학교 인천학연구원, 9쪽)

변화과정을 검토하고 이어 싸리재 일대의 사회상과 지역 정체성에 대해 살펴본다.

2. 인천객주의 흥망과 싸리재의 성쇠

조선을 영구히 일본의 식량공급지화 한다는 일제의 정책은, 경기, 황해, 충청도 일대의 쌀을 수출하는 인천항의 개항과 더불어 조선 각지의 상인이 인천으로 집결하는 계기가 되었다. 인천은 조선의 최대 도시 서울과 인접해 있으며 상업이 발달한 개성도 멀지 않은 곳에 있어 상업 역량이 모이기 쉬운 조건을 갖추고 있었다. 각지의 조선인상업회의소와 일본인상업회의소를 강제로 통합하는 조선총독부령이 실시된 직후인 1916년경 주요 항구도시 상업회의소의 회원 중 조선인의 비중을 살펴보면, 인천 25%, 원산 18%, 군산 13%, 목포 8%, 부산 7%로, 인천은 여느 지역에 비해 조선인 상인의 비중이 높은 곳이었다.[12]

개항장으로서 외국의 거대 자본이 밀려들어 오고 일제 강점 이후에는 일본인 자본의 영향력이 컸던 인천에서, 이전부터 이곳에 거주하거나 인천의 번성과 함께 인천으로 들어온 조선인 상업자본들은 그러한 조류를 이용해 자신의 자본을 축적하고자 하였다. 그들은 조선인 상업자본의 성장 고리를 끊고 자본의 연대를 막기 위한 정책을 실시했던 조선총독부 당국과 일본 자본에 의해 끊임없이 견제받는 가운데, 때로는 일본 정책에 협조하고 때로는 조선인 사회와 단합하면서 자신의 자본을 지켜나갔다.

---

12 전성현, 2011 『일제시기 조선상업회의소 연구』, 선인, 68~107쪽

인천이 오랫동안 쌀의 도시, 곡물항, 미항(米港)으로 불린 것은 인천항의 무역 수이출입 부문에서 곡물이 80% 가까운 비중을 차지하고 있었기 때문이다.13 쌀을 중심으로 하는 인천항의 변화상은 일제가 조선의 농업과 상업을 지배해가는 흐름을 보여주는 것으로서, 그 진행 정도의 척도가 되기도 했다. 그리고 그 과정이 일제의 의도에 따라 순탄하게 진행되지만은 않았음은 일제의 정책이 끊임없이 수정을 거치면서 지속되었음을 통해서 알 수 있다.

쌀의 무역은 대부분 조선인, 그중에도 조선 후기부터 세력을 유지해 오던 객주들이 중심이 되어 담당하고 있었다.14 객주는 인천지역 상인의 대표적인 존재로서, 싸리재 일대에서도 널리 자리 잡고 있었다. 이들은 싸리재 상권의 경기와 사회상을 결정하는 핵심적인 존재였으므로 우선 객주세력의 변화와 더불어 인천항 미곡무역을 둘러싼 조선상인과 일본상인의 역관계에 대해 살펴본다.

객주를 비롯한 조선의 상인들은 인천항 개항 후 인천으로 모여들었다. 그들은 서울, 강화, 개성 등 경기지역을 비롯해 부산, 의주 등 조선의 사방에서 '개화의 흥왕을 듣고 불원천리 인천항으로' 모여들었다.15 앞에서 본 『仁川港戶籍大帳』에서도 다른 지역과 달리 외동(外洞)은 '전거지(前居地)'가 적혀 있는 특징을 보이는데, 225호 중 27%가 넘는 61호가 다른 지역에서 옮겨온 이주호(移住戶)였다. 이들의 전 거

---

13 1929년 인천항 무역 중 수이출입에서 현미, 정미, 기타 쌀 또는 볍쌀, 소맥, 콩의 곡물이 차지하는 비중은 79.1%에 달했다.(이영호 해제 역주, 2005 『譯註 仁川港』, 인천시 역사자료관, 52쪽 표 참조)
14 인천항 시장에 나오는 각 지역의 곡물은 생산자가 직접 판매하지 않고 조선인 중매상인이 산지로 가서 곡물을 구매해 인천항으로 보내오면 객주가 그것을 판매하는 것이 관례였다.(今井猪之助 편, 이동철 역, 2007 『인천향토자료조사사항』 上, 인천대학교 인천학연구원, 177~178쪽)
15 이승렬, 앞의 책, 247쪽.

주지는 서울이 22호로 가장 많았고, 경기도가 15호, 경상도 8호, 평안도 7호, 강원도 3호, 황해도 2호, 충청·전라도 각 1호로, 함경도를 제외한 전국의 19개 지역에 걸쳐 있었다.[16]

인천항 개항 이후 청나라와 일본, 서양의 자본이 물밀듯이 들어와 인천의 상권을 장악하려 하자, 1885년 인천의 객주들은 이에 대응하고자 인천객주회를 조직하였다. 청일전쟁으로 청국상인이 경쟁에서 탈락한 후에는 조선상인과 일본상인의 상권경쟁이 치열하게 되었다. 인천객주는 출신지역에 따라 다른 성향을 보이기도 하고 병합 후에는 일제의 동화정책에 포섭되어 간 인물도 있었지만, 기본적으로 일본인 상인과 어느 정도 경쟁할 수 있었던 객주집단 중에서도 손꼽히는 세력이었다. 기존 연구에서는 그 배경으로 일찍부터 경인철도를 이용해 경쟁력을 키워왔고 서울이라는 배후지를 갖고 있었으며 청상(淸商)과의 신용거래로 전황의 피해를 일정하게 벗어날 수 있었다는 점을 들고 있다.[17]

인천지역 객주 조직은 몇 차례 변화과정을 거쳤다. 1897년 인천 부내의 유지 서상집(西相潗),[18] 서상빈(西相彬), 박명규(朴明珪) 등의 주도로 인천 내의 객주를 중심으로 한 조선인 상인 50여명이 인천신상협회(仁川紳商協會)를 조직하였다. 개항 이후 지속되어 온 외국상인과의 대립, 특히 1896년 일본인 무장 행상단인 계림장업단(鷄林獎業團)

---

16 임학성, 2003 「인천지역의 조선시대 戶籍資料에 관한 기초적 연구(1)-甕津郡島嶼지역의 準戶口와 仁川港지역의 '新式戶籍' 소개-」 『인천학연구』 2-1, 인천대학교 인천학연구원, 13쪽
17 류승렬, 1996 『한말·일제초기 상업변동과 객주』, 서울대학교 박사학위논문 참조
18 서상집에 대해 국내외 상인 및 정치가와의 관계망을 활용하여 경제활동을 전개한 중국 매판과 유사한 '한국형 매판'으로서 '동아시아 개항장 자본가'의 전형이라고 평가한 연구가 있다.(이영호, 2020 「인천 개항장의 '한국형 買辦 徐相潗의 경제활동」 『史學研究』 88)

이 인천에서 조직되어 각지에서 만행을 일삼은 것을 비롯해[19] 일본상인의 상권 침투와 행패가 여러 방면에서 심해지는 가운데 새로운 활로를 모색했던 것이다.

인천신상협회는 객주업은 물론 일반 상공업의 성장에도 상당한 기여를 하였으며, 인천부의 여론을 형성하는 과정에서 중심 세력이 되었다는 평가를 받았다. 1899년 인천신상회사(仁川紳商會社)로 명칭을 바꾸었다가 1909년 한국회사법이 발포되자 '회사'라는 자구가 저촉되어 다시 인천신상협회로 복구하였다. 1911년에는 인천객주단합소(仁川客主團合所)로 개칭하여 종래의 회원 중 일반 상인은 제외하고 객주만의 조직으로 바꾸었지만, 기존의 관행에 따라 인천지역 상공업자들의 자문 역할을 하는 등 여전히 조선인의 상업회의소로서 기능하고 있었다.

1917년에는 인천물산객주조합(仁川物産客主組合)으로 개칭하여 인천부 안에서 영업하는 물산 매매 수탁업자에 한해 조합원 자격을 부여하였으며, 각종 조사와 통계를 진행하고 조합원 간의 분규를 중재하는 등의 역할을 하였다. 또한 노동조(勞動組)를 부설하여 직접 노동자를 조직, 활용하였고,[20] 1922년에는 인천미상조합(仁川米商組合)과 일본인 상인 단체인 인천곡물협회(仁川穀物協會)와 함께 곡물심사부를 설치하여 인천항에서 출시하는 쌀의 품질을 유지하도록 하는 한편 곡

---

19 이에 대해서는 한철호, 1998 「계림장업단(1896~1898)의 조직과 활동」 『사학연구』 55·56 합집, 한국사학회 참조.
20 이 노동조의 운영 과정에서 객주조합과 인천부두의 노동자들이 대립한 경우도 있었다. 다음은 그 구체적인 사례다. 「仁川 斗量場 三百名 人夫 盟罷, 임금을 종전대로 올려달라고, 객주조합에 요구하다 못해서」 『朝鮮日報』 1926년 11월 11일 ; 「仁川 斗量場 人夫 四百名 盟罷 斷行, 賃金 减下를 反對, 組合長을 毆打, 暴行 主動者 三名은 被檢」 『朝鮮日報』 1933년 10월 22일 , 「賃金 半減을 取消 罷業을 解決 形勢, 會社側은 專用人夫 增員計畫, 前途는 一波瀾 難免」 『朝鮮日報』 1936년 2월 23일

물시장 부근에 이 세 단체의 연합사무소 건물을 지어 운영하기도 하였다.[21]

인천 객주의 규모는 자료에 따라 적으면 50명에서 많으면 200명까지 다르게 파악하고 있다. 그런데 「仁川府府內面新町土地調査簿」에는 1911년 1월 20일 현재 객주 조직의 사무실이 있던 신정 28번지의 소유자로 정영화 외 71명의 이름이 적혀 있다.[22] 또한 인천상공회의소에

---
[21] 「三大穀物組合」『東亞日報』 1923년 12월 1일 ; 이영호 해제 역주, 2005 『譯註 仁川港』, 인천시 역사자료관, 59쪽
[22] 〈표 3〉 1911년 1월 20일 현재 新町 28번지 소유자 72명의 성명과 주소

성명	주소	성명	주소	성명	주소
백자건	금곡동	이공진	다소면 송현동	김한경	외동
최경선	금곡동	채완조	다소면 송현동	박명규	외동
강진환	내동	윤경필	답동	송창주	외동
김도선	내동	강주현	답동	윤형숙	외동
김명기	내동	김경간	답동	장윤명	외동
김봉의	내동	김병두	답동	전내명	외동
김의승	내동	김사홍	답동	최순호	외동
박영문	내동	김인수	답동	최여관	외동
박원순	내동	라명후	답동	최우정	외동
서상빈	내동	박언오	답동	홍대유	외동
손성칠	내동	배중언	답동	강홍주	용동
안호연	내동	백운선	답동	김관열	용동
이상근	내동	이성여	답동	김도상	용동
이성모	내동	이병호	송학동	박영준	용동
이유영	내동	고여홍	외동	심능덕	용동
이평여	내동	고치관	외동	안종협	용동
임평백	내동	곽영재	외동	전사문	용동
장군견	내동	김문옥	외동	정영화	용동
장내홍	내동	김세경	외동	조근경	용동
정현택	내동	김용태	외동	김재건	율목동
조정서	내동	김원준	외동	김창영	율목동
최응삼	내동	김종윤	외동	하운기	율목동
홍사언	내동	김진두	외동	김상식	화평동
김문삼	다소면 송현동	김춘식	외동	함선지	화평동

참고: 臨時土地調査局, 1911 『仁川府 府內面 新町 土地調査簿』, 3~9쪽(추교찬 등 역주,

서도 1931년 현재 인천물산객주조합의 회원수를 70명으로 파악하고 있고,[23] 1939년에는 조합원이 80명이었다고 하는 기록[24] 등을 통해 인천의 객주는 대체로 70~80명 정도의 규모를 유지해 온 것으로 볼 수 있을 것이다.

객주는 쌀 이외에도 소금, 어물, 목재 등을 취급했고, 금융 업무를 대신하기도 했다. 각 지방의 조선인 미곡상과 재조선 일본인 수출상 사이의 거래를 매개하는 역할을 하였는데, 조선의 미곡 수출이 커다란 증가세를 보이면서 인천의 객주업도 빠르게 성장하였다. 이러한 인천 객주의 위상을 상징적으로 보여주는 사례로 「仁川商工人名錄」 명부에 이들의 업종이 '해륙물산객주업(海陸物産客主業)'으로 기록되어 있는 것을 들 수 있다. 일본의 공식 자료인 상공인명록에 일본 용어 '문옥(問屋)'이 아닌 조선의 고유 용어 '객주'가 등장한 것은 인천의 경우가 유일하다. 그러한 배경에는 쌀 수출에서 주요 역할을 했던 '인천물산객주조합'이 있었다.[25]

물산객주조합과 더불어서 인천 곡물계에서는 인천미상조합(仁川米商組合)이 큰 영향력을 발휘하고 있었다. 미상조합은 인천조선인상업회의소 발의로 1914년 최응삼 등이 주도하여 정조(正租)로 현미를 만

2017 『譯註 仁川土地調査簿(下)』, 인천광역시 역사자료관, 238~244쪽에 원문 수록)
비고: 1. 이 자료의 원문에는 소유자의 주소가 적혀 있는데, 모든 주소를 '리(里)'가 아닌 '동(洞)'과 '정(町)'으로 표기해 둔 점이 특이하다.
2. 寺町으로 표시된 주소는 답동으로, 山手町은 송학동으로 바꾸었다.
3. 이 명단을 통해 당시 객주의 규모를 72명으로 볼 수도 있지만, 1911년 1월 20일을 기준으로 보면 객주 이외의 상인도 포함되어 있던 인천신상협회의 명단일 가능성도 있어 보인다.

[23] 이영호 해제 역주, 2005 『譯註 仁川港』, 인천시 역사자료관, 59쪽. 그중 1931년 영업세 10원 이상을 내서 「인천상공인명록」에 기록된 중상층의 객주는 31명이다.(최재성, 2019 앞의 논문)
[24] 「仁川物産客主組 買賣會社로 改造」 『朝鮮日報』 1939년 9월 19일
[25] 류상륜, 2022 「식민지기 인천 상업과 화교」 『경제사학』 80, 경제사학회, 2~3쪽, 23쪽

드는 조미업자들을 조직한 것으로, 매년 조합원이 증가하고 영향력이 확대되어 인천물산객주조합, 인천곡물협회와 함께 인천 곡물계의 주요 세 단체 중 하나로 성장하였다.26

객주를 비롯한 조선인 상인들은 싸리재 주변으로 거주지를 잡으면서 상권을 확보하고 있었다. 이들은 자신의 상권을 유지하기 위해서라도 일본 자본이 자신들의 구역으로 확산되는 것을 막고자 하였고, 싸리재 인근의 조선인 거주지에 배다리시장이 성장할 수 있는 배경을 확보하였다. 조선정부의 관청인 감리서 외곽에 싸리재가 존재할 수 있었던 것처럼 싸리재의 상업 세력에 기대어 배다리시장 같은 대규모의 조선인 상권이 형성, 유지될 수 있었던 것이다. 다음은 1915년 배다리시장의 번화한 풍경을 그린 기사다.

> 배다리시장에 가서 시찰을 하여 본즉 어쩌면 그같이 사람이 옹기종기 몰려들었는지 한번 들어갔다가 나오기도 매우 곤란할 뿐 아니라 … 각 촌의 어른 아이를 물론하고 행인이 연락 부절하였는데, 빈손으로 나가는 자는 하나도 볼 수 없고 모두 손에 주렁주렁 이것저것 들고 가는 자도 있고 짐을 진 자도 있으며 소에다가 잔뜩 실은 자도 있어 벙긋벙긋 웃으며 부리나케 나가는 빛이… 27

조선인 거주 구역의 배다리시장이 드나들기도 어려울 정도로 많은 사람이 모여 모두 무언가를 사고파는 성시를 이루고 있음을 묘사하고 있다.

따라서 일본 권력과 상인들은 다양한 단체를 조직하여 조선인 상인

---

26 「三大穀物組合」『東亞日報』 1923년 12월 1일, 인천조선인상업회의소의 역사에 대해서는 今井猪之助 편, 이동철 역, 2007 앞의 책, 170~174쪽 참조.
27 「仁川의 毎日 배다리시장의 대성황」, 『毎日申報』 1915년 2월 14일

에 대항하고 상권을 확보하고자 하였고, 강점 이후 조선총독부는 객주를 비롯한 조선인 상인 단체를 일본 단체에 흡수하여 무력화하고자 지속적으로 시도하였다.[28] 예컨대 미곡 무역을 통해 영향력을 확대하고 있는 조선인 상인들을 견제하기 위해 일본인 곡물무역업자 30여 명이 1908년, 앞에서 본 인천곡물협회를 창립하고 점차 그 비중을 확대하고자 물색하였다.[29] 이런 상황에서 객주는 각 지방 조선인 미곡상의 위탁매매인으로서 역할하고, 근업소(勤業所)의 중개업자들은 객주와 일본인 수출상 사이의 거래를 주선하였으며,[30] 그 결과 거래가 성립하면 인천곡물협회 시장을 거쳐 매매가 이루어지는 구조가 만들어졌다.[31] 조선 내에서 일본인 단체의 비중이 점차 커지는 가운데 조선인 상인과 일본인 상인이 각자의 영역을 확보하기 위해 이른바 적대적인 공생관계를 유지하고 있었던 것이다.

인천지역 상인들이 다른 지역에 비해 영향력을 지속할 수 있었던

---

[28] 일본은 이미 1896년 인천미두거래소(仁川米豆去來所)를 설립하여 조선인 객주와 대립하고, 계림장업단(鷄林奬業團)을 조직하여 보부상단과 대립하고, 나중에는 조선인 부두노동자 조직 응신청(應信廳)에 대항하여 일본인 노동권업사(勞動勸業社)를 세우기도 하였다. 갑오개혁 이후 대한제국기에는 상인조직, 보부상조직, 노동자조직에서 조선상인과 일본상인의 대립이 더욱 치열해졌다.(이영호, 2020 「인천 개항장의 '한국형 買辦' 徐相漢의 경제활동」 『史學硏究』 88, 837쪽)

[29] 「三大穀物組合」 『東亞日報』 1923년 12월 1일

[30] 勤業所의 역사는 인천항이 개항되기 전인 1881년 부산에서 일본인과 동반하여 김희윤, 한시용 등 30여 명이 인천으로 진출하면서 시작되었다. 이들은 1884년부터 물화 매매 시 통역을 하거나 중개업에 종사하면서 동심계(同心契)를 조직하였고, 이후 건의회(建議會)로 이름을 바꾸었다. 1894년 권흥사(勸興社)로 다시 개칭하였고, 1899년 근업사(勤業社)로 개칭하여 외부(外部)에서 중개업 허가를 받았으며, 1900년 농상공부에서 중개업 허가를 받았다. 1915년 근업소(勤業所)로 개칭하여 1930년대 말까지 인천물산객주조합과 더불어 중개업계의 왕좌를 다투고 있었다.(「仁川貿易躍進엔 勤業所役割重大, 現今엔 仲介業의 王座」 『朝鮮日報』 1937년 12월 19일 참조)

[31] 류상윤, 2021 「식민지 무역항 인천의 객주와 객주조합」 『경제사학』 75, 경제사학회, 12쪽

배경이 인천항에서 쌀 무역의 비중이 큰 데 있었다면, 그들의 세력이 약화된 계기 또한 쌀 무역에서 배제된 데서 찾을 수 있을 것이다. 조선총독부는 미곡 무역에서 차지하는 조선인 상인의 영향력을 무력화하기 위해 1934년부터 정조검사제(正租檢査制)를 실시하였다. 이는 총독부 곡물검사소에서 각 농촌으로 직접 출장을 가서 정조를 검사하고 등급을 정하는 것으로서, 미곡에 대한 총독부의 영향력을 강화하는 한편 중간에 객주를 경유할 필요가 없이 생산자와 정미업자 간의 직접 매매가 이루어지도록 변화시킨 제도였다. 1935년 4월부터는 정조검사제를 전면화하여 검사를 받지 않은 미검사품(未檢査品)은 시장에 출품하지 못하게 하였으므로 인천항으로 모이는 곡물의 양이 대폭 줄어들게 되었다. 오랫동안 지속되었던 인천 지역 객주를 비롯한 상인들의 역할은 이를 계기로 크게 축소되었고, 객주들은 점차 부두에 나가 중개업만 하는 형편이 되었다.[32]

정조검사제도의 실시가 각 지역에 미치는 영향이 적지 않은 가운데, '서조선 제일위의 곡물항'으로서 인천이 입은 타격은 더욱 컸다.[33] 당시 한 언론에서는 인천물산객주조합은 1935년 현재 2백여 조합원을 포옹하고 있는데, 정조검사제도와 각 농촌의 공판제도가 실시되면서 시장에 나오는 정조가 크게 감소하여 '객주업자의 몰락 전조라 하여 많은 공포를 느낀다'고 이러한 현상을 묘사하였다.[34] 인천물산객주조

---

[32] 「正租 檢査制로 仁川에 大打擊, 곡물이 만히 모이지 안허, 客主業들은 閑散」『朝鮮日報』1934년 12월 8일 ;「正租 强制檢査를 仁川 米穀業者 反對, 關係 當業者의 死活問題라고, 近近 當局에 反對 陳情」『朝鮮日報』1935년 3월 1일

[33] 「正租檢査制 實施로 新租 出廻量이 激減, 前年 同期에 比해 八割 減으로, 穀港 仁川에 一大打擊」『朝鮮日報』1935년 10월 24일 ;「正租檢査制 實施로 仁川商界 極閑散」『朝鮮中央日報』1935년 11월 25일

[34] 「檢査制와 共販으로 正租 出廻가 減少, 仁川客主組合費 減少 理由」『朝鮮日報』1935년 6월 22일

합의 조사에 의하면 1935년의 경우 곡물 출회가 가장 빈번할 12월에 전 해에 비해 약 4할이 격감하여, 객주업자들의 불경기는 물론이고 인천 내의 22개 정미소 중 반 이상이 휴업을 하고 있었다. 따라서 주변의 상가 역시 매상고가 반 이상 격감하게 되었다.[35] 다음 기사를 통해 당시 인천항 주변의 상황을 짐작해 볼 수 있다.

> 海岸町(해안동-필자 주) 일대의 각 미곡업자 객주업자 정미업자들이 개항 이래 처음 보는 한산을 보이고 잇슬 뿐 아니라 부두의 斗量 下陸 인부가 생도(生道-필자 주)를 전연 일코 잇다. 례년 가트면 매일 수만석의 출회를 보이여 대번창을 자랑하든 인천의 부두는 실로 문자 그대로의 죽은 듯이 死港이 되고만 참상이라 한다.[36]

이러한 가운데 1937년 인천객주조합은 인천 곡물수검조합(穀物受檢組合)을 창립하는 자구책을 마련하기에 이르렀다.[37] 1936년 기준 인천항의 곡물 출회량이 160만 석을 넘었는데, 그중 5할은 철도편, 나머지 5할은 선편이나 육로로 도착하였다. 철도편은 모두 이미 검사를 마친 제품이었고, 선편의 경우는 2할이 무검사품이었다. 무검사품은 가격을 제대로 받기 어려울 뿐만 아니라 정미소에서도 환영을 받지 못했으므로 판로를 찾기 어려웠다. 이에 객주업자들은 이 2할의 무검사품을 대상으로 한 곡물수검조합을 창립한 것이다.[38] 객주조합의 위상이 그만큼 추락하였음을 보여주는 것이라 하겠다.

---

35 「米穀檢査의 "膳物" 出廻穀 四割 激減, 二十餘 精米者 中半 以上 休業, 布木商까지도 打擊」 『朝鮮日報』 1935년 12월 12일
36 「寂寞한 埠頭風景 米穀出廻 杜絶」 『朝鮮日報』 1936년 2월 4일
37 「仁川 客主業者 中心 穀物受檢組合, 二十八日에 創總 開催」 『朝鮮日報』, 1937년 3월 2일
38 「仁川港의 正租出廻, 百六十萬石 中, 無檢查品 卄萬石」 『朝鮮日報』 1937년 3월 4일

아울러 1938년 '생산자를 옹호한다'는 명분으로 탄생한 공동판매조합이 각 기관 내의 곡식을 외부로 보내지 않고 지역 내에서 공판에 부쳐 매매하기에 이르렀다. 이로 인해 소작농과 세농의 폐해가 적지 않았고, 도회지의 상인은 몰락 상태에 빠지게 되었다고 하는 지적이 적지 않았는데,[39] 인천 지역사회와 상인들은 그 직접적인 피해자가 되었다.

인천물산객주조합은 1939년 9월 30일 인천미두시장이 문을 닫으면서 결국 막을 내리게 된다. 당시 조합원 80여 명은 모두 허가제로 자신의 권익을 확보해 달라고 당국에 수차례 진정서를 제출했으나 받아들여지지 않았고, 조합은 인천곡물매매주식회사라고 하는 전혀 다른 성격의 조직으로 전환하게 되었다.[40] 결국 오랫동안 객주라는 이름을 유지해 온 조선인 조직이 조선총독부의 다양한 정책 시행과 전시 통제경제 하에 미곡에 대한 '국가' 통제가 강화되면서 완전히 사라지게 된 것이다.

객주조합의 무력화가 인천의 상업과 지역사회에 미치는 파장은 적지 않았다. 당시 언론에서는 그러한 현상을 다음과 같이 적고 있다.

> (인천)부내에 물산객주업자가 약 오십호나 갓가히 되는데 금년의 곡물 출회기에 잇서서는 객주업자를 비롯하야 일반상가는 파리를 날릴만치 한산하다고 한다. 그 원인은 대부분이 곡물의 출회가 지연된 관게이다.···인천항에 모이는 벼는 대부분이 황해도와 金浦 江華 등지로서 드러오면 客主組合의 손을 거처 벼를 팔면 이에 각 상점에서도 벼 판 돈에서 일용품의 매매가 잇서서 상가가 자못 은성할 이때에 정조 공판 이래 벼가 인천항에 드러오지 못함으로 객주업자는 물론 포목상을 비롯하야

---

39 「共販制 實施의 影響, 正租一叺에 約十三錢 損, 細農과 小商人層에 損害 多大」『朝鮮日報』 1938년 11월 3일

40 「仁川物産客主組 買賣會社로 改造」『朝鮮日報』 1939년 9월 19일

일용품은 대목을 노친 셈이나 한가지라는 현상을 보게 되엿다.[41]

인천항에서 객주를 거쳐 벼를 팔면 그것이 일반 상가의 대목으로 이어졌는데, 이제 객주업자는 물론 싸리재의 포목전을 비롯한 조선인의 여타 상업 공간도 한산해질 수밖에 없다는 분석이다. 일제에 의해 꾸준히 추구된 조선인 자본의 무력화가 번창했던 조선인 상인의 거리 인천 싸리재에서도 마침내 현실이 된 것이다.

한편 이러한 미곡업에서의 객주업의 쇠퇴 현상 외에 공업의 측면에서도 싸리재 쇠퇴의 원인을 찾을 수 있다. 1930년대 조선총독부의 '조선공업화정책'과 중일전쟁이 이어지는 가운데 인천은 경인지역 공업지구의 주요 거점이 되었고, 그 중심은 새롭게 대규모로 매립한 인천의 동북해안지대와 부평지역이 되었다. 전시 호황을 노린 일본독점자본의 투자가 이 일대에 집중되어, 동북해안지대의 주식회사조선기계제작소(株式會社朝鮮機械製作所), 도쿄시바우라전기주식회사(東京芝浦電氣株式會社), 히다치제작소(日立製作所) 인천공장 등의 일본 대기업과 더불어 부평에 일본육군인천조병창(造兵廠)을 비롯한 다수의 기계금속 공장이 들어서면서 인천 경제의 중심지가 이 일대로 옮겨가게 된 것이다. 제국주의와 독점자본의 자본 재배치는 싸리재 주변 조선인 상인층의 경제적 주도권에도 영향을 미치고, 자본과 노동력의 이동, 산업의 변화 속에서 싸리재의 경제적 위상 또한 변화하게 되었던 것이다.[42]

---

41 「新穀山廻 杜絶로 仁川商街 極閑散. 船腹 不足과 共販의 影響」 『朝鮮日報』 1938년 10월 30일
42 공업의 변화와 중일전쟁 발발에 의한 인천의 공간 재편성에 대해서는 오미일, 2010 「자본주의생산체제의 변화와 공간의 편성-일제 말기 인천지역을 중심으로」 『한국근현대사연구』 53 참조.

3. 싸리재의 사회상과 지역 정체성

일제하에 싸리재 일대에 자리 잡은 조선인들은 주로 포목점, 양화점 등을 운영하면서 인천항을 통해 들어오는 서구의 문물을 받아들이고 경성 등 다른 지역에 소개하였으며, 이후 싸리재의 상권이 발달하면서 점차 다양한 업종으로 확대되어 번성하게 되었다. 앞에서 본 「인천상공인명록」을 비롯한 자료를 통해 싸리재의 중간지대인 외리(外里) 100~200번지에 있는 상점 관련 내용을 모아 보면, 각 지번별 대표자의 이름과 그들의 담당 업종이 다음 <표 4>와 같이 확인된다.

<표 4> 외리 100~200번지 중 상점의 대표자와 담당 업종

주소	대표자	담당 업종, 관련 기록
外里 100	李學順	조수육 판매, 소면 제조 판매
外里 100	朴齋星	한복 재봉 삼베 목면 판매
外里 106	李甲成	기성복, 고물
外町 109	宮田巳之吉	쇠고기 소매
外里 109	宮田津留	전당포
外里 109	宮田秀一郞	금전대부업
外里 109	강복홍	조수육 도매
外里 110	문성기	면사. 면직. 기타 직물. 기타 잡화 판매
外里 113	金龍權	서양과자 제조. 당분류 판매
外里 113	安斗護	치과
外里 130	郭逢春	면사 면직 기타 직물. 기타 잡화 판매/옷감 포목 석유 잡화 판매
外里 131	柳燦珪	乾關. 과자. 油葉류. 가정용 잡화 판매
外里 139		식료품. 해산물. 가정용 잡화 판매
外里 140		鮮鹽. 건어류 도소매
外里 140		일본 서양 조선인 대상 총 잡화 판매
外里 141	鄭喜成	쌀. 잡곡 소매
外里 141	李訓應	주류. 음식점업

일제하 조선인 상인의 거리 싸리재의 사회상 287

外里 141	김인남	주류, 음식물 판매
外里 142	村尾○	전당포
외리 143	沈宣英	미 잡곡 중개업, 도정업, 담배 판매
外里 144	李奉達	쌀. 잡곡 소매업, 담배 소매
外里 148	張駿模	미 잡곡 중개업
경동 152	車台悅	조선요업주식회사
外里 158	金允洙	新興舘 조선요리점 경영
外里 161	朴汾洙	주류, 음식점업
外里 164	張世益	大一釀造場 약주. 탁주 양조 판매, 정미업
外里 167-1	김정화	주류, 음식물 판매
外里 167-2	金求龍	온돌지, 벽지류, 담배 판매
外里 167-3	崔求永	냉면 및 주류, 음식점업
외리 169	곽치명	면사, 면직, 기타 직물, 고무신, 잡화류 판매
外里 169	劉龍默	금용상회, 용묵상회. 옷감, 포목, 석유, 잡화 판매
外里 170	金敬和	잡화 판매. 담배, 토산품 판매
外里 170	李賽亞	한복 재봉, 삼베, 목면 판매
外里 171	尹炳喜	喜文堂 문구, 학교용품류, 잡화 판매
外里 171	朴昌漢	조선일보 인천지국
外里 171	趙鍾國	한약품, 약재 판매
外里 179	李根涉	식료품, 해산물, 가정용 잡화 판매
外里 181	愼嚛賊	華南商會 물산객주업. 미곡, 호마유 판매
外里 183	洪鍾泰	平壤舘 주류, 음식물 판매
外里 185	金瀅植	옷감, 포목, 삼베, 목면, 잡화 판매
外里 187	金景五	육류 판매
外里 188-5	이우영	금전대부업 / 목욕탕
外里 189	장의섭	면사. 면직. 옷감. 기타 직물. 잡화 도매
外里 189	文明順	고무신. 운동화류 판매. 담배 소매
外里 192	河相翼	한복 재봉 삼베 목면 판매
外里 192	곽만룡	仁川舘 냉면류. 기타 조선음식 판매
外里 193	原源吉	전당포, 금전대부업
外里 194	金練獎	곡물 중개업, 해상육상 화물 중개업
外里 195	李七禮	피혁 판매 곡물 중개업, 해상육상 화물 중개업

자료: 인천상공회의소, 1931 「인천상공인냉목」(이영호 채제 역주, 2005 『譯註 仁川港』, 인천시 역사자료관, 114~150쪽) ;『朝鮮日報』 등 참조.

싸리재의 일부 구간만 살펴본 이 표를 통해서도 그 안에 미곡·잡곡 중개업, 객주업, 정미업, 양조장을 비롯하여 요업, 요리점, 음식점, 제과점, 식료품점, 지물포, 포목점, 잡화점, 문구점, 신문사 지국, 한약방 등 조선인이 경영한 다양한 업종이 빼곡하게 자리 잡고 있었음이 드러난다. 이 표에서 확인되는 일본인 대표자는 총 5명으로, 이들이 쇠고기 소매업 1명 외에는 모두 전당포와 금전 대부업을 하고 있었던 데서도 조선인 상인 중심의 싸리재 상권의 특징이 드러난다. 다음 기사에서는 당시 싸리재 일대에 다양한 점포가 있고 많은 사람이 몰려들었으며, 그중에는 널리 소문난 유명한 상점도 있었음을 전해준다.

> 龍洞 큰길로 거러서 싸리재 고개를 넘어 栗木里 근방으로 가니 길거리 상점마다 부인네 손님이 만흔 것을 보면 서울 가트면 夜市 구경 핑계로 散步 나오는 부인네 폭인가 십다. 고개 넘어에 留聲器(留聲機-필자주)도 업는데 부인네 만히 모힌 곳이 잇기에 보닛가 서적과 문방구 잡화를 파는 조고만 『喜文堂』이란 상점이다. 젊은 주인이 웃더케 상략하게 친절하게 구는지 장사 術이 인천에서 유명하야 학생들과 부인네 고객이 날마다 이러케 만탄다.[43]

〈표 4〉에서 살펴본 구역 외에도 앞의 〈표 2〉에서 보았듯이 외리, 용리, 율목리, 유정, 사정, 용강정의 싸리재 구간 중에서 상가가 가장 많은 비중을 차지하는 지역은 외리였다. 싸리재에는 쌀과 관련되는 미중개업, 미소매업, 정미업과 양조업 등이 많이 존재하였으며, 포목점, 잡화점 등을 포함하여 '생산과 유통'을 담당한 업종이 주류를 이루고 있었다.

---

43 第二隊 波影生, 「本支社記者 五大都市 暗夜 大探査記 - 仁川, 米豆나라 仁川의 밤 世上」 『別乾坤』 15, 1928년 8월, 65쪽

〈사진 1〉 싸리재 외리 169번지 내부 가옥의 유용묵 가족과 상가 상량문

사진 설명 : 유용묵은 객주 유군성의 장남이다. 이 집은 1920년 이전에 지은 ㄷ자 형의 한옥과 1930년에 증축한 一자 형의 상가가 ㅁ자 형태로 구성되어 지금도 그대로 유지되고 있다.
좌) 1933년 유용묵과 부인 이원녀, 장녀, 장남이 집에서 찍은 가족사진
우) 상가 상량문에 '1930년 4월 5일 오후 3시'로 건축한 일시가 적혀 있다.
사진 제공 : 싸리재 카페 박차영 대표

내리와 외리, 용리 지역에 물산객주들이 자리를 잡고 있었을 뿐만 아니라 싸리재 일대의 양조장 경영자만 보아도 외리 대일양조장의 장세익, 김휘관, 합자회사 옥식상점(玉植商店), 용리 영화양조장의 김기생, 유동의 이희영과 김종만, 인현동의 강응원 등이 일정한 규모를 유지하고 있었다. 또한 면, 마직물 등을 도소매하는 포목전도 많아 외리의 백정선, 이형식, 이창문, 최병길, 오징섭, 오태근, 문성기, 손한길, 곽봉춘, 곽치명, 김인숙, 김형식, 용리의 유석진, 부윤상회 김두기 등

이 이를 운영하였다.⁴⁴

싸리재 일대에는 이러한 생산과 유통의 공간과 더불어 극장과 유흥가, 전당포, 금융기관 등의 '소비와 유흥'의 공간도 존재하였다. 1895년 인천의 부호 정치국(丁致國)이⁴⁵ 국내 최초의 실내극장인 협률사(協律舍)를 설치하여, 1911년에는 축항사(築港舍), 1925년에는 애관(愛館)으로 이름을 바꾸었다.⁴⁶ 이후 싸리재 일대는 활발한 예술의 거리로 공연을 비롯한 다양한 문화 활동이 전개되어 많은 예술가들이 드나들었고, 이들을 보기 위해 사방에서 사람들이 몰려들었다. 사람이 많고 자본이 풍부한 싸리재 주변에는 용동기생조합소에서 출발하여 1901년 5월에 생긴 소성예기권번(邵城藝妓券番, 龍洞券番으로 개칭) 등도 들어섰다. 싸리재의 다양한 모습은 기자가 현장을 탐사하고 작성한 다음 기사를 통해서도 확인할 수 있다.

> 天主堂 뾰족집(修女院)과 길 하나를 사이하고서 佛教 布敎堂이 이마를 마조하고 잇는데 그 사이에 요리집 三成館과 활동사진 「愛館」하고 武道館道場과 요리집 日月館하고 한 자리에 모여 잇서서 天主敎 수녀들이 '이 세상은 하잘 것 업는 더러운 세상이니 죽어서 천당에나 가겟다'고 祈禱를 올리고 聖歌를 놉히 부르면 그 턱 압에서 '인생 한번 늙어지면 다시 젊지는 못하리니 맘대로 쓰고 놀자'고 악을 악을 쓰고 잇고 '세속을 떠나서 蓮花臺를 가겟다'고 妻子까지 떼치고 염불을 외이면 板墻하나 隔한 집에서 米國 戀愛 映畵가 조타고 라팔을 힘껏 불고 북을 깨여지라고 두들기니 세상이란 멋대로 지내는 것이란 것을 한 장에 그러노은 표본이

---
44 이영호 해제 역주, 2005『譯註 仁川港』, 인천시 역사자료관, 123~126쪽
45 丁致國은 1884년 부산에서 인천으로 온 인물이다. 이와 관련해서는 오미일, 2008「開港(場)과 移住商人」『한국근현대사연구』47 참조.
46 인천의 협률사(協律舍)와 한글은 동일하지만 한자가 다른 정동의 협률사(協律社)는 1902년, 단성사는 1907년에 설립되었다.

인천의 이 外里인 덕이다.[47]

일본 자본 역시 생산과 유통의 공간이자 소비와 유흥의 공간인 싸리재 일대로 진출하고자 시도하였다. 여타 분야 상업자본의 싸리재 진출이 원활하지 않았던 가운데 켄 모토요시[原源吉] 등의 일부 일본인들은 인천에 진출해 있던 일본 은행들의 편파적인 운영으로 조선인이 금융 대출에서 상대적으로 불리했던 점에 착안하였고, 전당포와 금전 대부업을 하면서 자본을 확대하여 조선인 영역으로의 진출과 정착을 지속적으로 시도하였다.

이러한 조선인 상인의 거리 싸리재 주변에는 다양한 성향의 조선인이 거주하고 있었다. 외리 172번지에는 경기도 도회의원과 인천부회 부의장, 중추원 참의를 지낸 김윤복(金允福)이 거주하면서 싸리재 여러 곳에 부동산을 소유하고 있었고, 인천부협의회원을 지낸 이창의(李彰儀), 김상훈(金相勳) 등도 이 지역에 거주하고 있었다.[48] 한국 미학의 선구자 고유섭(高裕燮)은 용리에 거주하였고, 미술평론가로 인천시립박물관 초대 관장을 지낸 이경성(李慶成)의 부친은 외리 100번지에서 국수집을 운영하였다. 부친이 포목상을 했던 월북 문학평론가 김동석(金東錫)이 거주한 곳도 싸리재 일대다.

싸리재에는 자본이 풍부하였으므로 일자리가 필요한 사람들이 밀려들었다. 자본에게 필요한 노동력을 중개하던 공동숙박소와[49] 직업소개

---

47 第二隊 波影生,「本支社記者 五大都市 暗夜 大探査記 - 仁川, 米豆나라 仁川의 밤世上」『別乾坤』15, 1928년 8월, 65~66쪽.
48 김윤복은 일본 경찰로 도경시를 지냈고, 인천부회 부의장, 경기도 도회의원을 지냈으며, 성진보호관찰소 촉탁보호사, 조선임전보국단 발기인, 중추원 참의를 지낸 인물로, 1949년 3월 반민특위에 자수하였다.(친일인명사진 편집부, 2009『친일인명사전』, 민족문제연구소, '김윤복' 참조)
49 공동숙박소는 율목동에 있는 형편이 어려운 사람들의 공동 숙박을 목적으로 1920년

소가[50] 이곳에 있었고, 전국에서 일자리를 찾아 인천으로 오는 노동자들은 이 주변에서 자리를 잡았다. 1934년 『동아일보』에 연재되었던 강경애의 소설 『인간문제』에 등장하는 노동자들의 거주지 '외리 3번지'와 '사정 5번지' 역시 이 주변에 있어,[51] 싸리재 일대에는 많은 조선인 노동자가 머물고 있었음을 보여준다. 이러한 모습은 다음 기사에서도 확인된다.

> 寺町을 드러서니 좁다란 골목에 엇지 그리 선술집이 만흔지 勞働村이라 合宿所도 만코 싸흠패도 만히 잇는 곳이라는데 새로 1시가 넘엇것만은 점심 때 같이 紛雜스럽다.[52]

사람이 많은 곳에서는 새로운 문화와 사상이 끊임없이 유입되고 확산되었다. 이러한 배경에서 조선인 마을인 싸리재는 사회주의자나 민족해방운동가들이 거주하고 활동한 공간이기도 했다. 일제하에 사회주의운동을 하고 해방 후 월북하여 6·25전쟁 발발 후 서울시인민위원회 위원장을 지낸 이승엽(李昇燁)의 부친 이기선은 외리에서 여관업을 하고 있었다.[53] 박남칠(朴南七)의 부친 박삼홍은 용리에서 미곡상

8월 5일부터 인천부에서 운영하였다. 온돌방 25칸, 바라크 2동, 변소 1동으로 하루 50명까지 수용할 수 있는 설비를 갖추고 있었으며, 1930년의 총 숙박 인원은 1천118명, 경영일 수는 7천348일이었다.(임학성 역, 2005 『譯註 仁川鄕土誌』, 인천시 역사자료관, 331쪽)

50 직업소개소는 공동숙박소의 부대사업으로 진행되었으며, 공동숙박소 내에 설치되어 있다가 신설하면서 내리로 옮겨갔다.(임학성 역, 위의 책, 332~334쪽)

51 『인간문제』의 주요 등장인물인 신철은 '외리 3번지'에서 노동운동가 철수를 만난 뒤 '사정 5번지'에 정착한다. 외리 3번지는 현재의 배다리 초입 배다리 철교 아래로, 이 지역에는 1920년대까지 직업소개소가 있었고 일용 노동자들이 묵는 공동숙박소가 있었다. 사정 5번지는 지금의 답동성당 주변이다.

52 第二隊 波影生,「本支社記者 五大都市 暗夜 大探査記 - 仁川, 米豆나라 仁川의 밤 世上」『別乾坤』15, 1928년 8월, 70~71쪽

53 외리 62번지가 그 주소다. 「仁川檄文犯 李承燁 被捉, 서대문서원이 나려와서, 騰寫

을 하는 거상이었으며, 박남칠 또한 가업을 이어 주변에서 정미업을 하면서 사회주의자들의 활동을 뒷받침하였다.54

좀 더 상세히 거주지별로 살펴보면, 외리 16번지에는 『시대일보』와 『조선일보』 기자로 항일운동을 한 데 이어 해방 후에는 『대중일보』 편집장을 지내고 『仁川昔今』을 발간한 고일(高逸)의 부친 고희선이 거주했다. 외리 27번지에는 천일정미소 노동자로서 인천청년동맹에서 활동하던 김덕룡(金德龍)과 1929년 원산총파업에 적극 가담하고 인천으로 피신해서 인천항 하역노동자가 된 이백만(李百萬)이 있었다. 외리 36번지에는 1919년 5월 상해임시정부를 방문하고 귀국하여 독립운동 자금을 모집하던 곽병도(郭炳燾)가 거주하였다. 김윤복이 소유한 외리 137번지에는 혁명적노동조합운동을 하던 정갑용(鄭甲溶(鎔))이 거주했고, 외리 164번지의 임갑득(林甲得)은 3.1운동 당시 상점 철시운동을 주도한 인물이며, 외리 232번지에 거주하던 사회주의자 신수복(愼壽福)은 본적이 경정(외리) 102번지, 주소가 경정 97-6호로 파악된다.55

용강정 1번지에는 인천공립보통학교 교사로서 3·1운동 당시 학생들이 체포되는 장면을 목격한 이후 『조선일보』 기자가 되어 활동했던

版도 押收하여」 『東亞日報』 1930년 3월 4일
54 이성진, 2007 「해방기 인천 좌익운동가 박남칠 자료 연구」 『인천학연구』 7, 인천대학교 인천학연구원. 이승엽이 사무장으로 취업해 있던 장소는 박남칠이 운영을 맡았던 인천미곡상조합으로, 현재의 인천 옹진농협 인현동지점 자리다. 이러한 인연으로 해방 이후 건국준비위원회 인천지부가 이곳에 설립되었다. 바로 그 옆 건물에는 조봉암이 운영하던 인천비강조합이 있어 이들의 상호관련성을 보여준다.
박남칠은 6·25전쟁 발발 후 보도연맹원 단속을 피해 있다가 1950년 6월 30일 경찰에게 발각되어 살해되고 소월미도에 수장되었다.(진실화해를위한과거사정리위원회, 2010년 보고 참조)
55 『朝鮮新聞』 1930년 3월 6일 ; 「仁川赤色勞組 三名에 判決 ; 鄭甲溶 金萬石 白奉欽氏」 『東亞日報』 1935년 2월 1일 ; 「일제가 감시한 인천의 독립운동가 (12)」 『인천투데이』 2019년 9월 23일

사회운동가 최진하(崔晋夏)와 임시정부에서 이시영의 명령을 받아 독립자금을 모금한 안구현이 거주하였고, 용강정 24번지에는 인천상업학교의 동맹휴교를 이끌고 1930년 격문사건으로 체포된 인천청년동맹원 이두옥(李斗玉)이 거주하고 있었다.[56] 율목리 57번지는 『조선일보』 인천지국장으로 인천노동총동맹 회장, 사회주의 단체 북풍회 집행위원 등을 지낸 박창한의 본적이고, 율목리 93번지에는 인천 메이데이 격문사건과 평양사범학교 독서회 조직, 인천의 조선염업주식회사(朝鮮鹽業株式會社) 노동자들의 동맹파업 선동 등의 활동을 이어갔던 이억근(李億根)이, 186번지에는 대한독립애국단 소속으로 독립운동자금을 모금하던 김영식(金永植)이 거주하고 있었다. 1932년 3월 국제적색구원회[Mopr]도 일대에 조선인 사회주의자들이 모여 있는 신수복의 집에서 조직되었다.[57]

사람 많은 이곳에 당연히 신문사 지국, 잡지사 등도 있었다. 인천지역 문학청년들이 발행한 문학동인지 『습작시대』는 용리에 둥지를 틀고 문인들을 엮어내었고, 용강정 24번지에는 1937년 『동아일보』 기자 김도인(金道仁)이 발행한 잡지 『月尾』사가 있었다. 『조선일보』와 『동아일보』, 『中外日報』 등의 인천지국도 싸리재의 복판에 자리하고 있어서 이 일대의 소식을 기사화하였고, 다수의 기자들이 지역에서의 조선인의 동향을 상세히 전하는 한편 인천지역 사회운동과 밀접한 관련을 맺고 있었다.[58] 부친의 객주 사업을 물려받아 1920년대 인천물산객

---

56 「西署檄文犯 五人의 公判, 경성지방법원 형사부에서, 金點權 李斗玉 安文植 李弘淳 李壽奉諸氏」『東亞日報』 1930년 9월 3일
57 高逸, 1979 『仁川昔今: 仁川野史의 金子塔』, 選民出版社 ; 『東亞日報』 1927년 6월 9일 ; 「일제가 감시한 인천의 독립운동가 (10)」『인천투데이』 2019년 8월 19일 ; 「일제가 감시한 인천의 독립운동가 (16)」『인천투데이』 2019년 11월 18일 ; 경성지방법원판결문
58 조선일보 인천지국은 외리 171번지에서 시작하였으나 1년여 후 율목리 57로 이전

주조합 부조합장을 맡고 1920년 『동아일보』 제1대 인천지국장을 지냈으며 1927년 신간회 인천지회장을 지낸 하상훈(河相勳)도 이 지역 사람이다.

이러한 배경 위에서 신간회 인천지회는 1927년 11월 창립준비회를 외리 무도관(武道館)에서 개최하였다. 다음 해 2월에는 인천지회의 창립기념식을 외리의 애관(愛觀)에서 거행하여 인천소년군, 인천노동연맹, 인천청년동맹, 인천신문배달조합, 인천고려체육회, 인천무도관, 인천노우회, 인천노공친목회 등 다양한 단체가 참석하였으며, 이후 신간회 본 회관을 용강정 22번지에 두고 활동하였다.[59]

용동권번(龍洞券番)과 관련된 인물도 있었는데, 토월회(土月會) 회원이었던 배우 복혜숙(卜惠淑)은 이곳의 취체역을 맡아[60] 기생들의 권익 실현과 권번 개혁에 앞장섰다. 이 지역에서는 이미 1897년 기생 9명이 90전을 모아 독립협회에 보낸 것을 비롯해, 1925년 7월 부천군이 수해를 입자 용동권번에서 식료품을 조달했으며, 영화보통학교 운영에 필요한 운동장 확장 비용을 모아 전달하는 등 기생들이 지역사회의 문제에 밀접하게 관심을 갖고 참여하고 있었다.[61]

싸리재 일대에 거주하던 다양한 성향의 조선인과 단체들은 수시로 신문 기사에 함께 이름을 올렸다. 작게는 지역의 학교 운동장 설치나 각종 행사에 후원금을 같이 모았고, 크게는 국내외의 각종 구제, 기금

하였고, 다시 인현동으로 이전하였다. 고일의 『인천석금』에는 조선일보 인천지국이 애관 옆자리에서 내동, 율목동, 인현동으로 세 번 옮겼다고 서술되어 있다.(高逸, 1979 『仁川昔今 : 仁川野史의 金子塔』, 選民出版社, 69쪽)

59 인천광역시사편찬위원회, 2021 『인천항일독립운동사』 하, 인천광역시, 212~219쪽
60 「복혜숙을 말하는 인석영씨」 『朝鮮日報』 1939년 6월 3일
61 해방 후에도 1946년 4월 인천권번 기생들이 중국에서 귀환한 전재민동포수용소에 구호금 1만 원을 전달했고, 동명학원에 1만 원을 기부하는 등 이들의 지역사회 참여는 계속되었다.

모집에 다양한 세력이 뜻을 함께하는 경우가 잦았다. 예컨대 1924년 기근으로 조선 각지에서 사망자가 발생하자 조선기근인천구제회를 발기하기로 결의하고 1925년 2월 인천에 있는 20여 개의 단체 대표가 모여 구제회 창립총회를 열었는데, 다음과 같이 사회주의 단체, 노동자단체, 청년단체, 소년단체, 객주조합, 상인조합, 권번 등 다양한 성격의 단체가 함께 참여하고 있었다.

> 인천노동총동맹회, 제물포청년회, 한용청년회, 인천무산청년동맹, 인천물산객주조합, 仁川米商組合, 勤業所, 인천신용조합, 인천포목상조합, 親米會, 소년척후군 인천지부, 인천불교진흥회, 인천조선인자선회, 米商運輸組合, 仁川精米聯工組合, 인천선미여공조합, 인천염업조합, 인천조선인음식점조합, 인천신우친목회, 仁川愛隣會, 龍洞藝妓券番, 仁川懿法靑年會, 인천철공조합, 仁培會 위원[62]

뿐만 아니라 하와이 동포 학생 음악회 기부금, 일본 관동대지진 시 참사동포추도회를 함께 열고, 인천시민대운동회 준비 기금도 같이 모았다.[63] 1928년에는 인천재만동포옹호동맹을 결성해 '만주지역에서 구축당하고 있는 동포들에게 따뜻한 국 한 그릇 끓여 대접한다'고 하여 의연금을 걷어 길림성동성구제회를 방문하여 위로하고 이를 전달하였는데, 그 명단에서도 인천지역의 다양한 조선인이 함께 하는 모습을 확인할 수 있다.[64] 청년들이 운동을 통해 민족의식을 고취하도록 1928년

---

62 「仁川救濟會 創立 이십사개 단톄의 발긔로, 지나간 사일에 창립총회」『朝鮮日報』 1925년 2월 6일. 또한 이 단체에서는 장석우(張錫佑), 최응삼(崔應三), 심능덕(沈能德), 정순택(鄭順澤), 구창조(具昌祖) 5명을 고문으로 선임하였다.(「仁川救濟會 顧問 四人選擧」『朝鮮日報』 1925년 2월 8일)
63 「大盛況의 音樂會」『東亞日報』 1923년 7월 15일 ;「警官隊의 警戒 裡애 哀의 淚, 怨의 恨, 슬흔 묘사와 추도가로서 마치여」『朝鮮日報』 1924년 9월 3일 ;「仁川市民運動 準備 유지 동정 답지」『朝鮮日報』 1927년 10월 9일

인천의 무도관(武道館) 도장을 지을 때는 심의숙, 최승우, 장세익, 유군성, 인천객주조합, 용동권번, 인천미두취인소, 포목상조합 등 싸리재 일대의 객주를 비롯한 상인과 단체들이 1천2백여 원의 거액을 후원하여 조선인촌주식회사(朝鮮燐寸株式會社) 옆에 새로 짓게 되었다.[65]

싸리재 일대는 이렇게 다양한 지역 출신의 서로 다른 이해관계와 정치 성향을 지닌 인물들이 거주하고 있었지만, 생산과 소비, 문화를 공유하는 조선인의 공간으로서 때때로 연대하여 활동하면서 지역의 정체성을 유지하고 인천의 화양연화를 그려나갔다.

맺음말

이상에서 인천항 개항 이래 일제 말기에 이르기까지 조선인 상인의 공간이었던 싸리재의 형성과정과 그 공간이 지니는 다양한 사회상을 살펴보았다. 일제 지배하의 서울에서 일본인 상권에 맞서 조선인 상권을 유지했던 종로처럼, 그리고 종로를 둘러싸고 조선인 거주지가 형성되어 있었던 북촌처럼, 인천에서는 싸리재를 중심으로 조선인 상권이 형성되어 있었고, 그 일대에는 기와집이 많은 조선인 거주지가 만들어졌으며, 성시를 이루던 배다리시장 등 주변 지역의 조선인 구역으로 연결될 수 있었다. 싸리재 주변의 조선인 상인들이 조직화되어 자본의 성장을 꾀하는 한편으로, 일본인 자본을 확대하고 구역을 확장하려는 조선총독부와 일본 상인들의 시도에 맞서 조선인 사회의 담장

---

64 「仁川同胞護盟 代表 派遣, 대표 한사람으로 곽성훈씨를 파견」『朝鮮日報』1928년 1월 15일
65 「仁川 武道舘道場 落成」『朝鮮日報』1928년 11월 8일

역할을 하였기에 가능한 일이었다.

　이 글에서 언급하지 않은 객주자본을 비롯한 상업자본과 1930년대 급격히 진출이 확대되는 일본독점자본의 관계, 조선인이 집중 거주하고 있던 배다리를 비롯한 지역에 대한 검토는 새로운 주제로 서술하고자 한다. 이 글이 지역사 연구로 자리하기 위해서는 인천 내에서 조선인 거주지와 일본인 거주지의 지리적, 문화적 차이를 서술하고 조선인 지역 내에서도 싸리재와 다른 마을의 특성을 비교하는 공간상의 연구와 더불어, 싸리재 일대의 시기별 변화추이를 명확히 밝히는 시간상의 연구가 진행되어야 할 것이다. 인천의 정체성, 공간성에 관한 탐구 또한 필자의 다음 과제다. 이하에서는 싸리재 일대가 지니는 역사적, 문화적 특징이 현재 어떻게 이해되고 있는지 살펴보는 것으로 결론을 대신하고자 한다.

　최근의 거센 부동산 열기는 도시마다 개발의 열풍을 몰아왔다. 개발 과정에서 전국 각 지역에서는 과거의 흔적이 사라지고 그 공간에 켜켜이 쌓여있는 역사성도 한꺼번에 소멸되어 가고 있다. 본 연구의 대상 공간인 싸리재 일대 역시 이러한 개발 바람을 맞고 있다. 현재 싸리재 주변에는 앞에서 본 여러 시설 중 그 흔적이 남아있는 시설이나 건축물이 적지 않다. 상당수의 건물은 기존의 모습을 일부 개조하여 사용하고 있으므로 여전히 그 원형을 파악할 수 있고, 그곳에 위치하고 있는 이유 또한 짐작이 가능하다.

　이 일대에서는 1920년대 건물이 간판까지 그대로 보존되어있는 곳도 쉽게 눈에 띈다. 영업 규모를 자랑하던 객주 유군성(劉君星)의 상가와 집에서는 1920년대 벽돌이 마치 구워서 만든 후대의 것처럼 완벽한 형태로 남아있는 것을 볼 수 있고, 골목 안 장세익의 대일양조장과 그의 생가, 고유섭과 고일의 생가도 여전히 자리를 지키고 있다.

1930년대 지어진 소금창고 벽돌건물은 이후 한증막으로, 서점으로 쓰이다가 지금은 그 흔적을 그대로 살린 개성 있는 전시관이 되어 있는가 하면, 어느 교회 건물은 지금의 간판 뒤에 있는 '화순상회(和順商會)'라고 쓴 글자가 육안으로 확인되어 1920년대에 지어진 건물의 역사를 드러낸다.[66] 같은 지번에서 독립운동가 정갑용과 해방 후 반민특위에 소환된 김윤복의 이름이 확인되는 건물도 여전히 그대로 상가로 사용되고 있다. 용동권번(龍洞券番)이라는 글자가 쓰인 화강암 계단은 10여 년 전 보수를 위해 시멘트를 덮었다가 지역주민의 요구로 다시 제 모습을 찾을 수 있었다

그런데 이러한 건물과 골목에 남아있는 싸리재의 흔적은 재개발 사업으로 철거를 목전에 두고 있다. 인천 객주로 널리 알려진 함선지의 생가가 철거된 후 주차장이 되고 어떠한 흔적도 없는 데서 알 수 있듯이,[67] 철거는 건축물을 철거하는 것으로 그치지 않는다. 오랫 동안 이 일대에 거주해 온 주민들의 기억을 비롯해 각 골목과 시설, 인물에 대한 흔적까지 포함하여 그 공간이 가진 한국 근현대사 속에서의 역사적인 의미와 맥락도 같이 철거하고 만다.

싸리재 거리를 따라 늘어선 대부분의 상가들이 2채 혹은 3채씩 담장을 연결해 한 단위로 묶인 2층의 합벽 건물로 건축된 이유, 그 건물들의 연원과 그곳에 거주했던 사람들의 관계, 마을 한가운데 천정 높은 창고가 있고, 크고 오래된 한옥이 있는가 하면 일본식 가옥과 중국식 가옥이 존재하는 이유는 아직 제대로 알려지지 않았다. 신포시장에서 배다리시장 사이, 두 지역의 경계를 이루면서도 배다리시장과 연

---

66 현재는 덧댄 간판에 가려 '和'字만 보이시만, 건물에는 전화 667번이라는 글자도 새겨져 있다.
67 용리 177번지 함선지 본가는 2014년 철거되어 용동공영주차장이 되었다.

결되어 이 일대가 조선인의 공간으로 남아있을 수 있게 지켜낸 공간으로서 싸리재 지역이 가지는 역사성을 비롯해, 언제든 철거될 가능성이 있는 각 공간이 가지는 시간의 흐름과 그 의미를 규명하는 것은, 지역사회의 과제이면서 동시에 역사학계가 주목해야 할 과제이기도 하다.

〈부록〉 싸리재 일대의 사진

〈사진 2〉 1920년대 지어진 화순상회 건물. 2층 간판 뒤로 당시 간판 '和順商會'가 보인다

〈사진 3〉 장세익의 생가(우)와 대일양조장 건물(좌)

〈사진 4〉 『仁川昔今』의 저자 고일(본명 고희선)의 생가

〈사진 5〉 주차장이 된 객주 함선지의 생가터. 지금은 아무런 흔적도 남아있지 않다

〈사진 6〉 시멘트로 덮인 계단 속에 글자가 새겨진 화강암 일부가 보존되어 있다

〈사진 7〉 '龍洞券番'이라고 새긴 글자가 선명하다. 시진은 '龍'(좌)과 '番'(우)

〈사진 8〉 다수의 노동자들이 거주했던 답동성당 주변

〈사진 9〉 노동자들의 공동숙박소와 직업소개소(좌), 근업소(우)가 있던 율목동 공간

참고문헌

『동아일보』,『조선일보』,『매일신보』,『시대일보』,『인천투데이』,『인천일보』
岡本保誠 編, 1931 『仁川港』, 仁川商工會議所(이영호 해제 역주, 2005 『譯註 仁川港』, 인천시 역사자료관)
今井猪之助 편, 이동철 역, 2007 『인천향토자료조사사항』 上·下, 인천대학교 인천학연구원
仁川監理署, 1898 『仁川港戶籍大帳(外洞二)』
仁川府, 1933 『仁川府史 下』(仁川文化發展研究院 府設 開港文化研究所, 2011 『仁川府史 : 仁川府廳編纂 完譯本』)
仁川商工會議所 編, 1934 『仁川商工會議所 五十年史』, 仁川商工會議所

경기도사편찬위원회, 1995 『경기도 항일독립운동사』, 경기도
경인일보 특별취재팀, 2021 『인천의 독립운동』, 다인아트
高 逸, 1955 『仁川昔今』, 京畿文化社
김용하, 2013 『지도로 보는 인천의 변화』, 인천발전연구원
박진한, 2017 『지도로 만나는 근대도시 인천』, 인천대학교 인천학연구원
愼兌範, 1984 『仁川 한세紀: 몸소 지켜본 이야기들』, 弘盛社
양준호, 2009 『식민지기 인천의 기업 및 기업가』, 인천대학교 인천학연구원
이승렬, 2007 『제국과 상인-서울 개성 인천 지역 자본가들과 부르주아의 기원 1896~1945』, 역사비평사
인천광역시사편찬위원회, 2015 『인천의 지명』 상·하, 인천광역시
인천광역시사편찬위원회, 2021 『인천항일독립운동사』 상·하, 인천광역시
전성현, 2011 『일제시기 조선상업회의소 연구』, 선인
조기준, 1973 『한국자본주의성립사론』, 대왕사
崔聖淵, 1959 『開港과 洋館歷程 : 仁川鄉土史料』, 京畿文化社

김윤희, 2013 「1883년~1905년 인천항 일본상인의 영업활동」 『성대사림』 44, 수선사학회
김진식, 1976 「1894~1897년, 인천항 민족상인들의 활동」 『기전문화연구』, 인천

교대 기전문화연구소
김태웅, 2012 「日帝下 朝鮮 開港場 都市에서 華僑의 定住化」『한국학연구』 26, 인하대 한국학연구소
김현진, 2014 「19世紀末 仁川港 거주민 양상과 대민통치방식-光武 2년(1898) 仁川港 沓洞·外洞 戶籍을 중심으로-」『인천학연구』 20, 인천대학교 인천학연구원
류상륜, 2021 「식민지 무역항 인천의 객주와 객주조합」『경제사학』 75, 경제사학회
류승렬, 1996 『한말·일제초기 상업변동과 객주』, 서울대학교 박사학위논문
민회수, 2012 「조선 開港場 監理署의 성립 과정(1883~1886)」,『동북아역사논총』 36, 동북아역사재단
박수경, 1983 「개항기 인천항 객주에 관한 연구 : 1883~1894」, 이화여자대학교 석사학위논문
박욱자, 1989 「仁川港의 民族商人 活動에 對한 一研究 : 仁川港紳商協會의 活動을 중심으로」, 인하대 석사학위논문
손장원, 2017 「인천감리서 터의 구성과 변천과정 연구」『인천학연구』 27, 인천대학교 인천학연구원
吳美一, 2008 「開港(場)과 移住商人」『한국근현대사연구』 47, 한국근현대사학회
吳美一, 2010 「자본주의생산체제의 변화와 공간의 편성-일제 말기 인천지역을 중심으로」『한국근현대사연구』 53, 한국근현대사학회
吳 星, 1991 「19世紀 末 仁川港의 戶와 戶主-光武戶籍의 검토-」『歷史學報』 131, 역사학회
윤 호, 2008 「개항기 인천의 민족상인 활동에 관한 연구」『인천학연구』 8, 인천대학교 인천학연구원
이병천, 1985 『개항기 외국상인의 침입과 한국상인의 대응』, 서울대학교 박사학위논문
이성진, 2007 「해방기 인천 좌익운동가 박남칠 자료 연구」『인천학연구』 7, 인천대학교 인천학연구원
이영호, 2020 「인천 개항장의 '한국형 買辦' 徐相濂의 경제활동」『史學研究』 88, 한국사학회

이정희, 2024, 「인천 청국조계의 설정 과정 연구 -인천구화상지계장정 체결 과정을 중심으로-」 『중국근현대사연구』 102, 중국근현대사학회

이희환, 1999 「새 자료로 본 함세덕의 가계와 문학-발굴 희곡 '벽공'과 해방기 공연 자료를 중심으로」 『황해문화』 24, 새얼문화재단

임학성, 2003 「인천지역의 조선시대 戶籍資料에 관한 기초적 연구(1) -甕津郡島嶼지역의 準戶口와 仁川港지역의 '新式戶籍' 소개-」 『인천학연구』 2-1, 인천대학교 인천학연구원

최 용, 2007 「開港 後 客主商人의 活動」 『문명연지』 19, 한국문명학회

최재성, 2019 「상공인명록을 통해 본 1930년대 초 인천지역 기업 활동」 『인천학연구』 30, 인천대학교 인천학연구원

한철호, 1998 「계림장업단(1896~1898)의 조직과 활동」 『사학연구』 55·56 합집, 한국사학회